Die Ausgrenzung der Juden in der Tagespresse des Dritten Reiches (1933–1941)

T0316763

Wolfhard Buchholz

Die Ausgrenzung der Juden in der Tagespresse des Dritten Reiches (1933–1941)

Eine Dokumentation

PETER LANG

Frankfurt am Main · Berlin · Bern · Bruxelles · New York · Oxford · Wien

Bibliografische Information der Deutschen Nationalbibliothek
Die Deutsche Nationalbibliothek verzeichnet diese Publikation
in der Deutschen Nationalbibliografie; detaillierte bibliografische
Daten sind im Internet über <http://www.d-nb.de> abrufbar.

Gedruckt auf alterungsbeständigem,
säurefreiem Papier.

ISBN-10: 3-631-55785-X
ISBN-13-978-3-631-55785-3

© Peter Lang GmbH
Europäischer Verlag der Wissenschaften
Frankfurt am Main 2007
Alle Rechte vorbehalten.

Printed in Germany 1 2 3 4 5 7

www.peterlang.de

Inhaltsverzeichnis

Einleitung

Die vorliegende Dokumentation über die Ausgrenzung der Juden in der Zeit des Dritten Reichs hat ihren Ursprung in mehreren Fragen: Was konnte man damals über die zunehmende und staatlich forcierte Diskriminierung erfahren? Läßt sich die häufig gehörte Behauptung, man habe davon nichts gewußt, widerlegen? Gab es für den „Normalbürger" Informationsquellen, die ihn von der Ausgrenzung der Juden in Kenntnis setzten?

Schon das unsystematische Durchsehen der „Düsseldorfer Nachrichten" im Stadtarchiv Düsseldorf ließ den Schluß zu, daß mehr oder weniger ausführlich über die sich anbahnende Verfolgung der Juden geschrieben wurde.

Aufgrund dieses ersten Ergebnisses reifte der Entschluß, eine ausführliche Dokumentation zu erstellen. Es sollte nun systematisch der Frage nachgegangen werden, in welchem Ausmaß die damaligen Zeitungsleser über die Ausgrenzung ihrer jüdischen Mitbürger informiert wurden. Indirekt läßt sich auf diesem Weg auch etwas über die Entschlossenheit der Nationalsozialisten aussagen, die Öffentlichkeit über die von ihnen initiierte Ausgrenzung unverblümt zu unterrichten.

Um einen möglichst repräsentativen Nachweis zu erbringen, wurden im Stadtarchiv Düsseldorf sowie im Institut für Zeitungsforschung in Dortmund vier Zeitungen untersucht, und zwar für den Zeitraum vom 30. Januar 1933 bis zum 31. Dezember 1941:

1. Das NS-Organ „Völkischer Beobachter", Norddeutsche Ausgabe, Berlin
2. „Frankfurter Zeitung", Frankfurt am Main, als überregionale Zeitung
3. „Düsseldorfer Nachrichten", Düsseldorf, als städtisch-regionale Zeitung
4. „Aller Zeitung", Gifhorn, als ländlich-regionale Zeitung

Die Dokumentation endet mit dem 31. Dezember 1941: Die einschlägige Berichterstattung wurde nach der juristischen Ausgrenzung und den physischen Gewaltattacken der Jahre 1938 bis 1940 auf ein Minimum reduziert. Zudem vermeldete keine der vier Tageszeitungen die ab Mitte Oktober 1941 in Gang gesetzten Deportationen, auch nicht in Form euphemistischer Umschreibungen wie zum Beispiel „Umsiedlung gen Osten".

Infolge der „Gleichschaltung" der Presse im Dritten Reich berichteten die Tageszeitungen über die Ausgrenzungsmaßnahmen in stereotypen Phrasen und schlagwortartigen Begriffen. Um die Dokumentation einzugrenzen und zu fokussieren, wurden daher nur solche Zeitungstexte ausgewählt, die die einzelnen Aspekte der Verfolgung exemplarisch und signifikant wiedergeben.

So erschienen beispielsweise über die so genannte „Judenfrage" in den betreffenden Zeitungen insgesamt etwas mehr als 750 Berichte, Meldungen und Kommentare, für die Dokumentation ausgewählt wurden davon etwa 100 Zitate. Auf eine Kommentierung und Wertung der Dokumente wurde verzichtet. So ist der Leser imstande, sich ausschließlich anhand von Zeitungstexten die damalige politische und gesellschaftliche Entwicklung unmittelbar vor Augen zu stellen.

Zur Struktur der Dokumentation: In einem ersten Kapitel werden Textausschnitte dargestellt, die sich mit der so genannten „Judenfrage" im Allgemeinen beschäftigen. Die ausgedehnte Erörterung der „Judenfrage" in den Zeitungen sollte die Ausgrenzung der Juden begründen und rechtfertigen. Dies geschah mittels historischer, pseudo-religionsphilosophischer und rassistischer Argumente und durch die Charakterisierung „des Juden" als „Fremdkörper" im deutschen Volk. Nach dieser quasi theoretischen Einführung folgen zwei Kapitel, die sich auf den Aspekt der materiellen, d.h. wirtschaftlich-existentiellen Ausgrenzung sowie auf den Aspekt der immateriellen, d.h. staatsbürgerlich-rassistischen Ausgrenzung konzentrieren. Der untersuchte Zeitraum dieser beiden Aspekte erstreckt sich vom 30. Januar 1933 bis zum 7. November 1938, dem Tag des Attentats in der deutschen Botschaft in Paris. Nach diesem Datum initiierten die Nationalsozialisten ihre brutale und menschenverachtende Verfolgung mit dem Ziel, die bürgerliche Existenz der deutschen Juden zu vernichten. Diese Maßnahmen werden in einem eigenen Kapitel dokumentiert.

Mein Dank gilt den Mitarbeitern des Stadtarchivs Düsseldorf sowie des Instituts für Zeitungsforschung in Dortmund, die mir durch die Bereitstellung der Zeitungsmikrofilme sehr geholfen haben.

1. Die „Judenfrage" als antisemitische Ausgrenzungsdoktrin

1.1. Ausgewählte Aspekte zur „Judenfrage"

1.1.1. Die „Judenfrage" in der Geschichte und ihre Erforschung

Völkischer Beobachter 21./22.1.33, 21/22

„Dr. Wilhelm Grau
Zur Judenfrage
Die Judenfrage war für jede Gegenwart der abendländischen Geschichte ein Problem, ungelöst und unerlöst bis heute. Zwei verschiedene Antworten hat das deutsche eine, ein ganzes Jahrtausend gültige, hieß: Reinliche Scheidung im biologischen, geistigen und religiösen Lebensbezirk. Die zweite Antwort lautete: Vollkommenes Einswerden mit dem Judentum. ...
Wir stehen in Deutschland heute am Ende des gefährlichen Experiments der Judenemanzipation. Geschichtlich gesehen war es nur eine kurze Spanne Zeit. Seit Lessings und Mendelssohns Tod sind etwa mehr als 150 Jahre vergangen. Man braucht kein Prophet zu sein, um jenen Staaten, die heute noch so tun, als ob es für sie keine Judenfrage gäbe, vorauszusagen, daß die Zeit nicht mehr allzu fern sein wird, wo auch sie die liberale Judenemanzipation gründlich liquidieren werden. Denn das Ergebnis dieser Art von Lösung der Judenfrage ist erschütternd. Die Völker sind naturhafte Gebilde mit Blut und Seele und Geschichte, und solche Tatsachen stehen dauerhafter und lebenszäher in der Welt als blasse und leblose Erfindungen eines abstrakten *Menschen an sich*. So erhob sich im Judentum selbst die starke nationale Bewegung des Zionismus, der geschworene Feind des emanzipierten *mosaischen Glaubenbekenntnisses*. Das deutsche Volk kämpfte mühsam seit den 70er und 80ger Jahren des vorigen Jahrhunderts gegen seinen eigenen Liberalismus und Bildungshumanismus, um nun 1933 das Judenproblem im nationalen und natürlichen Sinne anfassen zu können. Nach dem mittelalterlichen aufklärerischen Lösungsversuch nun der nationalsozialistische.
Gewiß ist, daß er dem gescheiterten der eben vergangenen Epoche völlig ablehnend gegenübersteht, daß er, was das Ziel betrifft, ebenso wie die mittelalterliche Lösung nach reinlicher Scheidung strebt, weil nur so die biologischen, geistigen und sittlichen Werte der Nation gewahrt sind. Die endgültige

Form der nationalsozialistischen Lösung ist noch nicht bekannt. Die Motivierung liegt jetzt im Rassenprinzip, während sie damals hauptsächlich, aber nicht ausschließlich im Religiösen lag. Indem der Nationalsozialismus den Gesichtspunkt der Rasse in den Vordergrund seiner Lösung schiebt, kann er die ganze vergangene Epoche der Emanzipation aufrollen und für die Zukunft des deutschen Volkes im wesentlichen wirkungslos machen. Nur so ist es möglich, das jüdische Problem der Gegenwart an der Wurzel zu fassen; und wenn der Nationalsozialismus auch die getauften Juden als Juden wertet, dann tut er nichts anderes, als daß er diesen ihre *Entreebillets zur europäischen Kultur* zerreißt und diese in dieser Eigenschaft für wertlos erklärt."

Aller Zeitung 20.11.36, 272

„Die Judenfrage als Wissenschaft
Es ist ein Verdienst des Nationalsozialismus, das Judenproblem als brennende wissenschaftliche Frage, die der Lösung bedarf, aufzurollen. Das Reichsinstitut für Geschichte des neuen Deutschlands hat eine besondere „Forschungsabteilung Judenfrage" eingerichtet, die gestern von Professor Walter Frank, dem Präsidenten des Instituts, in München eröffnet wurde. Er hielt dabei eine große Rede, in der er an die Räterevolte vor 18 Jahren in München erinnerte, die der Höhepunkt der kommunistischen Welle über Deutschland war. Mit ihr gedachte das Judentum, die unumschränkte Herrschaft auch über Mitteleuropa aufrichten zu können. Damals schon versuchten junge Gelehrte, das jüdische Problem anzupacken; aber sie erkannten, daß sie eine Forschungsreise in unbekanntes Land unternahmen, über dessen Dunkelheit ein großes Schweigen lastete.

Denn über das jüdische Problem hatte bisher nur die jüdische Seite gearbeitet, Bücher über die Judenfrage waren fast nur von Juden geschrieben, und selbst rein tatsächliche Dokumente zur Judenfrage wurden der wissenschaftlichen Verwendung entzogen.

Der Redner zeigte, wie in der liberalen wissenschaftlichen Welt selbst die rein tatsächliche Erwähnung des Judentums und seiner Rolle verfemt wurde. An der Judenfrage enthüllte sich die sogenannte wissenschaftliche Objektivität als die ärmliche Unterwerfung des Erkenntniswillens unter die tatsächlichen Machtverhältnisse des liberalen Zeitalters.

Nur wer das erkannt, ..., versteht wirklich die innersten Antriebe der Erforschung der Judenfrage."

Aller Zeitung 7.7.38, 156

„Das Judentum in der Geschichtsforschung
Den Weg der Juden zur Macht in Deutschland zeigte ein Vortrag Dr. Erich Botzenbarts auf der Münchener Tagung des Reichsinstituts für Geschichte des neuen Deutschlands.

Der Vortragende sprach auf Grund einer eingehenden wissenschaftlichen Untersuchung über den machtpolitischen Aufstieg, den das Judentum von der Emanzipation bis zur Revolution von 1848 genommen hatte. Aus der rechtlichen und sozialen Situation der Juden vom 18. Jahrhundert zum 19. Jahrhundert ergab sich, daß die Lage des Judentums nicht die eines unterdrückten oder geknechteten Volkes war, sondern daß es in der festgefügten Sozialordnung des absoluten Staates seinen festumschriebenen Platz hatte, der ihm sogar eine viel günstigere Lage und eine sehr viel größere Beweglichkeit gestattete als etwa dem Bauerntum.

Dr. Botzenbart schilderte dann ausführlich die Emanzipationsgesetzgebung des 19. Jahrhunderts. Es handelte sich nicht um den Aufstiegsprozeß einzelner begünstigter Individuen, sondern um die Generaloffensive der ganzen Rasse zur Erringung bürgerlicher und politischer Gleichstellung und zur Eroberung bedeutender Stellungen in Staat und Gesellschaft. Begleitet wurde dieser jüdische Angriff durch ein Trommelfeuer projüdischer Werbung.

Das Judentum blieb auf der ganzen Linie Sieger, weil die großen Mächte der Zeit, die liberale Ideologie, die Presse und das Geld auf seiner Seite standen und weil der völkische Gedanke nur ansatzweise vorhanden war und nicht zum Durchbruch kam."

Völkischer Beobachter 12.8.39, 224

„Institut der NSDAP. zur Erforschung der Judenfrage
Eine Gründung Alfred Rosenbergs – Sitz ist Frankfurt am Main
Berlin, 11. August
Als Trägerin des geistigen und politischen Kampfes gegen das Judentum ist die Nationalsozialistische Deutsche Arbeiterpartei in der Erforschung und Behandlung des Judenproblems unmittelbar bestimmend. Die *Stadt des Deutschen Handwerks*: Frankfurt am Main, besitzt in ihrer Judaica- und Hebraica-Sammlung ein wertvolles, einzigartiges Quellenmaterial zur Judenfrage, das noch der Erschließung und eindringlichen wissenschaftlichen Bearbeitung harrt. ...

Reichsleiter Alfred Rosenberg hat sich daher entschlossen, in Frankfurt am Main ein *Institut der NSDAP zur Erforschung der Judenfrage* zu errichten, das die genannten Aufgaben unverzüglich in Angriff nehmen wird.

Die bisher in seinem Arbeitsbereich auf diesem Gebiet tätigen Forschungsstellen werden nach Frankfurt am Main überführt werden. Die NSDAP. gewinnt damit eine neue scharfe Waffe gegen das Judentum, die Stadt Frankfurt am Main aber – einst Hochburg der weltanschaulichen Feinde – wird dadurch zur Zentrale des geistigen Kampfes gegen das Judentum.

Durch die nationalsozialistische Bewegung ist die Judenfrage ein weltpolitisches Problem geworden. Die Gesetzgebung des Reiches ist schon in bezug auf das Judentum ein Amt von so grundsätzlicher Bedeutung, daß erst eine fernere Zukunft ihre ganze Tragweite auch für andere Staaten erweisen wird. Diese Haltung des Staates aber ist das Ergebnis eines neuen geschichtlichen Denkens und einer neuen rassenkundlichen Erkenntnis. Frühere antijüdische Empörungen der Völker werden dadurch in einem anderen Licht erblickt, …

Mit der Gründung des *Instituts der NSDAP. zur Erforschung der Judenfrage* durch Alfred Rosenberg tritt die Behandlung des Weltproblems in ein neues Stadium. Keiner ist berufener als er, hier eine große Zusammenfassung der Erkenntnisse vorzunehmen, um der Zukunft ein geschlossenes Bild der Vergangenheit und die Begründung unserer heutigen Haltung zu geben."

Frankfurter Zeitung 23.9.36, 487/88

„Judenfrage und Geschichte
Tagung der Deutschen Geschichts- und Altertumsvereine in Karlsruhe
Der geschäftsführende Leiter der Forschungsabteilung *Judenfrage* beim Reichsinstitut für Geschichte des neuen Deutschland in München, Dr. Wilhelm Grau, hielt einen Vortrag über die Geschichte der Judenfrage und ihre Erforschung. Der erste Teil seiner Darlegungen galt … Ausführungen darüber, daß das Judentum von den Wirtsvölkern immer als fremd empfunden worden sei und daß die Begegnung mit ihm immer zu tiefgehenden Auseinandersetzungen geführt habe. Der jüdische Historiker Heinrich Graetz habe gesagt, daß das Judentum sich seit seinem Eintritt in die Geschichte als Negation zur Menschheit darstelle. Das Judentum sei ferner aufs engste mit der Entwicklung des Kapitalismus und mit einem undeutschen Hehlerrecht verbunden. Kapitalistische Geldanhäufung in den eigenen Händen und Führung des nichtjüdischen Proletariats sei dem Judentum weder vor noch nach der Emanzipation fremd gewesen. Die Idee des Klassenkampfes sei talmudisch begründet. Die Emanzipation des Judentums sei heute als einer der wesent-

lichsten Anlässe zur Entwicklung des Bolschewismus nachgewiesen. Hätte Karl Marx im Ghetto gelebt, so hätte es keinen Lenin gegeben. Ohne die Emanzipation der Juden gäbe es nicht die europäischen Revolutionen des 20. Jahrhunderts. Deutsche und europäische Geschichte der Neuzeit könne nicht ohne Berücksichtigung der Judenfrage geschrieben werden. ... Die Forschung zur Geschichte der Judenfrage sei trotz rein wissenschaftlichen Weges und Zieles auch politische Aktion."

Frankfurter Zeitung 7.7.38, 339/40

„Entstehung des Judentums
Vorträge auf der Münchener Tagung
FK München, 6. Juli. Auf der Münchener Tagung des *Reichsinstituts für Geschichte des neuen Deutschlands* hatte der Dienstag in den Vortragsthemen und dem Temperament der Redner die kämpferisch-polemische Seite der wissenschaftlichen Behandlung des Judenproblems besonders zur Geltung gebracht. Der heutige zweite Beratungstag tauchte die Arbeit in die kühlere Luft naturwissenschaftlicher und statistischer Ueberlegungen und brachte damit zugleich eine charakteristische Ergänzung zu der Arbeit der Historiker im engeren Sinne. ...

Professor Fischer erörterte dann unter eindringlicher und behutsamer Hervorhebung der zweifelhaften Momente die Ergebnisse, zu welchem Anthropologie, Sprachkunde, Archäologie und Frühgeschichtsforschung im Hinblick auf die Entstehung des Judentums bisher gelangt seien. Die Juden, deren rassische Genealogie seit den Zeiten des Königs David im wesentlichen abgeschlossen sei, wiesen drei Komponenten auf, aus deren Verschmelzung sich unter dem Druck der Kämpfe gegen eine andersartige Umwelt ihre Besonderheiten ergeben hätten. Die vorderasiatische Rasse bilde den Grundstock, der sich im fünften vorchristlichen Jahrhundert über die mediterrane Rasse gelagert habe und zu dem später die orientalische Rasse hinzugetreten sei; vereinzelte Einsprengsel nordisch-indogermanischen Ursprungs und gelegentlich negroide Einschläge zeugten noch von der frühen Aufnahme fremden Blutes, wie auch schon die in hohe Zeiten zurückgehende Teilung in Sephardim mit mehr orientalischem und Aschkenasim mit mehr vorderasiatischem Gepräge von der ursprünglichen Blutsmischung Kunde ablegten. Später habe die Abschließung nach außen und die Inzucht immer deutlicher das feste Rassengefüge der Juden ausgeprägt und sie zu einer Einheit werden lassen, die allen europäischen und vornehmlich der nordischen Rasse biologisch feindlich sei."

Völkischer Beobachter 30.12.38, 361

„Unschuldig verfolgt? Nein!

Alte Chroniken berichten von Judenverfolgungen in früheren Jahrhunderten Gouvernantenhafte Politiker im Ausland wetteifern miteinander, den Antisemitismus und seine Folgen für die Juden als eine Erfindung der bösen Nazis hinzustellen. Wenn wir nun aber einmal einen Blick in alte Chroniken werfen, dann müssen wir feststellen, daß bereits Jahrhunderte vor uns alle Völker der Erde, auch die Engländer und Franzosen nicht ausgeschlossen, die Juden verfolgt und vertrieben haben.

Gewissenhaft, wie die Chronisten schon früher waren, haben sie auch aufgezeichnet, aus welchen Gründen die Juden damals verfolgt wurden. Immer bäumten sich die Wirtsvölker der Juden gegen die Überheblichkeiten und die Grausamkeiten der jüdischen Parasiten auf, und in zahlreichen Fällen war schon damals der von den Juden verübte feige Meuchelmord der Anlaß für die Judenverfolgungen. ...

Trotz aller Verfolgungen und harten Strafen brach die Grausamkeit der Juden immer wieder durch. So ermordeten sie im Jahre 1288 im Stift Würzburg einen Deutschen, indem sie ihn in eine Kelter steckten und seinen Leib zusammenpreßten, bis er den Geist aufgab. ...

So zieht sich durch die Jahrhunderte ein endloses Band jüdischer Überheblichkeit, Habgier und Grausamkeit und auf der anderen Seite eine immer wieder aufflackernde Selbsthilfe der von den jüdischen Blutsaugern gequälten Völker.

Man komme also nicht mit der albernen Phrase, daß die armen Juden nur in Deutschland verfolgt würden und verfolgt werden. Alle Völker haben schon im Laufe der Jahrhunderte gegen die jüdische Weltpest gekämpft, und alle Völker werden eines Tages wieder gegen diese Weltpest Stellung nehmen müssen. ...“

Völkischer Beobachter 27.1.39, 27

„Der jüdische Kapitalismus
An dem Vermögen der Juden klebt der Schweiß deutscher Arbeiter
Die Frage, was der Jude in der modernen Wirtschaft bedeutet, muß nach den fünf Bereichen Landwirtschaft, Industrie, Verkehr, Handel und Finanzwesen gestellt und beantwortet werden. Es zeigt sich an Hand vieler Beweise, daß diese Reihenfolge auch die Stufenfolge des jüdischen Anteils am modernen Wirtschaftsleben darstellt und gleichzeitig das Wesensgefüge des wirtschaftlichen Judentums kennzeichnet. Das Reichwerden an Waren, die man niemals

gesehen hat, ist die jüdische Wirtschaft in Reinkultur. Die kapitalistische Wirtschaft ist zwar von den Juden nicht geschaffen, aber nach derer händlerischen Seite hin ausgenutzt und ausgeweitet worden. ...

So klebt auch an den Milliardenvermögen der in Deutschland reich gewordenen Juden der Schweiß jener Millionen deutscher Arbeiter und Angestellter, die dieses Kapital im Frondienst anhäufen helfen mußten. Es entspricht den einfachsten Gesetzen der Sittlichkeit, wenn dieses aus der Kraft des deutschen Volkes herausgepreßte Kapital dem deutschen Volke zurückerstattet wird."

1.1.2. Die NS-Führungselite und die „Judenfrage"

Die Rede Adolf Hitlers vor dem Großdeutschen Reichstag am 30.1.1939

Düsseldorfer Nachrichten 31.1.39, 56

„Grundsätzliches zur Judenfrage
Ich möchte zur jüdischen Frage folgendes bemerken: Es ist ein beschämendes Schauspiel, heute zu sehen, wie die ganze Welt der Demokratie vor Mitleid trieft, dem armen gequälten jüdischen Volke gegenüber allein hartherzig verstockt bleibt, angesichts der dann doch offenkundigen Pflicht, zu helfen. Die Argumente, mit denen man die Nichthilfe entschuldigt sprechen nur für uns Deutsche und Italiener.
Denn man sagt:
1. *Wir – nämlich die Demokraten – sind nicht in der Lage, die Juden aufzunehmen.* Dabei kommen in diesen Weltreichen noch keine zehn Menschen auf den Quadratkilometer, während Deutschland 135 auf den Quadratkilometer (hat).
2. Man versichert: Wir können sie nicht nehmen. Außerdem, sie erhalten z. B. von Deutschland einen bestimmten Kapitalbetrag zur Einwanderung.
Deutschland war allerdings jahrhundertelang gut genug, diese Elemente aufzunehmen, obwohl sie außer ansteckenden politischen und sanitären Krankheiten nichts besaßen. Was dieses Volk heute besitzt, hat es sich auf Kosten des nicht so gerissenen deutschen Volkes durch die übelsten Manipulationen erworben. Wir machen heute nur wieder gut, was dieses Volk selbst verschuldet hat. ...
Wir sind entschlossen, das Einnisten eines fremden Volkes, das sämtliche Führungsstellen an sich zu reißen gewußt hat, zu unterbinden und dieses Volk abzuschieben. Denn wir sind gewillt, für diese Führungsstellen unser eigenes

Volk zu erziehen. ... Vor allem aber die deutsche Kultur ist, wie schon ihr Name sagt, eine deutsche und keine jüdische, und es wird daher auch ihre Verwaltung und Pflege in die Hände unseres Volkes gelegt. ...

Denn Europa kann nicht mehr zur Ruhe kommen, bevor die jüdische Frage ausgeräumt ist. Es kann sehr wohl möglich sein, daß über diesem Problem früher oder später eine Einigung in Europa selbst zwischen solchen Nationen stattfindet, die sonst nicht so leicht den Weg zueinander finden würden. ...

Ich will heute wieder ein Prophet sein: Wenn es dem internationalen Finanzjudentum in- und außerhalb Europas gelingen sollte, die Völker noch einmal in einen Weltkrieg zu stürzen, dann wird das Ergebnis nicht die Bolschewisierung der Erde und damit der Sieg des Judentums sein, sondern die Vernichtung der jüdischen Rasse in Europa! Denn die Zeit der propagandistischen Wehrlosigkeit der nichtjüdischen Völker ist zu Ende."

Der Reichsminister für Volksaufklärung und Propaganda, Dr. Goebbels

Aller Zeitung 4.9.33, 206

„Wenn wir die Judenfrage praktisch zu regeln versuchten und damit das Rassenproblem in unserem Staate zum ersten Male für ganz Europa gesetzmäßig in Angriff nahmen, so folgten wir hierin nur dem Zuge der Zeit. Dabei ist die Abwehr der jüdischen Gefahr nur ein Teil unseres Planes und unseres Zieles; wenn sie in der Weltdiskussion über den Nationalsozialismus zum einzigen und hauptausschlaggebenden Thema erhoben wurde, so liegt das nicht an uns, sondern am Judentum selbst. Es hat versucht, die Welt gegen uns mobil zu machen, immer in der heimlich genährten Hoffnung, das verlorengegangene Terrain zurückerobern zu können."

Düsseldorfer Nachrichten 11.9.36, 463
Rede auf dem Reichsparteitag 1936

„Die Juden sind schuld!
Es gab eine Zeit in Deutschland, da wurde die Bezeichnung des Juden als Juden mit Gefängnis bestraft. Wir haben es damals trotzdem getan. Heute wird die Bezeichnung des Juden als Juden und des Bolschewisten als Generalverbrechers von der Welt noch vielfach mit vornehmer Reserve oder gar gespielter sittlicher Empörung zurückgewiesen. Wir aber sind der Meinung, daß es uns genau so, wie es uns gelingen konnte, Deutschland einmal von der parasitären Gefährlichkeit dieser Rasse zu überzeugen, auch einmal gelingen wird, der Welt die noch verschlossenen Augen zu öffnen und ihr das Judentum und

den Bolschewismus in wahrer Gestalt zu zeigen. Unterdes aber wollen wir nicht müde werden, bei den furchtbaren Krisen und Erschütterungen, die so viele Länder durchzittern, immer und immer wieder die Völker auf diese unheildrohende Gefahr aufmerksam zu machen und ihnen zuzurufen: Die Juden sind schuld, die Juden sind schuld!"

Düsseldorfer Nachrichten 10.9.37, 459
Rede auf dem Reichsparteitag 1937

„Unerschrocken wollen wir mit den Fingern auf den Juden zeigen als den Inspirator, Urheber und Nutznießer dieser furchtbaren Katastrophe (Der spanische Bürgerkrieg – der Verf.): Sehet, das ist der Feind der Welt, der Vernichter der Kulturen, der Parasit unter den Völkern, der Sohn des Chaos, die Inkarnation des Bösen, das Ferment der Dekomposition, der plastische Dämon des Verfalles der Menschheit."

Frankfurter Zeitung 2.12.38, 614/15
Rudolf Heß war „Stellvertreter des Führers"

„Rudolf Heß über die Judenfrage
Das deutsche Volk hat durch seine Leistungen den Beweis erbracht, daß seine Rasse zu den besten der Welt gehört. Es ist im Interesse des Volkes gelegen, daß seine guten Eigenschaften nicht mit den schlechten Eigenschaften anderer Völker vermischt werden. Die Führung des Volkes würde dann gewissenlos handeln, wenn sie zuließe, daß seine guten Eigenschaften vermengt würden mit den Eigenschaften der jüdischen Rasse. Denn die jüdische Rasse hat nun einmal Eigenschaften, die zu den schlechtesten der Welt gehören. Dies kann auch nicht anders sein, denn womit wäre es sonst zu erklären, daß nicht etwa nur 1933 bis 1938 im nationalsozialistischen Deutschland die Juden unerwünscht sind, sondern daß durch die Jahrtausende in allen Völkern, unter denen sich Juden befanden, immer wieder Aufstände gegen sie ausbrachen – wie wäre es zu erklären, daß immer wieder die Völker sich erhoben, um sie zu verjagen – freilich meist nur mit vorübergehenden Erfolg."

Düsseldorfer Nachrichten 23.11.38, 595

„Dr. Ley: *Kein falsches Mitleid!*
Rede des Organisationsleiters zur Judenfrage
„Unser Kampf gegen das Judentum muß bis zu dem vom Führer gewiesenen Ziel kompromißlos durchgeführt werden. Werde der Jude in diesem Kampf

19

siegen, dann könnte sich der Versailler Vertrag sich sehr leicht als ein Kinderspiel gegenüber den Auswirkungen eines jüdischen Sieges erweisen. Deshalb lassen wir uns auch von niemand auf eine falsche Ebene in diesem Abwehrkampf schieben. Wir haben dazu umso weniger Anlaß, als wir von einer Großzügigkeit gewesen sind, die anscheinend falsch verstanden worden ist. Viel zu lange haben uns die jüdischen Firmenschilder in Leuchtbuchstaben anmaßend und herausfordernd die Überheblichkeit eines Parasitentums vor Augen geführt, das skrupellos über Leichen ging. Weltfremde Pharisäer sollen uns nichts von Nächstenliebe erzählen. Mein Nächster ist der deutsche Bluts- und Volksgenosse. Unsere Nächstenliebe gilt ihm allein. Unsere gesamte Kraft gilt der planmäßigen Verbesserung des Schicksals aller deutschen Volksgenossen, die noch irgendwo im Schatten leben. ... Wenn uns aber einmal falsches Mitleid gegenüber den Schmarotzern an unserem Volkskörper überkommen sollte, dann wollen wir an Horst Wessel und all' die Blutopfer unserer Bewegung denken."

1.1.3. Die „Judenfrage" als Weltproblem

Frankfurter Zeitung 2.12.38, 614/15

„Wissenschaftlicher Kampf gegen das Judentum
Weitere Vorträge aus dem Reichsinstitut für Geschichte des neuen Deutschland
Karl Georg Kuhn, München, sprach über die Judenfrage als weltgeschichtliches Problem. Er sagte dabei: Die Juden lebten seit zweitausend Jahren als völkische Minderheit in der ganzen Welt verstreut. Sie lebten dabei seit altersher in den Städten; sie seien das ausgesprochene Händlervolk der Geschichte. Diese Eigenschaft habe auch ihre Wanderbewegungen bestimmt. Der Jude wandere nicht in unerschlossenes Neuland, sondern in bereits besiedeltes Land, wo er leichter handeln könne. ... Aber mit solchen Feststellungen sei noch nicht erklärt, wie es komme, daß die jüdischen Minderheiten sich zwei Jahrtausende erhalten hätten. Die Syrer etwa, die im Altertum sich als Händler im römischen Reich betätigt hätten, seien längst aufgesogen und verschwunden: Die jüdischen Minderheiten bestünden immer noch. Das liege zunächst an der jüdischen Religion, die das jüdische Volk lehre, sich als das auserwählte Heilsvolk zu fühlen und ihm so eine große Stabilität gebe. Entscheidend sei aber schließlich die rassische Erbanlage des Judentums, die Summe seiner biologischen Eigenschaften. Seit 150 Jahren gebe es die Emanzipationsbewegung. Sie habe den Juden die Freiheit geben wollen, da-

mit sie sich in die nationale Gesellschaft einordneten und darin aufgehen könnten. Stattdessen hätten die Juden die Freiheit benützt, um überall Machtpositionen in den Wirtsvölkern zu erwerben. Die Voraussetzungen der Emanzipation seien völlig zunichte gemacht. Der heutige Widerstand an den verschiedenen Stellen der Welt gegen das Judentum sei nichts als die Rechnung für die Verfälschung der Emanzipation."

Frankfurter Zeitung 9.7.39, 344/45

„Referate zum Thema: Judenfrage
Wie schon kurz berichtet wurde, sprach Ministerialrat Dr. Ziegler ... über *Das Weltjudentum in der Neuzeit*. Ziegler begann seine Darstellung mit der Gründung der Alliance Israélite Universelle im Jahre 1860, die er als erste jüdische Weltloge und deren Gründung er als den Beginn des organisierten Weltjudentums bezeichnet. Mit besonderer Intensität habe die Alliance auf dem Balkan ihre Betriebsamkeit entfaltet. Eines ihrer Hauptziele sei es dabei gewesen, Rumänien zu veranlassen, den in diesem Lande lebenden Juden das Staatsbürgerrecht zu gewähren. ... In der Vorkriegszeit war dann die Alliance besonders tätig im Fall Dreyfuß, beim Panamaskandal und bei der Kampagne gegen das zaristische Rußland. Der Weltkrieg habe das Weltjudentum zunächst in zwei Hälften gespalten, es habe anfangs geschwankt, ob es sich auf Seiten der Entente oder der Mittelmächte stellen sollte. Spätestens seit Eintritt der Vereinigten Staaten in den Weltkrieg und seit dem Zusammenbruch des zaristischen Rußland sei sein Platz jedoch an der Seite der Entente gewesen. Jetzt auch sei es mit dem Zionismus zusammengegangen, mit dem vorher das assimilationsbereite Weltjudentum weniger Gemeinsamkeit gehabt habe. ... Das Ende des Weltkriegs bedeute den Höhepunkt des Weltjudentums, das von 1918 bis 1933 auf der ganzen Linie geherrscht habe. Den Kampf gegen den Nationalsozialismus habe das Weltjudentum zunächst mit wirtschaftlichen Mitteln zu führen versucht: Zweihundert Millionen Menschen in vierzig Ländern unterstützten den Wirtschaftsboykott gegen das nationalsozialistische Deutschland. ... Als der gewünschte Erfolg ausgeblieben sei, sei das Weltjudentum auch zum politischen Kampf übergegangen. Der jüdische Weltkongreß, der im August 1936 in Genf mit dem maßgeblichen Anteil der Juden aus den Vereinigten Staaten zusammengetreten sei, sei eine stehende Organisation des organisierten Weltjudentums, das eine ganz bestimmte Politik verfolge und Träger der Kriegsagitation und der Verhetzung der Nationen sei."

Völkischer Beobachter 20.1.39, 20

„Polnischer Gesetzentwurf zur Judenfrage
Aberkennung polnischer Staatsbürgerschaft – Ausschluß aus dem öffentlichen Leben
Der Entwurf teilt die in Polen wohnenden Juden in vier Arten ein. Zur ersten Kategorie zählt er Juden, die den römisch-katholischen Glauben vor dem 10. September 1920 angenommen haben und durch ihre Tätigkeit die Zugehörigkeit zur polnischen Nation bewiesen haben, sowie auch Juden, die mit bestimmten polnischen Orden ausgezeichnet sind. Auf sie sollen die Vorschriften des Gesetzes nicht angewandt werden.

Die zweite Kategorie umfaßt alle Personen jüdischer Nationalität, die dokumentarisch beweisen können, daß sie in der Zeit vom 11. November 1918 bis zum 15. August 1920 auf dem Gebiet des jetzigen polnischen Staates weilten. Juden dieser Kategorie sollen die polnische Staatsbürgerschaft verlieren, jedoch bis zur Zeit der Emigration als zugehörig zum polnischen Staat betrachtet werden.

Die dritte und vierte Klasse sind Juden, welche eine fremde Staatsangehörigkeit besitzen, und Juden, welche kraft des vorliegenden Gesetzes als staatenlos angesehen werden. Die jüdische Nationalität besitzen nach dem Gesetzesprojekt folgende Personen:

1. Wer in den von den polnischen Behörden ausgegebenen Personalausweisen oder in anderen amtlichen Schriftstücken oder Dokumenten als Angehöriger der jüdischen Nation gilt, sich zu ihr bekannte oder bekennt.

2. wer in den Büchern der Standesämter als Angehöriger des mosaischen Glaubens eingeschrieben ist oder war;

3. wessen Vater oder Mutter jüdischer Nationalität im Sinne des Punktes 1 oder 2 ist.“

Frankfurter Zeitung 27.1.38, 47/48

„Judenfrage in Rumänien
Eine Judenfrage gibt es in Rumänien, seitdem im Gebiete der ehemaligen Fürstentümer Walachei und Moldau in größerer Zahl Juden eingewandert sind. Wenn es auch in der frühesten Geschichte des Landes da und dort jüdische Niederlassungen am Rande des Schwarzen Meeres gegeben haben mag, wenn auch nach der Vertreibung der Juden aus Spanien *Spaniolen* bis in den mittleren Balkan vorgedrungen sein mögen, so geht die Hauptmasse der jüdischen Bevölkerung in Rumänien doch auf Einwanderer zurück, die vom Nor-

den her, aus dem alten Königreich Polen, vor allem aber aus Galizien, gekommen sind. ...
Die galizischen Juden erschienen – vereinzelt im 16., etwas häufiger im
17. und 18. Jahrhundert – in der nördlichen Moldau als Viehaufkäufer, dann
als Weinhändler und Schankwirte, als Pächter und Geldverleiher."

Völkischer Beobachter 10.8.40, 223

„Reinigungsprozeß in Rumänien
Zwei grundlegende Judengesetze – Blutzugehörigkeit ist bestimmend –
Mischehen sind verboten
Zur Regelung der Judenfrage in Rumänien wurden zwei grundlegende Geset-
ze durch den König verkündet.
Das erste behandelt die rechtliche Lage der jüdischen Bewohner Rumäni-
ens, deren Anteil an der Gesamtbevölkerung auf 10 v. H. beziffert wird. Nach
der Gesetzesbegründung soll die Judenfrage in Rumänien aus den Gegeben-
heiten des Landes gelöst werden. Maßgebend ist die Blutzugehörigkeit zum
Judentum. Es wird im Gesetz genau festgelegt wer als Jude zu gelten hat.
Dann werden die Juden – hauptsächlich nach dem Zeitpunkt ihrer Zuwanderung – in drei Kategorien eingeteilt. ...
Das zweite Gesetz verbietet Eheschließungen zwischen Juden und Bluts-
rumänen."

Frankfurter Zeitung 24.4.38, 206/07

„Das ungarische Judengesetz
Eine Mehrheit im Parlament zu erwarten
In den Vereinigten Ausschüssen des ungarischen Abgeordnetenhauses ... begann gestern die sehr bewegte Aussprache über das neue Judengesetz, das
Ende April dem Plenum zur endgültigen Beschlußfassung vorgelegt werden
soll. Aus der Debatte ging hervor, daß die überwiegende Mehrheit des Parla-
ments die Vorlage billigt, so daß an ihrer fast unveränderten Annahme nicht
mehr zu zweifeln ist. Bei der gestrigen Debatte führte der Führer der Demokratischen Partei ... unter dem lebhaften Widerspruch des Hauses einen hefti-
gen Angriff auf das Gesetz, indem er unter anderem behauptete, es sei nichts
anderes als eine Nachahmung der deutschen Nürnberger Gesetze. Der Abge-
ordnete der Regierungspartei und Referent des Gesetzentwurfes, Makkan,
wies dies zurück und erklärte, daß die Judenfrage in Ungarn schon um Jahrzehnte früher aktuell gewesen sei als im Deutschen Reich, nur sei ihre Lösung

durch die damalige außenpolitische Situation verhindert worden. ... Die Juden seien eine eigene Rasse, und ihre Assimilation müsse verhindert werden."

1.1.4. Kunst, Kultur und „die Juden"

Völkischer Beobachter 5.9.36, 249

„Die Judenfrage in der Praktischen Kulturpolitik
Reichskulturwalter Hans Hinkel führte u. a. aus: Den Juden in Deutschland wurde die Möglichkeit erschlossen, einen eigenen rein jüdischen kulturellen Zusammenschluß zu organisieren, dessen verschiedengestaltige Darbietungen allein einem rein jüdischen Besucherkreis offen stehen.

Durch diesen Weg wurde die Frage, was mit den aus dem deutschen Kulturleben entfernten Juden geschehen sollte, einer Lösung entgegengeführt, die nach jüdischem Bericht als eine loyale Lösung bezeichnet wird.

Die bisherige Entwicklung hat die Richtigkeit des Weges erwiesen, so daß dieser Weg auch in den nächsten Jahren begangen werden wird.

Im Ausland zum Teil noch heute verbreitete Märchen über die Behandlung der Juden in Deutschland werden durch diese Entwicklung widerlegt. Seit 1933 konnten sich die jüdischen Kulturbünde in einem Umfange entwickeln, der die Grundlage abgab für den heutigen Stand des Reichsverbandes jüdischer Kulturbünde.

Wie sehr der Aufbau des Reichsverbandes zur klaren Trennung zwischen dem deutschen und dem jüdischen Kulturleben beiträgt, das zeigten u. a. die Ausführungen des Reichskulturwalters Hinkel über die Programmgestaltung des jüdischen Verbandes, die die Tendenz einer Rückkehr zu jüdisch-völkischer Eigenart zeigt."

Völkischer Beobachter 23.8.40, 236

„Der Jude auf dem deutschen Theater
In der Erörterung des zerstörenden Einflusses, den das Judentum auf die Kultur Deutschlands ausgeübt hat, genügte es im allgemeinen, auf die Tatsachenverhältnisse der Systemzeit (Weimarer Republik – der Verf.) hinzuweisen. Am sinnfälligsten und am greifbarsten ließen sich die ruinösen Zustände wohl am Theater zeigen. Es war schlagend, wenn man zahlenmäßig belegen konnte, daß 80 v. H. der Berliner Theaterleiter Juden waren, daß von 95 Bühnenverlegern Deutschlands im Jahre 1919 bereits 55, im Jahre 1924 von 108 nicht weniger als 72 jüdisch waren; oder daß im Jahre 1925 auf 260 Urauf-

führungen 95, im Jahre 1932 auf 280 immer noch 85 jüdische Autoren kamen.

Das waren gewiß beschämende Zahlen, aber mit dem Augenblick, da man der Theaterfrage und dem Problem des jüdischen Anteils und Einflusses beim Theater einmal historisch nachgeht, ergibt sich mit fast erschreckender, aber bestimmt erregender Deutlichkeit, in welchem Maße die ganze Entwicklung des deutschen Theaters sich mit der Judenfrage entsetzlich hat herumschlagen müssen, in dem Sinne, daß die Juden mit klarer Überlegenheit das Theater immer wieder benutzt haben, um für sich und ihre Macht etwas herauszuholen und den Deutschen dumm zu machen. ... bis 1933 damit Schluß gemacht wurde."

Völkischer Beobachter 4.12.40, 339

„Die Juden in der Musik
Heute ist unser Kulturleben auch auf dem Gebiet der Musik von allen jüdischen Elementen gereinigt, und wenn wir auf die Jahrzehnte vor der Machtübernahme zurückblicken, so erscheint uns vieles wie ein Spuk. Nichts ist gefährlicher, als den Mantel raschen oder gar mildtätigen Vergessens über diese Epoche deutscher Geschichte zu breiten. Auch wenn den Juden im Großdeutschen Reich jede Betätigung in der Öffentlichkeit unmöglich gemacht ist, so sind sie damit noch nicht vom Erdboden verschwunden. Als unübertroffene Meister der Tarnung tauchen sie bald hier, bald dort auf, um sich im Licht der Rampe zu zeigen. ...

Im Zeichen der europäischen Neuordnung ist das Judenproblem längst zu einer europäischen Frage geworden, und ihre zwangsweise Entfernung aus dem Raum der abendländischen Kultur ist eine Selbstverständlichkeit. Zwar orakelte der russische Musikforscher Leonid Sobanejew in seinem Buch über *Die nationale jüdische Schule in der Musik*, daß sich die geschichtliche Perspektive der Juden sich noch nicht eröffnet habe, aber *die Tränen des seit Jahrtausenden leidenden Volkes wurden zu Perlen des musikalischen Genius*". Wobei wir feststellen müssen, daß uns bisher noch keine Perle zu Gesicht kam, es sei denn billige Nachahmungen und Klitterungen.

Reinliche Scheidung heißt die Verpflichtung, die uns die Zukunft der deutschen Kunst auferlegt."

„Richard Wagner und das Judentum
Der Vortrag zeigte, wie Wagners Anschauungen über das Judentum sich aus seiner persönlichen Erfahrung, aus der unmittelbaren Begegnung mit dem aufsteigenden und sich einnistenden Juden entwickelt haben. Wagner bezeichnete schon frühzeitig als Zeitgenosse und kritischer Beobachter des gesamten Emanzipationsvorganges diesen als die *modernen Welteroberungspläne dieses allerfremdartigsten Elementes.* In der frühen, von der Aufklärung mitbestimmten sentimentalen Begeisterung für den *unterdrückten* Juden erlebte er so in schwerer Erschütterung die ideologische Sünde der Deutschen gegen ihre alten sicheren Instinkte. Als das freigelassene Judentum sich dann in die deutsche Literatur und die deutsche Musik einschaltet, schlägt er zum ersten Male mit seiner Schrift *Das Judentum in der Musik*, einem der bleibenden Dokumente des deutschen Antisemitismus, gegen den Fremdling los, um als Antwort den unerbittlichen Haß zu erleben, der jahrzehntelang in der ganzen Welt ein wüstes Kesseltreiben gegen ihn entfesselt hat. Während der Revolution von 1848 erkennt er, wie auch im politischen Raum ursprünglich deutsche Gefühle durch die Juden verfälscht und ausgenutzt werden, sie bedienten sich damals für ihre Zielsetzungen zum erstenmal der patriotischen Phrase. ... Und als sich dann in der Folge die Juden gar zu den eigentlichen Schutzherren, ja zu den Schöpfern der deutschen Kultur erklären, erlebt Wagner sogar noch in den ersten Anzeichen jene maßlose, vor keiner Lästerung zurückscheuende jüdische Arroganz, die sich in unserer Zeit zu den wüstesten Ausbrüchen gesteigert hat. ...
Auch für Wagner konnte die Judenfrage deshalb nur dann gültig gelöst werden, wenn das Volk selber die Erkrankungen und Unsicherheiten des 19. Jahrhunderts überwand. Ihm war der Antisemitismus nur denkbar als organisches Glied eines umfassenden Erneuerungsdenkens, der die geistige Ordnungslosigkeit des 19. Jahrhunderts zu einer neuen Gesundung verwandelte."

1.1.5. Der 2. Weltkrieg und „die Juden"

Völkischer Beobachter 19.9.39, 262

„Judas Krieg!
Es ist allmählich ein offenes Geheimnis geworden, daß das Weltjudentum und die internationale Hochfinanz der entscheidende Anstoß und die geheime Ur-

sache zum Weltkrieg geworden sind. Mit dem Blut von Tausenden und aber Tausenden von Soldaten haben die Juden im Kriege ihre skrupellosen Geschäfte gemacht und durch das Versailler Diktat ihre Machtstellung auf der ganzen Welt ausgebaut. Jede Loslösung von Versailles und jeder Vorstoß gegen die jüdische Herrschaft mußte daher auf Judas erbitterten Widerstand stoßen – so oder so.

Das nationalsozialistische Deutschland war von Anfang an das erklärte Ziel jüdischer Giftpfeile. Je weiter das Deutsche Reich auf innenpolitischem Gebiet durch die Rassengesetzgebung den jüdischen Einfluß im öffentlichen Leben eindämmte, desto größer wurde die Wut der feindlichen Welt, und sie steigerte sich zu wahren Haßausbrüchen, als der Führer auch in außenpolitischer Beziehung Deutschland Schritt für Schritt von den Versailler Fesseln zu befreien begann.

Jeden deutschen Erfolg sahen die Juden als eigenen Prestigeverlust an. Jeder erfolgreiche Schlag war für sie ein Zurück, eine Machteinbuße. Deshalb entschlossen sie sich, als im Herbst 1938 die sudetendeutsche Frage zur Lösung drängte, zu einem großen Hetzfeldzug, zur offenen Kriegserklärung an Deutschland. Man stellte die deutsche Forderung nach der Befreiung der Sudetendeutschen als *Angriff auf den Weltfrieden, auf die Sicherheit der Demokratien und auf das freie Leben aller kleinen Völker* dar. Man forderte die Nationen zu einem bewaffneten und blutigen Einschreiten gegen den *deutschen Störenfried* in Europa auf.

In allen Ländern fanden sich – das steht heute dokumentarisch einwandfrei fest – Juden und Judengenossen, die den Rachekrieg gegen Deutschland ausriefen."

Aller Zeitung 31.10.39, 255

„Juda entzündete die Kriegsfackel!
Sensationelle Enthüllungen über die verbrecherische Tätigkeit der Londoner Kriegshetzer
Tschechische Emigranten und Juden die willfährigen Helfer Englands
Völkermord letzte Chance des Weltjudentums
Die Zusammenhänge eindeutig aufgedeckt
Nun wurde bei einem Angestellten der jüdischen Kultusgemeinde in Prag neben anderen schwer belastenden Materials auch ein Brief gefunden, der die Zusammenhänge tschechischer Juden mit der Kriegshetzerzentrale in London eindeutig aufdeckt. Der Brief gibt dazu noch ein schlüssiges Bild darüber, wie Engländer von den Juden und Juden von den Engländern denken und eingeschätzt werden."

Aller Zeitung 27.10.41, 255

„Alljuda war gewarnt
Mit einer Verschlagenheit und einem Haß ohnegleichen hat Alljuda im Bunde
mit der Freimaurerei, den Plutokraten und Bolschewisten diesen Krieg einge-
fädelt und jede Möglichkeit einer friedlichen Beilegung von Konflikten mit
Verleumdung, Lügen und widerlichster Hetze untergraben. Das Ziel der Juden war es, auf dem Chaos, das durch den neuen Weltbrand entstehen sollte,
die jüdisch-bolschewistische Weltherrschaft aufzurichten. Diesmal geht die
Rechnung Judas nicht auf. Die Kriegsbrandstifter sind entlarvt, und die Völker Europas, mit Deutschland an der Spitze, rechnen mit diesen Weltverbre-
chern ab."

1.1.6. Statistische Angaben

Frankfurter Zeitung 24.1.39, 43/44

„Die zahlenmäßige Verbreitung des Judentums
Die Gesamtzahl der Juden (Glaubensjuden) auf der Erde kann nach einer
neuen im Statistischen Reichsamt ausgearbeiteten Zusammenstellung auf rund
17 Millionen beziffert werden. Davon entfallen rund 10 Millionen oder drei
Fünftel auf Europa, über fünf Millionen oder fast ein Drittel auf Amerika,
nicht ganz eine Million auf Asien, 670 000 auf Afrika und ein Rest von
30 000 auf Australien."

Aller Zeitung 4.1.35, 3

„60 000 Juden weniger – Rückgang um 11,5 v. H.
Während im Jahre 1925 in Deutschland 564 379 Angehörige der jüdischen
Konfession gezählt wurden, betrug diese Zahl, wie sich bei der weiteren Aus-
arbeitung des Materials der großen Volkszählung vom 16. Juni 1933 ergeben
hat, an dem genannten Stichtage noch 499 682. Der Rückgang um 64 697
oder 11,5 v. H. ist … in der Hauptsache auf Auswanderung und Geburtenun-
terschuß der Juden zurückzuführen."

Frankfurter Zeitung 16.4.40, 192/3

„Juden und jüdische Mischlinge in Deutschland
Im ganzen wurden bei der Volkszählung des vorigen Jahres (1939 – der
Verf.) 330 892 Juden im Sinne der Nürnberger Gesetze festgestellt, daneben
72 738 jüdische Mischlinge ersten Grades und 42 811 jüdische Mischlinge
zweiten Grades."

Völkischer Beobachter 14.8.35, 226

Ein Drittel aller in Deutschland lebenden Juden in Berlin
Die jüdische Bevölkerungszahl der Reichshauptstadt entspricht der Einwohnerzahl Wiesbadens
Nach den Ergebnissen der letzten Volkszählung wohnen von den 499 682 Juden, die sich im Deutschen Reich befanden, allein 160 564 Juden in Berlin.
Die Reichshauptstadt beherbergt also beinahe ein Drittel aller in Deutschland
lebenden Juden. Mit einem Anteil der Juden von 3,8 v. H. an der Gesamtbevölkerung steht Berlin zwar nicht an erster Stelle, wird aber nur noch von
Frankfurt a. M. mit 4,7 v. H. übertroffen."

Frankfurter Zeitung 2.11.36, 562

„Die Entwicklung der jüdischen Bevölkerungszahlen in Berlin
Seit dem 1. August 1935 führe das Statistische Amt der Stadt Berlin eine lau-
fende Statistik der zu- und fortziehenden Juden. Aus ihr sei zu ersehen, daß
von diesem Zeitpunkt bis Ende Juli 1936 4 500 Juden mehr aus Berlin fortge-
zogen seien, was eine monatliche Abnahme von 375 Glaubensjuden bedeute."

1.2. Der ganz „normale" Antisemitismus

1.2.1. „Der Jude" im deutschen Alltag

Frankfurter Zeitung 5.2.1935, 65

„Die Betriebsführerschaft aberkannt
Der Treuhänder im Bezirk Nordmark wendet sich gegen die Wahl eines
nichtarischen Verteidigers
Hamburg, 3. Febr. Das soziale Ehrengericht im Treuhänderbezirk Nordmark
fällte gegen den Zirkusbesitzer Wilhelm Hagenbeck (der nicht zu verwech-

seln ist mit dem Tierpark und Zirkus in Stellingen), das Urteil auf Aberkennung der Betriebsführereigenschaft. Als Verteidiger in diesem Prozeß hatte ein nichtarischer Rechtsanwalt fungiert. ..."

Aller Zeitung 16.7.35, 163

„Gegen jüdische Anmaßung
Berlin, 16. Juli Von jüdischer Seite hervorgerufene Störungsversuche bei der Aufführung des schwedischen Films Petersen und Bendel in einem Berliner Lichtspielhaus am Kurfürstendamm führten zu Kundgebungen vor dem Lichtspieltheater. Eine größere Menschenmenge gab dabei ihrem Unwillen über das herausfordernde Benehmen der jüdischen Theaterbesucher Ausdruck. In den benachbarten meist von Juden besuchten Gast- und Caféhäusern verwahrte sich das Publikum gegen das immer dreister werdende Auftreten der Juden."

Aller Zeitung 30.7.35, 175

„Jüdische Frechheiten
Protestaktion der empörten Bevölkerung
Berlin, 30. Juli Am Donnerstag, den 11. Juli, ereignete sich in einem Zeltlager von Berliner Sommergästen am Großen Lychen-See folgender Vorfall: Einige Mitglieder des jüdischen Ruderklubs *Welle Poseidon, Berlin*, welche zwischen den Deutschen ihre Zelte aufgeschlagen hatten, waren seit einiger Zeit zu einer Plage des Lagers geworden. U. a. steckten sie allabendlich trotz Verbots am See ihr Feuer an und sangen mitten auf dem Lagerplatz die zotigsten Lieder, so daß Eltern mit ihren Kindern es vorzogen fortzugehen.

Als der Stellvertreter des Führers, Reichsminister Heß, mit seinem Boot in der Nähe des Lagerplatzes vorüberfuhr, erlaubten sich die Juden einige freche Bemerkungen, die heftige Erregung unter den deutschen Zeltnachbarn hervorriefen. Diese benachrichtigen den Ortsgruppenleiter von Lychen, ..., der die Juden zwang, das Lager zu verlassen und nach Berlin zurückzufahren."

Völkischer Beobachter 6.8.35, 218

„Eine beispielgebende Entschließung zur Judenfrage
Der Bürgermeister von Kempfeld prangert Judengünstlinge an
Der Amtsbürgermeister von Kempfeld stellt uns folgende Entschließung zur Judenfrage zur Verfügung, die wir als gutes Beispiel gerne veröffentlichen:

Das Judentum, das unser Deutsches Vaterland so tief ins Unglück geführt hat, erhebt heute frecher denn je sein Haupt. In Verkennung unserer Anständigkeit beginnen diese Parasiten am deutschen Volkskörper, sich in dem ihnen so verhaßten nationalsozialistischen Deutschland wieder wohnlich einzurichten und ihre jüdischen Frechheiten und Gemeinheiten auf die deutschen Volksgenossen auszuschütten. In Erkenntnis dieser Tatsache wird beschlossen:

1. An den Ausgängen der Gemeinde Kempfeld werden Tafeln mit folgender Inschrift angebracht: *Juden sind hier nicht erwünscht*.

2. Der in der Mitte des Ortes zur Ausstellung gelangende Zeitungskasten *Der Stürmer* wird allen Volksgenossen zur Beachtung empfohlen.

3. Kein Handwerker, kein Geschäftsmann oder sonst ein Volksgenosse erhält eine Gemeindearbeit oder eine sonstige Gemeindelieferung, der bzw. dessen Familienangehörigen noch mit Juden Verkehr pflegen bzw. diese in ihrem Handeln unterstützen.

4. Das Kaufen bei Juden, die Inanspruchnahme jüdischer Ärzte oder Rechtsanwälte bedeutet Verrat am Volke und der Nation.

5. Da die Rassenfrage der Schlüssel zu unserer Freiheit ist, soll derjenige verachtet und geächtet sein, der diese Grundsätze durchbricht.

Kempfeld, den 1. August 1935 Der Amtsbürgermeister"

Ebenda

„Ein unsozialer jüdischer Hauswirt von der kurmärkischen N.S.V. entlarvt
N.S.V. in Prenzlau war von einem Zellenwalter Mitteilung von Vorkommnissen gemacht worden, die sich in dem Hause des Juden ... abgespielt haben sollten. Die Feststellungen ergaben ein Bild, das jeder Beschreibung spottet, und das wahre Bild des Judentums richtig kennzeichnet. ...

Das Amt für Volkswohlfahrt hat, da dieser Zustand nicht mehr zu ertragen war, eingegriffen, und die Geheime Staatspolizei hat Veranlassung genommen, den Juden Dobrin in Schutzhaft zu nehmen."

Frankfurter Zeitung 19.7.36, 365/66

„Bestellung jüdischer Scheidungsanwälte als Scheidungsgrund. Ein Urteil des Reichsgerichts
Ein Mann, der Mitglied der NSDAP ... war, hatte seine Frau im Scheidungsprozeß u. a. deshalb einer Eheverfehlung bezichtigt, weil sie trotz der Zugehörigkeit ihres Mannes zur Partei ... nichtarische Rechtsanwälte mit ihrer Vertretung betraut habe. Das Reichsgericht erkannte diesen Einwand grund-

sätzlich als berechtigt an und verfügte neuerliche Verhandlung zur Prüfung darüber, ob die geschilderte Handlungsweise der Ehefrau ehezerrüttend gewirkt habe, ..."

Frankfurter Zeitung 17.10.36, 532/33

„Erbeinsetzung eines Juden durch einen Deutschen. Vom Gericht als unsittlich und nichtig erklärt
Berlin, 16. Oktober. Das Amtsgericht Leipzig hat in einer Entscheidung vom 29. September dieses Jahres die Feststellung getroffen, daß die Erbeinsetzung eines Juden durch einen Deutschen unter Umgehung der gesetzlichen Erben dem Volksempfinden widerspreche und nichtig sei. In den Gründen zu dieser Entscheidung heißt es, die arische Erblasserin habe durch formell gültige letztwillige Verfügung vom 24. Dezember 1935 den nichtarischen Kaufmann L. unter völligem Ausschluß ihrer gesetzlichen Erben (Vater und Schwester) als Universalerben eingesetzt. Die nach dem Erlaß und in Kenntnis der Nürnberger Gesetze und der Rassenfrage errichtete letztwillige Verfügung der Erblasserin stelle sich als den guten Sitten widersprechend und damit nichtig dar."

Frankfurter Zeitung 14.3.37, 134/35

„Das Verlöbnis mit Juden.
In einem Urteil vom 18. Februar (1937) hat das Reichsgericht festgestellt, daß die Vorschriften der Nürnberger Gesetze sinngemäß auch auf Verlöbnisse anzuwenden seien. Ein Verlöbnis bestehe nur, ... bei einem ernstlichen, auf künftige Eheschließung gerichteten Vertrag, der weder gegen das Gesetz noch gegen die guten Sitten verstoße. Könne ein Verlöbnis wegen eines absoluten Ehehindernisses, wie es das Eheschließungsverbot darstelle, nicht erfüllt werden, so entbehre es der Rechtswirksamkeit. Grundsätzlich sei also ein Eheversprechen nichtig, das auf eine Eheschließung abziele, die nach den Nürnberger Gesetzen verboten und unter Strafe gestellt sei."

Düsseldorfer Nachrichten 14.3.37, 133

„Unerhörtes Auftreten eines Juden
Kleve, 12. März Zu einem aufsehenerregenden Vorfall kam es in einem Klever Finanzamt. Der Klever jüdische Geschäftsmann Emil Leßmann war in Sachen der angeordneten Reichsfluchtsteuer seiner Mutter vorgeladen worden und benutzte diese Gelegenheit, den damit beauftragten Beamten persönlich

zu beleidigen und den Staat und seine Anordnungen gröblich zu mißachten. Darüberhinaus griff der Jude den Beamten auch tätlich an, riß ihm die Brille vom Gesicht, zertrat sie und warf Aktenmaterial vom Schreibtisch auf die Erde. ... Der Jude, der es vergessen haben dürfte, daß er in Deutschland nur Gastrecht besitzt, wurde von der Polizei in Haft genommen. Der Amtsrichter hat Haftbefehl erlassen."

Völkischer Beobachter 4.7.37, 185

„Wichtig für alle Beamten!
Umgang mit Juden, ein Grund für Dienstentlassung
Urteil des badischen Verwaltungsgerichtshofes von weittragender Bedeutung
Karlsruhe, 3. Juli Vom Gauamt für Kommunalpolitik bei der Gauleitung Baden der NSDAP wird mitgeteilt:
In der Dienststrafsache gegen den Bürgermeister einer mittelbadischen Landgemeinde ist durch Urteil des badischen Verwaltungsgerichtshofes als Disziplinarhof in Karlsruhe festgestellt worden, daß Verkehr mit Juden für Beamte und besonders Bürgermeister ein so schweres Dienstvergehen darstellt, daß es mit Dienstentlassung geahndet werden muß.
Der Bürgermeister dieses betreffenden mittelbadischen Ortes hätte geschäftlichen Verkehr mit einem jüdischen Viehhändler gepflogen. ... Das Urteil ist deshalb von weittragender Bedeutung, als zum erstenmal für den Verkehr mit Juden die Dienstentlassung eines Beamten ausgesprochen wurde, eine Entscheidung, die unter gewissen Einschränkungen für alle Beamten von grundsätzlicher Bedeutung ist."

Völkischer Beobachter 28.8.37, 232

„Einkäufe bei Juden und ihre Folgen
Der Ehemann haftet nicht für die Schulden der Gattin bei Juden
Die Ehefrau eines Parteigenossen hatte bei einem Juden Einkäufe für den täglichen Haushalt, also im Rahmen ihrer Schlüsselgewalt getätigt. Da die Ehefrau den Kaufpreis nicht voll entrichtet hatte, nahm der jüdische Geschäftsmann nach § 1357 BGB den Ehemann auf Zahlung des Restkaufpreises in Anspruch. Der Ehemann verweigerte die Bezahlung der Restschuld, da es ihm als Parteigenossen nicht zugemutet werden könne, für häusliche Einkäufe seiner Ehefrau in einem jüdischen Geschäft, die gegen seinen Willen geschehen seien, einzustehen. Die daraufhin von dem jüdischen Geschäftsinhaber gegen den Ehemann eingereichte Klage hat das Amtsgericht Remscheid abgewiesen. ...

Das Urteil stellt also klar heraus, daß Käufe deutscher Volksgenossen in jüdischen Geschäften allgemein als verwerflich betrachtet werden können, gleichgültig, ob der Käufer Angehöriger der NSDAP sei oder nicht."

Frankfurter Zeitung 5.9.38, 452

„Beamte bei jüdischen Geldverleihern
Eine Entscheidung des Dienststrafsenats beim Reichsgericht
Berlin, 4. September Der Dienststrafsenat beim Reichsgericht hat unter dem 27. Juli des vorigen Jahres entschieden, daß ein Beamter, der von einem jüdischen Geldverleiher ein Darlehen aufnehme, sich eines schweren Dienstvergehens schuldig mache, auch wenn er zu der Darlehensaufnahme durch eine unverschuldete Notlage getrieben worden sei."

Düsseldorfer Nachrichten 29.6.37, 323

„Strafen für jüdische *Witze*
Bielefeld, 28. Juni. Das in Bielefeld tagende Sondergericht Dortmund hatte sich mit dem 49jährigen Juden Max Löwenstein aus Rheda zu befassen, der in übelster Weise das neue Deutschland und seine führenden Männer verunglimpft hatte. ... Im Oktober 1936 erzählte dieser Jude einem deutschen Arbeiter, der mit ihm bei einer Firma in Rheda beschäftigt war, sogenannte *politische Witze*, die von einer nicht zu überbietenden Gemeinheit und Zotigkeit waren und sowohl objektiv wie subjektiv den Tatbestand des § 2 des Heimtückegesetzes erfüllten. Der Staatsanwalt betonte in seiner Anklagerede, daß diese Gemeinheiten besonders verletzend aus dem Munde eines Mannes seien, der in Deutschland nur Gastrecht genießt und dessen Familie im Laufe der Jahre rund 5700 RM deutsche Wohlfahrtsunterstützung bezogen hat. Das Gericht verurteilte Löwenstein antragsgemäß zu einem Jahr neun Monaten Gefängnis."

Düsseldorfer Nachrichten 6.12.38, 619

„Eine jüdische Unverschämtheit – Er drohte mit der Auslandspresse
Berlin, 5. Dezember. Ein kennzeichnendes Beispiel für jüdische Unverschämtheit lieferte der 51jährige Jude Martin Breslauer aus Berlin. Im Mai vorigen Jahres saß er im Gerichtsgefängnis ..., wo eine Berufungsverhandlung gegen ihn stattfinden sollte. Der Termin endete mit einer Vertagung. In der Verhandlung war auch ein Gerichtsberichterstatter zugegen und hatte den Zorn des Juden dadurch auf sich geladen, daß er sich Notizen über das Ver-

fahren gemacht hatte. Der Jude beschloß, Rache zu nehmen und schrieb am nächsten Tag einen ganz unverschämten, von Beleidigungen strotzenden Brief an den Hauptschriftleiter der betreffenden Zeitung. Er nahm darin Bezug auf einen in dem Blatte erschienenen Artikel gegen das Judentum, den er dem Hauptschriftleiter zuschrieb, und erklärte, daß er sich dadurch aufs schwerste in seinen rassischen Empfindungen beleidigt fühle. Um seinen Schreibereien einen vermeintlich größeren Nachdruck zu verleihen, drohte er: *Ich werde eine Abschrift des Artikels an eine Londoner und an eine amerikanische Zeitung weiterleiten. Ferner werde ich mich an den Völkerbund in Genf und an die amerikanische Regierung wenden und veranlassen, daß eine Klage gegen Ihre Zeitung eingeleitet wird.* ... Breslauer erhielt für seine Unverschämtheit den verdienten Denkzettel in Gestalt von einer Gefängnisstrafe von sechs Monaten."

Frankfurter Zeitung 26.10.38, 546/47

„Die Teilnahme von jüdischen Hauseinwohnern am Luftschutz
Berlin, 25. Oktober Ueber die Teilnahme von Juden an Hausübungen im Luftschutz hat der Reichsminister der Luftfahrt entschieden, daß dann, wenn Deutschblütige und Juden in einem Haus zusammenwohnen, bei der Heranziehung zur Luftschutzdienstpflicht im allgemeinen nach folgenden Gesichtspunkten zu verfahren ist: *Wird ein Wohngebäude nur zu einem kleineren Teil von Juden bewohnt, so sind in diesen Wohngebäuden Juden nicht zur Durchführung des Selbstschutzes heranzuziehen. Besteht dagegen der überwiegende Teil der Bewohner aus Juden, so sind nur Juden zur Durchführung des Selbstschutzes in dem betreffenden Wohngebäude heranzuziehen. Luftschutzwart kann ein Jude nicht sein."*

Düsseldorfer Nachrichten 11.1.39, 19

„Jüdische Frechheiten
Köln, 10. Januar. Vor dem Kölner Arbeitsgericht rollte ein Prozeß ab, der ein bezeichnendes Licht auf die Dreistigkeiten und Frechheiten der Juden wirft. Ein kaufmännischer Angestellter, der fristlos entlassen worden war, klagte auf Zahlung einer Kündigungsentschädigung, wobei ihm jedoch vom Gericht klar gemacht wurde, daß sein Verhalten nicht weniger als unverschämt sei.
    Das Verfahren vor dem Arbeitsgericht hat folgende Vorgeschichte: Der kaufmännische Angestellte war in einer jüdischen Fabrik tätig, die später arisiert wurde, wobei alle jüdischen Angestellten nach vorausgegangener fristgerechter Kündigung entlassen wurden. Er gehörte noch Anfang 1937 als

Mischling der jüdischen Kultur an, ließ sich jedoch später katholisch taufen und suchte daraufhin die Mitgliedschaft der Deutschen Arbeitsfront nach. Obwohl ihm vom Disziplinargerichtshof der DAF der förmliche Beschluß mitgeteilt wurde, daß er die Mitgliedschaft als jüdischer Mischling nicht erwerben könne, verstand er es, sich nachträglich seinen Beitritt zu erschleichen. Mit Hilfe des ihm ausgehändigten Mitgliedbuches tarnte er sich als Arier und suchte für sich dadurch Vorteile zu verschaffen, daß er von der Entlassung nicht erfaßt wurde. Als dieser Schwindel herauskam und er infolgedessen fristlos entlassen wurde, erhob er die oben erwähnte Klage mit der seltsamen Begründung, er sei *katholischer Mischling* geworden und habe somit dem Judentum den Rücken gekehrt.

Das Amtsgericht wies die Klage kostenfällig ab mit der Begründung, daß nach den Nürnberger Gesetzen der Kläger nach wie vor als Jude zu gelten habe. Da er den Betriebsführer der beklagten Fabrik über seine Zugehörigkeit zur jüdischen Rasse getäuscht habe, sei die fristlose Entlassung zu Recht erfolgt."

Frankfurter Zeitung 5.9.39, 454/55

„Ehe mit einer Jüdin – Ein Prozeß um eine fristlose Entlassung
Der Berufsverband ehemaliger Soldaten, der nach seiner Satzung nur Arier aufnimmt, hat einen Angestellten, der Schwerkriegsbeschädigter und selbst Arier, aber mit einer Jüdin verheiratet ist, fristlos entlassen. Das Arbeitsgericht und das Landesarbeitsgericht Berlin haben die Entlassung gebilligt und die Klage des Entlassenen abgewiesen. Allein die Tatsache, so heißt es in dem Urteil, daß der Kläger mit einer Jüdin verheiratet sei, rechtfertige die fristlose Entlassung mit Rücksicht auf die besondere berufsständische und kulturelle Bedeutung des beklagten Berufsverbandes im nationalsozialistischen Staat."

1.2.2. „Der Jude" in der Kriminalität

Frankfurter Zeitung 18.10.36, 534/35

„Judentum und Kriminalität
Die Geschichte des Judentums auf deutschem Boden und übrigens auch in anderen europäischen Ländern sei auf das engste mit dem Verbrechertum verbunden. Den eigentlichen Höhepunkt habe die jüdische Kriminalität um 1800 in den bewaffneten Räuberbanden erfahren, die, oft beritten zu fünfzig

und mehr, das Rheinland unsicher gemacht hätten. Erst die verbesserten Polizeiverhältnisse nach dem Befreiungskrieg und die größeren Gewinnmöglichkeiten in der kapitalistischen Gesellschaft hätten das jüdische Verbrechertum veranlaßt, sich auf unauffälligere und einträglichere Methoden der Gaunerei umzustellen. Die nächste Generation des Judentums habe sich in der Gründerzeit als Spekulanten und Betrüger betätigt oder die Verbindung mit dem Verbrechertum im Marxismus auf erweiterter Ebene fortgesetzt. Der jüdische *Baalmassmatte*, der Einbruchsleiter um 1800, sei der Vorläufer des späteren bolschewistischen Agitationsjuden und Kommissars, der lediglich das *Schränken* seines Ahns am Eigentum der Nichtjuden in vergrößertem Maßstabe fortsetzt. Es werde die Aufgabe der Familienforschung sein, festzustellen, was aus der zahlreichen Nachkommenschaft der alten jüdischen Verbrecherbande geworden sei. Es werde zugleich festzustellen sein, daß alle von Juden in die Strafrechtswissenschaft hineingetragenen Tendenzen zum Schutz des Verbrechers nichts anderes sind als die alte Fortsetzung der Einheit von Judentum und Verbrechertum; es werde ferner die jüdische Tradition, vor allem des Alten Testaments, in ihrer grundsätzlich verbrecherischen Grundhaltung ohne taktische Rücksichten herauszustellen sein. Erst wenn man das Judentum als volkgewordene Kriminalität und seinen Jahwe als himmlischen Baalmassematte ohne Scheu erkenne, löse sich das Rätsel dieses Volkes."

Düsseldorfer Nachrichten 21.7.35, 362

„Jude und Kriminalität in Deutschland
Wenn es auch gelungen ist, die Zahl der Betrugsfälle im Jahre 1934 in der Reichshauptstadt gegenüber 1933 von 31000 auf 18000 herabzudrücken, so beläuft sich die Höhe des angerichteten Schadens immer noch über 112,5 Millionen RM, und hierbei konnten wir bei näherem Nachforschen die Feststellung machen, daß ein beträchtlicher Teil, wenn nicht der größte dieser betrügerischen Manipulationen, immer noch durch Juden getätigt wird.

In 22 sogenannten *Stoßfirmen*, mit denen sich das Betrugsdezernat des Berliner Polizeipräsidenten eingehend beschäftigt, sind 20 Juden – teils durch ihr eigenes Bekenntnis, teils aus ihren Geburtspapieren – als beteiligt festgestellt. Weiter gelang es der Staatsanwaltschaft in Köln, erst kürzlich in zwei Fällen einem ganz großangelegten Versicherungsbetrug auf die Spur zu kommen, an dem eine ganze Clique ausschließlich jüdischer Gauner beteiligt war. In dem anderen Fall handelte es sich um eine Verbrechergemeinschaft von 70 galizischen Betrügern mit ihrem ganzen Anhang von Söhnen und Töchtern, Schwägern und Vettern, die mit einem in Brüssel wohnenden ebenfalls jüdischen Drahtzieher zusammenarbeitete. ...

Je mehr man sich mit dem Fragenkomplex der sogenannten Berufsbetrüger beschäftigt, desto öfter macht man die Feststellung, daß das kriminelle Element beim Juden besonders stark vertreten ist. Natürlich sucht er sich mit Vorliebe Betätigungsarten, bei denen er sich, ohne viel zu riskieren, im Hintergrunde halten und dabei verdienen kann. Die jüdische Hauptdomäne in krimineller Beziehung ist und bleibt der R a u s c h g i f t h a n d e l. ...

Wir haben festgestellt, daß im Jahre 1931 von 272 internationalen Rauschgifthändlern 69, also 25 v. H., Juden waren, im Jahre 1932 war das Verhältnis 294 zu 73, ebenfalls 25 v. H., im Jahre 1933 der in internationale Rauschgiftfälle verwickelten Juden auf 30 v. H., um in den Jahren 1934 und 1935 wieder etwas abzusinken. Besonders interessieren in diesem Zusammenhang die Zahlen der inländischen Rauschgiftvergehen, und dabei ist zu beobachten, daß im Verhältnis zu der deutschen Gesamtbevölkerung an sich der Jude ein verblüffend hohes Kontingent von Rauschgifthändlern stellt. ...

Ein Haupttätigkeitsgebiet der jüdischen Kriminalität ist das Falschspiel und das verbotene Glücksspiel überhaupt, wobei die Grenze zwischen falschem und ehrlichem Spiel bekanntlich nie feststeht. ... Begreiflicherweise liegen hierüber bei der Zentralstelle zur Bekämpfung des Glücksspiels nur Zahlen seit 1933 vor. Aber auch sie besagen genug. 1933 waren in 94 Falsch- und Glücksspielaffären 57 Juden, also 60 v. H. festgenommen worden. Im Jahre 1934 waren 42,6 v. H. der in Glücks- und Falschspielaffären festgenommenen Juden, im Jahre 1935 50 v. H.

Besondern auffallend ist die jüdische Kriminalität in Fällen, in denen es sich um reisende und internationale Diebesbanden handelt. Hier beherrscht der Jude weithin das Feld! ...

Wenn man sich überlegt, daß nach den neuesten statistischen Erhebungen auf 1000 Deutsche 7,6 Juden kommen, und daß der Jude mit 80 v. H. in einzelnen Verbrechensarten an der Spitze steht und in anderen wieder mindestens ein Viertel aller abgestraften Fälle steht, so könnte man wirklich froh sein, daß das deutsche Volk von einem großen Teil dieses Übels erlöst ist."

Aller Zeitung 22.11.38, 273

„73 v. H. der Juden vorbestraft
Ueber die Beteiligung der Juden an der Kriminalität liegt bei den zuständigen deutschen Stellen ein bezeichnendes statistisches Material vor, das auf der Reichskriminalstatistik beruht und das insbesondere auch die Spießer diesseits und jenseits der Grenzen, die so gern von den *armen, verfolgten Juden* sprechen, zum Nachdenken reizen wird, soweit sie dazu gewillt und in der Lage sind.

Es zeigt sich nämlich, daß die Juden selbst innerhalb des Dritten Reiches, wo man ihnen doch gewiß scharf auf die Finger guckt, ihren angeborenen verbrecherischen Trieb nicht zu unterdrücken vermögen und daß sie immer wieder sich in der seit jeher typischen jüdischen Kriminalität um das Geld herum auf das unangenehmste hervortun. Zwar bildet das Judentum in Deutschland nur knapp 1 Prozent der Einwohnerzahl. Sein zahlenmäßiger Anteil aber an den verurteilten Verbrechern geht bis zu 73 Prozent. ...

In diesem Zusammenhang soll ergänzend nur noch erwähnt werden, daß die Juden in Deutschland in frecher Häufung auch versuchen, den Nürnberger Gesetzen Trotz zu bieten, so waren von den 1936 wegen Rassenschande verurteilten Personen 73,18 Prozent Juden und 1937 immer noch 69,34 Prozent."

1.2.3. „Der Jude" als Straftäter

Völkischer Beobachter 14.8.35, 226

„Jüdischer Arzt als gemeiner Mädchenschänder verhaftet
Der hiesige jüdische Arzt Dr. Martin Hagelberg, der sich seit einigen Tagen in Schutzhaft befindet, wurde auf Weisung des Geheimen Staatspolizeiamtes in das Konzentrationslager Kislau übergeführt. Hagelberg kann als einer der gemeinsten und brutalsten Mädchenschänder angesehen werden, die in den letzten beiden Jahren in Baden gefaßt wurden."

Aller Zeitung 22.8.35, 195

„Jüdische Wettschwindler – Eine 12köpfige Bande unschädlich gemacht
Frankfurt a. M., 22. August Nach monatelangen, mühevollen Ermittlungen gelang es der Frankfurter Kriminalpolizei, eine weitverzweigte 12köpfige Gaunerbande, darunter auch zwei Frauen, hinter Schloß und Riegel zu setzen, die es auf unglaublich gerissene Weise verstanden hat, zahlreiche Personen durch falsche Tips für Pferderennen um ihr Hab und Gut zu bringen. Die Unterschlagungen, die die Opfer dann zur Begleichung ihrer riesigen Schulden beingen, dürften sich auf insgesamt 800 000 RM belaufen. Als einer der Haupttäter ist der 38 Jahre alte polnische Jude Kaimischeck Erbsen anzusprechen, der sich lange Jahre in Frankfurt a. M. aufhielt."

Aller Zeitung 5.11.35, 259

„Betrügereien jüdischer Weinfirmen – Aus einem Faß 15 Sorten Wein
Mainz, 5. November Die Kriminalpolizei teilt mit: Die im Anschluß an den
Fall Heymann Soehne durchgeführte Ueberprüfung der übrigen Weinfirmen
hat zur Aufdeckung ähnlicher Schwindelgeschäfte bei den ineinanderge-
schachtelten jüdischen Weinhandlungen August Feldheim Soehne ... in
Mainz geführt. Auch diese bediente sich zur Ausführung ihrer betrügerischen
Manöver zum Teil einer arisch getarnten Firma Eduard Ritter.
    Es wurde festgestellt, daß in einem Falle nicht weniger als 15 Sorten Wein
aus ein und demselben Faß gewonnen wurden. Aus einem Faß Malaga kamen
acht verschiedene Sorten mit sieben verschiedenen Preisen."

Düsseldorfer Nachrichten 15.11.35, 574

„Millionen-Devisenschiebung eines jüdischen Fabrikanten
Köln, 14. November. Der jüdische Fabrikant Emanuel Mendel in Bonn hat
umfangreiche planmäßige Devisenschiebungen begangen. Es wurde festgestellt, daß Mendel, der nach Holland geflüchtet ist, insgesamt etwa 1 Million
Reichsmark über die Grenze geschmuggelt hat oder durch seine Helfer
schmuggeln ließ. Das Privatvermögen Mendels, das einen Wert von über einer Million Reichsmark hat, wurde beschlagnahmt."

Düsseldorfer Nachrichten 4.11.36, 564

„Jüdischer Großbetrüger entlarvt
700 000 RM Gold und Devisen beschlagnahmt – Selbstmord des Volksschäd-
lings
Hamburg, 4. November. Dem Steuerfahndungsdienst des Landesfinanzamtes
Hamburg ist es gelungen, den Juden Max Karl Nathan in Hamburg als Großbetrüger und Schädling schlimmster Sorte zu entlarven und festzunehmen.
    Nathan hat sich in zahlreichen Fällen auf unglaubliche Weise des Devi-
senbetruges, der Steuerhinterziehung, der schweren Urkundenfälschung und
anderer Delikte ähnlicher Art schuldig gemacht und das Ansehen Deutschlands im Auslande schwer geschädigt. ...
    Der Jude Max Karl Nathan hat sich der Zuchthausstrafe, die er allein
schon wegen Verbrechens gegen das Volksverratsgesetz zu erwarten hatte,
durch Selbstmord entzogen."

Düsseldorfer Nachrichten 23.11.36, 597

„Hunderttausende erschwindelt
Große Betrügereien eines Juden aufgedeckt – Der Täter ins Ausland geflüchtet
Köln, 22. November. Die Zollfahndungsstelle und die Kriminalpolizei in Köln sind zur Zeit mit der Aufklärung umfangreicher Betrügereien und sonstiger Straftaten des seit dem 4. November 1936 ins Ausland, vermutlich nach Brüssel, geflüchteten 55jährigen Juden Alfred Oppenheimer beschäftigt.
Oppenheimer hatte es, zum Teil unter gefälschter Unterlagen, Bilanzen und falscher Steuererklärungen, sowie durch Vorschieben einer Scheinfirma in gerissener Weise verstanden, sich den Anschein eines sehr kapitalkräftigen Großkaufmanns und vermögenden Hausbesitzers zu geben und seine Umwelt über seine Kreditwürdigkeit zu täuschen. So sind zahlreiche Personen um Summen, die in die Hunderttausende gehen, geschädigt worden. ...
Offenbar hat Oppenheimer skrupellos Gelder flüssig gemacht, um sie ins Ausland zu verbringen. In echt jüdischer Weise kam es ihm auch dabei nicht darauf an, andere Existenzen zu vernichten."

Düsseldorfer Nachrichten 18.12.36, 644

„Ein Jude verschiebt 250 000 RM
Aachen, 17. Dezember. Das Schöffengericht verhandelte gegen den ehemaligen Aachener Fabrikanten Ludwig Haas, einen Juden, wegen Devisenvergehens. Haas hatte sich von der Firma, deren Teilhaber er war, 130 000 RM in bar auszahlen lassen. Außerdem besaß er mindestens noch 127 000 RM Effektenwerte, die er selbst dem Finanzamt angegeben hatte: Den Behörden wurde nun bekannt, daß Haas ... Aachen mit seiner Familie verlassen hatte.
Wegen Verschiebung von mindestens 250 000 RM verurteilte das Schöffengericht den Juden jetzt in Abwesenheit zu vier Jahren Zuchthaus und 250 000 RM Geldstrafe."

Düsseldorfer Nachrichten 4.8.39, 388

„Jude wegen Volksverrats verurteilt
Ausländische Wertpapiere verheimlicht – Zuchthausstrafe
Unter schwerer Anklage wurde dem Sondergericht aus der Haft der frühere jüdische Arzt Dr. Karl Israel Zaudy vorgeführt. Ihm wurde zur Last gelegt, unter Verstoß gegen das Volksverratsgesetz, die Devisengesetze und das Gesetz über Vermögensangabe der Juden ausländische Wertpapiere im Kurswert

von rund 20 000 RM, Teile seines Vermögens von etwa 60 000 RM, seit Erlaß der Devisengesetzgebung weder angemeldet, der Reichsbank zur Verfügung gestellt, noch in seinem Vermögensverzeichnis angegeben zu haben. Die fraglichen ausländischen Wertpapiere wurden Ende vorigen Jahres (1938) in seiner Wohnung gefunden. ...

Im Sinne der Anklage beantragte der Staatsanwalt insgesamt zwei Jahre Zuchthaus, drei Jahre Ehrverlust und 25 000 RM Geldstrafe sowie Einziehung der beschlagnahmten Wertpapiere. Das Gericht erkannte auf eineinhalb Jahre Zuchthaus, drei Jahre Ehrverlust, 10 000 Reichsmark Geldstrafe und Einziehung der beschlagnahmten Wertpapiere im Werte von rund 20 000 RM."

Düsseldorfer Nachrichten 27.2.40, 105

„Jüdischer Gauner unschädlich gemacht
Vier Jahre Zuchthaus und Sicherungsverwahrung
Recht üble Gaunereien führten den bereits achtmal ganz erheblich vorbestraften Volljuden Julius Hirsch wieder einmal aus der Haft vor die Strafkammer. Schon aus seinen Vorstrafen geht hervor, daß der Jude in den letzten fünfzehn Jahren überhaupt nicht mehr gearbeitet hat, sondern seinen Unterhalt aus Schwindeleien zum Nachteil meist minderbemittelter Leute bestritt. Auch nach Verbüßung der letzten Strafe ging er gleich wieder ans *Geschäft*. Die sehr lockere Verbindung mit einer auswärtigen Fabrik für Staubsaugerbürsten, der er lediglich Bezieheranschriften angeben sollte, benutzte er dazu, sich aus eigener Machtvollkommenheit zum *Generalvertreter* zu machen und in dieser Rolle wieder Opfer zu suchen. Der Gauner verschwieg dabei seine Rassenzugehörigkeit und gebrauchte dreisterweise dauern den Deutschen Gruß. (!) ...

Vor Gericht versuchte er vergeblich, sich mit echt jüdischer Geschwätzigkeit herauszureden. Mildernde Umstände kamen für den Juden, der rücksichtslos minderbemittelte Menschen ausbeutete, nicht in Frage. Er wurde zu vier Jahren Zuchthaus, fünf Jahren Ehrverlust verurteilt und der Sicherungsverwahrung überwiesen."

Düsseldorfer Nachrichten 30.4.41, 219

„Jüdischer Gewaltverbrecher zum Tode verurteilt
Hamburg, 30. April. Das hanseatische Sondergericht verurteilte ... nach mehrtägiger Verhandlung den 24 Jahre alten Juden Josef Israel Cohen als Gewaltverbrecher wegen vollendeter Notzucht in Tateinheit mit Rassen-

schande sowie wegen vollendeter Rassenschande in fünf weiteren Fällen und versuchter Rassenschande in drei Fällen zum Tode, ... Cohen war ein Frauenverführer hemmungslosester Art, der sich über Gesetz und Sitte hinwegsetzte. Sein Leben verwirkte er durch einen brutal durchgeführten Notzuchtakt, den er auf freiem Felde an einer jungen Frau beging."

Düsseldorfer Nachrichten 17.12.38, 640

„Jüdischer Gold- und Brillantenschmuggler gefaßt
Göttingen, 16. Dezember. Den Spezialbeamten der hannoverschen Zollfahndung gelang es, den 29jährigen Juden Max Hahn zu fassen, der versucht hatte, für 6000 Reichsmark Goldsachen, Brillanten usw. ins Ausland zu schmuggeln. Hahn wollte angeblich eine achtwöchige Informationsreise nach Palästina machen und hatte sich zu diesem Zweck einen Kabinenkoffer beschafft. Die Familie Hahn machte nun den zuständigen Zollbehörden Mitteilung davon, daß der Koffer zu untersuchen sei. Bei der Nachprüfung fand ein Beamter eine goldene Uhr. ... Weiter wollte der Jude ausgerechnet nach Palästina einen wertvollen Pelzmantel und sogar einen Skianzug mitnehmen. Die Sachen wurden beschlagnahmt und der Jude, dessen Vater ... nicht weniger als elf Häuser, zahlreiche Grundstücke, drei Lebensversicherungen, viele Wertpapiere und Hypotheken besitzt, verhaftet."

1.2.4. „Der Jude" in den Auslandsmeldungen

Aller Zeitung 6.2.36, 31

„Judas Blutschuld – Mörder aus politischem Haß
In Davos ist der NS.-Landesgruppenführer der Schweiz, Wilhelm Gustloff, als Blutzeuge des Dritten Reiches durch eine feige jüdische Mordtat gefallen. Das ganze deutsche Volk steht erschüttert an der Bahre eines aufrechten deutschen Mannes, der jahrelang verleumdet und begeifert von der marxistischen und degenerierten liberalistischen Hetzpresse Judas, unentwegt jenseits der Landesgrenzen seine Pflicht tat als getreuer Sohn seines Vaterlandes und erprobter Gefolgsmann seines Führers."

Aller Zeitung 15.12.36, 293

„Weltjudentum schuldig gesprochen
18 Jahre Zuchthaus für den Mordjuden Frankfurter

Der feige Mord gegen Wilhelm Gustloff ist von langer Hand und sehr sorgfältig vorbereitet worden. Das Weltjudentum ... hatte diesen Mord als Alarmruf gegen den deutschen Nationalsozialismus beschlossen und für ihn einen verbummelten, heruntergekommen, geistig minderwertigen jüdischen Studenten gedungen, der sich einen Namen, eine Art Phyrrusruhm machen wollte. Dieser Mordjude David Frankfurter wäre in jedem Lande, in dem es die Todesstrafe gibt, hingerichtet worden."

Aller Zeitung 3.5.37, 101

„Judenpöbel in Wien
Die in Wien lebenden Reichsdeutschen hatten anläßlich des Nationalen Feiertages des deutschen Volkes (1. Mai – der Verf.), den sie in schöner Geschlossenheit gemeinsam begingen, allenthalben von ihrem **Recht** Gebrauch gemacht, die Hakenkreuzfahne zu zeigen. Genau so war es überall von ihnen eingehalten worden, daneben die österreichische Fahne zu hissen. Die in Wien lebenden Juden, bekanntlich über ein Viertel der Gesamteinwohnerschaft, versuchten verschiedentlich, gegen das Hissen der Hakenkreuzfahne zu demonstrieren. Sie hatten aber sehr wenig Erfolg, da die deutschempfindende Bevölkerung die Fremdstämmigen, über deren Anmaßung ihr immer mehr die Augen aufgehen, sehr energisch in ihre Schranken verwies."

Völkischer Beobachter 22.9.37, 265

„Jüdische Messerstechereien in Warschau
Polens Jugend demonstriert gegen jüdische Frechheiten
Warschau, 21. September Die jüdische Presse in Polen suggeriert sich immer noch, daß der politische Kurs in Polen in Richtung einer demokratischen Lockerung steht. Mag sie recht haben oder nicht – sicher ist, daß jeder Zukunftskurs dem wachsenden radikalen Antisemitismus der Bevölkerung Rechnung tragen muß, schon um ihn überhaupt meistern zu können. Die täglichen antisemitischen Kundgebungen sind oft nur noch einen Schritt von Pogromen entfernt. Wie der gestrige Sonntag bewies, ist die Provinz nicht mehr allein Kampffeld. Auch das Warschauer Straßenleben bot gestern das Bild eines antijüdischen Kleinkrieges."

Völkischer Beobachter 18.12.37, 352

„Ostjuden überschwemmen Wien
Wien, 17. Dezember Eine neue Welle von Ostjuden, die sich in der letzten
Zeit nach Österreich ergießt, bereitet den österreichischen Behörden ... große
Sorge. Diese Welle soll durch die antisemitische Bewegung in Polen ausge-
löst worden sein. Und da man in der Tschechoslowakei und in Ungarn mit einer Neuregelung der Fremdengesetze rechtzeitig für eine Ablenkung des jüdischen Stroms gesorgt habe, so wende sich dieser nun nach Österreich, wo
keine gesetzlichen Abwehrmaßnahmen bestehen.“

Völkischer Beobachter 16.4.38, 106

„Unverschämte jüdische Boykotthetze in Budapest
Aufrufe zur Boykottierung reinungarischer Unternehmen
Budapest, 15. April Die Polizei hat am Freitag 100 jüdische Angestellte Bu-
dapester Firmen einem strengen Verhöhr unterzogen, die beschuldigt werden,
Flugzettel hergestellt und verteilt zu haben, in denen das Judentum zum Boy-
kott rein ungarischer Unternehmen aufgefordert wird. Es handelt sich an-
scheinend um eine Protestaktion jüdischer Kreise gegen das Judengesetz der
Regierung.“

Völkischer Beobachter 20.11.38, 324

„Auch in Rumänien – Aufruhr gegen die Juden
Volksjustiz in der Bukowina und Dobrudscha
Bukarest, 19. November In Rumänien ist in den letzten Tagen eine Reihe von
Unruhen zu verzeichnen gewesen, bei denen es zu Ausschreitungen in der
Hauptsache gegen Juden und ihren Besitz kam. So fanden in Großwardein
schon vor einigen Tagen 12 Attentate gegen führende Juden statt. Im Gebiet
des sogenannten Motzen, eines rumänischen Volksstammes, der im westsie-
benbürgischen Gebiet siedelt und von jüdischen Holzhändlern und Waldbe-
sitzern in schamloser Weise ausgebeutet wird, kam es zu größeren Unruhen,
die sich in tätlichen Angriffen auf die jüdischen Ausbeuter äußerten. Jüdischer Besitz wurde in mehreren Fällen in Brand gesteckt.“

Düsseldorfer Nachrichten 5.12.38, 617

„Ein neuer jüdischer Gaunertrick
Zahlungsmittel *irrtümlich* in einem fremden Kraftwagen über die holländische Grenze gebracht
Amsterdam, 4. Dezember. Die holländische Presse berichtet über einen neuen
raffinierten jüdischen Gaunertrick. Als ein Einwohner von Rotterdam gestern
in seinem Kraftwagen von einer Reise aus Deutschland kommend vor seiner
Wohnung eintraf, traten zwei Juden auf ihn zu und teilten ihm mit, sie hätten
irrtümlich ein Paket im Kraftwagen des Holländers vergessen. Bei näherer
Untersuchung stellte es sich heraus, daß die Juden, die beide aus Deutschland
ausgewiesen waren, noch auf deutschem Gebiet einen großen Betrag an Zah-
lungsmitteln unter den Sitzen des Kraftwagens versteckt hatten. Sie hatten also den ahnungslosen holländischen Automobilisten dazu ausersehen, große
Geldbeträge aus Deutschland zu schmuggeln."

Aller Zeitung 14.12.38, 292

„Auch das Ausland entlarvt die jüdischen Parasiten
Schmuggeln, Schieben, Stehlen
Es vergeht kein Tag mehr, an dem nicht irgendwelche jüdische Verbrechen
vor Gericht ihr Nachspiel finden. Selbst in der demokratischten Demokratie
der Welt, in den Vereinigten Staaten, zeigt sich deutlich, wie stark die kriminelle Veranlagung des jüdischen Volkes ist, denn immer wieder werden in
Schmuggel- und Schieberprozessen aller Art Juden als Hauptschuldige entlarvt. Als Fälscher, Diebe, als kommunistische Agitatoren betätigen sie sich
immer wieder in Ländern, in denen sie großzügigerweise Gastrecht gefunden
haben."

Aller Zeitung 5.1.39, 4

„62 000 Juden in der Bundes- und Staatsverwaltung vonUSA
Amerikas wahrer Beherrscher: Juda!
Der Finanzjude Bernard M. Baruch ist Roosevelts *rechte Hand*. Alle Schlüs-
selstellungen in Judas Hand. Um Ickes wimmelt es von Hebräern.
    Eine große Newyorker Zeitung bringt eine Enthüllung von ungeheuerli-
cher Tragweite. Danach ist die Regierung der Vereinigten Staaten von Amerika kaum weniger verjudet als das Sowjetsystem, ... Wenn diese Zeitung zu-
treffend unterrichtet ist, wovon man bis zum heute noch nicht einmal versuchten Gegenbeweis überzeugt sein muß, dann nimmt der Präsident Roosevelt in

gewisser Hinsicht eine nicht viel andere Stellung ein wie Stalin in Moskau, dessen Hauptbeeinflusser der *allmächtige* Jude Kaganowitsch ist, denn Roosevelts *rechte Hand* und sogar eigentlicher Stellvertreter wäre dann der Jude Baruch, der schon im Kriege eine verhängnisvolle Rolle spielte."

1.3. Die „Lösung der Judenfrage"

1.3.1. Grundsätzliches zur „Lösung der Judenfrage"

Völkischer Beobachter, Rassenhygienisches Beiblatt/Folge 3 Juni 1933

„Dr. Achim Gercke:
Die Lösung der Judenfrage
Durch den Sieg der nationalsozialistischen Revolution ist die Judenfrage als Problem auch für diejenigen, die sich um die Lösung der Judenfrage noch nicht bemüht haben, nie darum gekämpft haben, erkennbar geworden. Jeder hat eingesehen, der gegenwärtige Zustand ist unhaltbar, die freie Entfaltung und Gleichsetzung der Juden führt zu einem von den Juden *unfair* ausgenutzten Wettbewerb und zu einer Auslieferung wichtiger Stellungen des deutschen Volkstums an die Fremdrassigen.
Die Lösung einer so wichtigen Frage ist nicht so leicht, wie vielfach angenommen wird. ...
Alle Vorschläge, die einen Dauerzustand, eine Dauerregelung für die Juden in Deutschland beabsichtigen, lösen die Judenfrage nicht, denn sie lösen die Juden nicht von Deutschland. Und darauf kommt es an. Die Juden, wenn sie auf ewig bei ihren Wirtsvölkern schmarotzen können, bleiben ein ständiger Brandherd, an dem das offene, zerstörende Feuer des Bolschewismus leicht immer wieder entzündet werden kann. ...
Zerschlagen wir in Deutschland jeden organisatorischen Zusammenhalt der Juden und weisen wir die gefährlichen volksfeindlichen jüdischen Hetzer aus.
...Greifen wir dann die Pläne der Zionisten auf und versuchen eine internationale Regelung zur Schaffung einer Heimstätte für die Juden zu erreichen, dann können wir die Judenfrage nicht nur für Deutschland, sondern für Europa und für die Welt lösen. Die ganze Welt hat ein Interesse an der Lösung, an der Beseitigung dieses Unruheherdes, von dem der Bolschewismus stets seinen Ausgang nimmt. Das müssen wir nur klar herausstellen.
Vielleicht können die Juden eine Nation, ein Volk werden. ... Die Juden in alle Winde zerstreuen, löst nicht die Judenfrage, sondern macht sie ärger, dagegen ist eine planmäßige Aussiedlung die Möglichkeit, die sich uns bietet."

Aller Zeitung 3.1.1936, 2

„Die Juden als völkische Minderheit
Grundsätzliche Ausführungen zur Judenfrage
Hätten die Juden bereits einen eigenen Staat, in dem die Masse ihres Volkes zu Hause wäre, so könnte die Judenfrage schon heute als gelöst gelten. Gerade von den überzeugten Zionisten sei deshalb am wenigsten Widerspruch gegen die Grundgedanken der Nürnberger Gesetze erhoben worden, weil sie wüßten, daß diese Gesetze auch für das jüdische Volk die einzig richtige Lösung darstellten, und weil sie ferner wüßten, daß sich das wieder zum Bewußtsein seiner selbst erwachte deutsche Volk damit eben nur die Gesetze gegeben habe, die sich das jüdische Volk schon vor Jahrtausenden gab und die es stark gemacht hätten zu dem völkischen Wunder, sein Blut unverfälscht und rein zu erhalten, obwohl alle seine Glieder unzählige Generationen hindurch inmitten fremden Volkstums gelebt hätten.

Für die Juden in Deutschland bedeute die gesetzliche Absonderung auch gesetzlicher Schutz. Sie würden künftig im deutschen Staatsraum innerhalb der Grenzen, die ihnen der Staat gezogen habe, nach ihrer Art leben können. Eine nationale Minderheit im Sinne des Völkerrechts würden sie dadurch freilich nicht. Denn zu einer Nation gehöre auch ein Staat als die äußere Erscheinungsform eines bestimmten Volkstums. Wenn auch in Palästina aussichtsreiche Anfänge zu einem Staat des jüdischen Volkes vorhanden seien, so liege doch die tatsächliche Staatsgewalt voraussichtlich noch auf lange Zeit in den Händen einer anderen Nation, ganz abgesehen von dem zahlenmäßigen Ueberwiegen des arabischen Volkes.

Die Juden seien also in Deutschland eine völkische Minderheit, nicht eine nationale im völkerrechtlichen Sinne. Das jüdische Gastvolk, dessen Angehörige wenig über ein Hundertstel des deutschen Wirtsvolkes ausmachen, würden fortan politisch, kulturell und vor allem biologisch vom deutschen Volk geschieden. Wenn Deutschland heute durch gesetzlichen Zwang die Juden auf ein arteignes Leben hindränge, so werde der Rassenhass schwinden, und es werde an seine Stelle allmählich auf beiden Seiten das gesunde von leidenschaftlichen Affekten freie Gefühl des gegenseitigen Fremdseins treten. Diese klare und kühle beiderseitige Erkenntnis allein könne eine Gewähr bieten für ein erträgliches Zusammenleben der beiden Völker in demselben Staatsraum."

Aller Zeitung 3.1.41, 2

„Die Welt und die *parasitäre Rasse*
Dr. Goebbels für künftige internationale Lösung des Judenproblems
Man erkennt, daß auch im Auslande sich weite Kreise in zunehmendem Maß
der Judengefahr zur Wehr setzen, daß man auch dort auf Mittel sinnt, wie
man sich der jüdischen Parasiten entledigen kann und daß eine internationale
Lösung dieser Frage nicht endlos hinausgeschoben werden kann.
    Reichsminister Dr. Goebbels, der seit jeher den Kampf gegen die Juden in
Deutschland mit eiserner Folgerichtigkeit führt, hat der Veröffentlichung (einer Umfrage des Berliner *12-Uhr-Blatts* – der Verf.) folgendes Geleitwort
vorangestellt:
    *Die Stellung des Nationalsozialismus zum Judentum ist eindeutig festge-
legt und kennt keine Kompromisse. Es handelt sich um ein Problem, das wir
in Deutschland als Deutsche so lösen werden, wie es das deutsche Volk will
und wie es seinem gesunden Empfinden entspricht. Wir sind dabei der Überzeugung, daß es für die Stärke und für die Kraft der Nation unumgänglich
notwendig ist, daß wir uns gegen die parasitäre Rasse zur Wehr setzen. ...*
    *Das internationale Judentum in der Welt soll wissen, daß es uns weder
durch lautes Geschrei noch durch Maßnahmen des Boykotts oder des geistigen oder politischen Terrors von unserem einmal gefaßten Entschluß abbringen kann. Wir glauben allerdings, daß das Judenproblem international gelöst werden muß. Wann und wie das geschehen soll, das ist eine Frage der
Zukunft."*

Düsseldorfer Nachrichten 29.3.41, 162

„Die Judenfrage als Weltproblem – Ein Vortrag von Reichsleiter Rosenberg
Der Krieg, der von der deutschen Wehrmacht unter dem obersten Befehl
Adolf Hitlers heute geführt wird, ist deshalb ein Krieg einer ungeheuren Umgestaltung. Er überwindet nicht nur die Gedankenwelt der französischen Revolution, sondern tilgt auch unmittelbar alle jene blutmäßig verseuchenden
Keime, die vom Judentum und seinen Bastarden nunmehr seit über hundert
Jahren hemmungslos sich inmitten der europäischen Völker entwickeln konnten.
    Die Judenfrage, die als Aufgabe seit 2000 Jahren den Völkern Europas
gestellt und nicht gelöst wurde, wird nunmehr durch die Nationalsozialistische Revolution für Deutschland und für ganz Europa ihre Lösung finden!
    Und wenn man fragt, in welcher Form, dann haben wir dazu folgendes zu
sagen: Es ist in diesen Jahrzehnten sehr viel von einem Judenstaat gesprochen

worden, und der Zionismus erscheint manchen harmlosen Leuten vielleicht auch heute noch als ein ehrlicher Versuch, auch jüdischerseits etwas zur Lösung der Judenfrage beizutragen. In Wirklichkeit hat es nie einen jüdischen Staat gegeben, und es wird auch nie einen geben. Im Unterschied zu anderen Völkern des Erdballes ist das Judentum keine vertikale Gliederung, die alle Berufe umfaßt, sondern stets eine horizontale Schicht innerhalb der verschiedenen Völker gewesen. Der in Aussicht genommene Raum in Palästina ist auch in keiner Weise für irgendeinen Judenstaat geeignet. Er ist zu klein, um die früher zehn Millionen und heute 15 Millionen Juden aufzunehmen, d. h. also unfähig, die Judenfrage zu lösen. Der Zweck des Zionismus war ja auch garnicht der, wirklich die Judenfrage im Sinne der Zusammenfassung des ganzen jüdischen Volkes zu lösen, sondern lag auf ganz anderem Gebiet. Man wollte in Palästina ein rein jüdisches Zentrum bilden, einen richtig legitimierten Staat, um zunächst auf allen diplomatischen Konferenzen voll berechtigt als Nationaljude auftreten zu können. Zweitens wollte man aus Palästina ein riesiges wirtschaftliches Aufmarschgebiet machen gegen den ganzen Nahen Osten. Drittens sollte dieser Judenstaat ein Asyl für alle jene jüdischen Abenteurer in der Welt werden, die aus den Staaten, in denen sie wirkten, ausgewiesen worden waren. Und schließlich dachte man überhaupt nicht daran, die sogenannten Staatsbürgerrechte der Juden in Deutschland, England, Amerika und Frankreich auch nur im geringsten zu verkürzen. Die Juden hätten nämlich die Rechte der Deutschen, Engländer, Franzosen usw. beibehalten, und der raumlose Weltstaat wäre seinen Zielen nähergekommen, d. h.: ein alljüdisches Zentrum ohne jede Beimischung von Nichtjuden und die jüdische Hochfinanz am Staatsruder in allen übrigen Staaten der Welt. Dieser Traum ist nun ausgeträumt. Jetzt haben wir, umgekehrt, zu überlegen wo und wie wir die Juden unterzubringen haben.

Das kann, wie gesagt, nicht in einem Judenstaat geschehen, sondern nur in einer Form, die ich jüdisches Reservat nennen will. ...

Für Deutschland ist die Judenfrage erst dann gelöst, wenn der letzte Jude den großdeutschen Raum verlassen hat. Da nunmehr Deutschland mit seinem Blut und seinem Volkstum diese Judendiktatur einmal für immer für Europa gebrochen und dafür zu sorgen hat, daß Europa als Ganzes wieder frei wird von dem jüdischen Parasitismus, da dürfen wir, glaube ich, auch für alle Europäer sagen: Für Europa ist die Judenfrage erst dann gelöst, wenn der letzte Jude den europäischen Kontinent verlassen hat."

1.3.2. Judenauswanderung und Drittstaaten

Völkischer Beobachter 9.5.35, 129

„Die Liquidation der deutschen Judenfrage
Über die ziffernmäßige Größe der Auswanderung aus dem Reich (sie war und ist zu 85 Prozent eine spezifisch jüdische Angelegenheit) als Folgeerscheinung der nationalsozialistischen Revolution gehen die Schätzungen merkwürdig auseinander. Der vom Völkerbund ernannte *hohe Kommissar* für die deutschen Flüchtlinge ... berichtete im Dezember 1933 ..., daß zum genannten Termin die Zahl der seit Jahresbeginn aus Deutschland Emigrierten, *wovon 86 Prozent Israeliten*, insgesamt 60 000 Personen betrüge. Der gleiche Kommissar spricht ein Jahr später in einem Pressekommunique von 65 000 deutschen Flüchtlingen, deren 27 000 in Stellungen untergebracht werden konnten. Eine völlig irreführende Schätzung, wenn man bedenkt, daß im Jahre 1934 notorisch 9 429 Juden aus Deutschland allein in Palästina legal eingewandert sind.

Die Berliner Zeitschrift der Zentralwohlfahrtsstelle der deutschen Juden bezifferte bereits im Juli 1934 die Anzahl der in den letzten anderthalb Jahren ausgewanderten Rassegenossen auf 70 000. Und im März 1935 versicherte ein führender Berliner Zionist mit pathetischer Gebärde: *Mindestens 160 000 meiner jüdischen Brüder und Schwestern haben den Staub ihres ehemaligen Vaterlandes von den Füßen geschüttelt!*

Den tatsächlichen Ziffern dürfte die Kalkulation des Berliner Geheimen Staatspolizeiamts, dessen Erhebungen sich freilich auf Preußen beschränken, noch am nächsten kommen; dort schätzt man die Masse der jüdischen Emigranten aus dem ganzen Reich auf rund 90 000 die der arischen, durchweg politisch belasteten Flüchtlinge auf 20 000. Rückwanderungen sind, nach der gleichen Quelle, bisher erfolgt in Stärke von etwa 10 000 Personen, und zwar zu 99 Prozent Juden.

Eine exakte Erfassung insbesondere der jüdischen Auswandererziffern ist nach der Versicherung des Statistischen Reichsamts schlechterdings unmöglich. Den Grund hierfür erfährt man im Referat *Reichsfluchtsteuer* des Reichsfinanzministeriums: die große Masse der jüdischen Emigranten hat, um die Steuerquote ihres Vermögens dem Zugriff der Finanzämter möglichst zu entziehen, sich einfach polizeilich nicht abgemeldet. Damit gelangt man zum eigentlichen Kern des ganzen jüdischen Emigrantenproblems."

Düsseldorfer Nachrichten 9.10.38, 513

„Emigranten in der Schweiz unerwünscht
Bern, 8. Oktober
Deutschen Staatsangehörigen mit deutschem Paß, die nach deutschen Gesetzen nichtarisch sind, wird der Grenzübertritt über irgendeine Passierstelle der
schweizerischen Grenze nur noch gestattet, wenn ihr Paß mit dem Eintrag einer durch ein schweizerisches Konsulat erteilten Zusicherung der Bewilligung
zum Aufenthalt in der Schweiz oder zur Durchreise durch die Schweiz versehen ist. ...
    Angesichts der großen Zahl von Emigranten, die sich schon in der
Schweiz aufhalten, wird erneut hervorgehoben, daß die Schweiz für sie nur
ein Transitland sein kann, und daß ihnen während ihres vorübergehenden
Aufenthalts in der Schweiz jede Erwerbstätigkeit untersagt ist."

Düsseldorfer Nachrichten 20.11.38, 590

„Alle lehnen dankend ab
Die Schweiz will kein jüdisches Emigrantenasyl sein – Verwunderung über
die neuen Zumutungen Englands und Amerikas
Genf, 19. November Die deutliche Antwort des schweizerischen Bundesrates
auf die holländische Anfrage in der Angelegenheit der Unterbringung neuer
jüdischer Emigrantenscharen wird in der Schweizer Öffentlichkeit mit still-
schweigender Billigung zur Kenntnis genommen. Die Stellungnahme des
Bundesrates dürfte sich auch mit der Haltung der Regierungen anderer europäischer Länder in Einklang befinden, die gleichfalls wiederholt darauf hingewiesen hatten, daß sie schon jetzt mit jüdischen Emigranten überlaufen
sind. In diesem Zusammenhang wird darauf hingewiesen, daß man diesen
höchst unliebsamen *Gästen* überhaupt nur einen vorübergehenden Aufenthalt
gewährte in der Erwartung, daß die Mächte mit großem überseeischen Land-
besitz die Möglichkeit für eine dauernde Unterbringung schaffen würden.
    In dieser Richtung ist in den letzten Monaten allerdings nichts Greifbares
geschehen, so daß die kleinen Länder sich mit einer gewissen Verwunderung
fragen, warum man von London und Washington aus gerade an ihre Gast-
freundlichkeit immer neue Zumutungen richtet. ...
    Schon im Juli d. J. als ein neuer Judenstrom vom Ausland, namentlich
Österreich einsetzte, sah sich die Schweiz genötigt, ihre Grenzen zu schließen
und sogar militärisch überwachen zu lassen. Trotzdem sind einige tausend
Juden hereingekommen, ..."

Frankfurter Zeitung 1.4.39, 168/69

„Die Emigranten in der Schweiz
Zürich, 31. März. Wie aus einem Bericht des Justiz- und Polizeidepartements
hervorgeht, betrug die Zahl der in der Schweiz befindlichen Emigranten Ende
1938 etwas mehr als 10 000, davon die Mehrheit Juden. Von diesen werden
etwa 3 000 von den jüdischen Organisationen in der Schweiz unterstützt. ...
Die behördlichen Anstrengungen gingen dahin, die Einreise neuer Emigranten, deren Weiterreise nach kurzem Aufenthalt nicht von vornherein gesichert
sei, zu verhindern und die Ausreise derjenigen, die sich schon in der Schweiz
befinden, zu beschleunigen."

Frankfurter Zeitung 14.9.38, 468/69

„Keine jüdische Zuwanderung nach Jugoslawien
Belgrad, 13. September. Innenminister Korosetz befaßte sich in einer Rede ...
erneut mit Minderheitsfragen. ... Jugoslawien habe, so teilte er weiter mit,
70 000 Juden. Was die Juden aus anderen Staaten anbetreffe, so wünsche Jugoslawien unter keinen Umständen einen Zuwachs und wehre sich gegen eine
solche Vergrößerung seiner jüdischen Minderheit."

Düsseldorfer Nachrichten 16.11.38, 583

„Belgien verschärft die Maßnahmen gegen jüdische Einwanderer
Einrichtung von Konzentrationslagern
Brüssel, 13. November. Die belgische Regierung hat neue verschärfte Maßnahmen zur Verhinderung der jüdischen Einwanderung ergriffen. Die Grenz-
wachen sind in diesem Zusammenhang erneut verschärft worden. Die von der
Regierung Einrichtung von Konzentrationslagern für Juden und Emigranten,
die sich in Belgien eingeschmuggelt haben, hat bereits zu praktischen Maßnahmen geführt. ... Die Juden werden zum Arbeiten verpflichtet und erhalten
dafür kleine Lohnentschädigungen."

Ebenda

„Auch Uruguay und Kolumbien wehren sich gegen jüdische Überfremdung
Montevideo, 15. November. Die Regierung von Uruguay hat sich entschlossen, rigorose Maßnahmen gegen die Gefahr einer wachsenden Überfremdung jüdischer Elemente zu treffen.

Bogota, 15. November. Die ständig wachsende Abwehrbewegung gegen das Judentum in Kolumbien hat jetzt zu der Einbringung eines Gesetzentwurfes geführt, in dem ein Einreiseverbot für Juden und der Schutz der einheimischen Industrie gegen die unlautere jüdische Konkurrenz gefordert wird."

Aller Zeitung 28.11.38, 278

„Luxemburg will keine Juden haben
Paris, 28. Nov. Einer Verlautbarung des Luxemburger Justizministeriums zufolge sind Gesuche von Juden um Aufenthaltsgenehmigung im Großherzogtum Luxemburg zur Zeit zwecklos. Die Verlautbarung verweist auf eine internationale Regelung der Emigrantenfrage."

Frankfurter Zeitung 30.11.38, 610/11

„Salvador gegen jüdische Einwanderung
San Salvador, 29. November. Aus gut unterrichteter Quelle verlautet, daß die Regierung von Salvador nicht bereit sei, jüdischen Emigranten aus Deutschland und anderen europäischen Ländern die Einreiseerlaubnis zu erteilen. Es wird darauf hingewiesen, daß Salvador mit 46 Einwohnern auf den Quadratkilometer eines der dichtest besiedelten Länder des amerikanischen Kontinents sei und daß viele Familien aus Salvador auszuwandern gezwungen seien, um Lebensraum in den Nachbarländern zu finden."

Aller Zeitung 14.12.38, 292

„Mexiko gegen Judenzuzug
Auch das landweite Mexiko wehrt sich mit allen Kräften gegen weiteren Judenzuzug. Dortigen Pressemeldungen zufolge liegen in Mexiko eine große Anzahl jüdischer Einwanderungsgesuche vor. Es bestände in Mexiko höchstens für Einwanderer Interesse, die sich in Technik und Wissenschaft besonders auszeichneten. Der größte Teil der jüdischen Gesuchsteller wolle sich unter dem lügenhaften Vorwand, sich in Mexiko als Ackerbauer zu betätigen, ins Land schmuggeln. Man sei aber durch Erfahrung klug geworden und werde diese Gesuche nicht bewilligen, denn einmal im Lande, würden diese Juden sofort wieder Handelsgeschäfte machen und eine Konkurrenz für den einheimischen Handel und die Kleinindustrie bilden."

1.3.3. *Der Staat der Juden – aber wo?*

Völkischer Beobachter 16.7.37, 197

„Der jüdische Staat
Die Juden sollen ihren eigenen Staat erhalten. Das ist der Vorschlag der kgl. britischen Kommission nach ihren Untersuchungen in Palästina, den sich auch die englische Regierung zu eigen gemacht hat. Die Widerstände gegen die vorgesehene Teilung Palästinas in einen jüdischen Staat, gegen die Abgabe eines anderen Teiles an Transjordanien und gegen die Einrichtung eines englischen Mandats über Jerusalem, Bethlehem und Nazareth, werden noch viel Unruhe in der großen Politik und in den Reihen der Juden und Araber hervorrufen, ...

Es ist klar: Dieser Judenstaat wird sich von allen anderen weitgehend unterscheiden. Er hat kein Beispiel in der neueren Geschichte. 16 Millionen Juden leben in allen Ländern der Erde zerstreut, zusammengehalten durch ihren Glauben und ihre Rasse. In Palästina lebten anfangs 1936 nur 384 085 Juden. Die Zionisten, die tragende Partei innerhalb der Judenschaft für den jüdischen Staat, zählten 1933 in der ganzen Welt, vor der Trennung der Revisionisten, 640 000 organisierte Mitglieder. Diese Kerntruppe ist also eine kleine Minderheit. ...

Der Judenstaat, wie er auch immer aussehen und welche Größe er erhalten wird, kann nur einen Bruchteil der Juden aufnehmen. Die anderen bleiben bei den Wirtsvölkern. Sie sind, vom Judenstaat her gesehen, Juden fremder Nationalität, und von den meisten Wirtsvölkern her, Engländer bzw. Franzosen ua. jüdischer Konfession, die einen eigenen zweiten Staat hinter sich haben. Der Erfolg des jüdischen Staates wird also einmal der sein, daß die Zwitterstellung des Judentums auch denjenigen Völkern klar werden wird, die die rassischen Unterschiede zwischen sich und den Juden nicht gelten lassen wollen. ...

Es ist zweifellos, daß sich ein jüdischer Staat in einigen Punkten in sehr vorteilhafter Position befinden wird. Das einflußreiche englische und amerikanische Judentum, das schon sehr viel für das palästinensische und zionistische Judentum getan hat, wird hinter ihm stehen, wenn der augenblickliche Streit um den Judenstaat verebbt und die endgültige Form gefunden worden ist."

Düsseldorfer Nachrichten 24.5.37, 257

„Ein neuer jüdischer Staat?
Daily Mail über einen angeblichen Plan zur Aufteilung Palästinas
London, 24. Mai. Die *Daily Mail* befaßt sich mit dem angeblichen Plan der
königlichen Kommission für Palästina, das Land zwecks Beilegung des Strei-
tes zwischen Arabern und Juden in zwei Staaten zu teilen. ... Die Teilung soll
vom Galiläischen Meer aus bis zum Toten Meer gehen. Der östliche Teil solle dann in einen arabischen Staat unter der Souveränität des Emirs Abdullah
von Transjordanien umgewandelt werden, während der jüdische Staat sich auf
der westlichen Seite bis zur Küste hin erstrecken würde. Haifa solle zu einem
internationalen Hafen gemacht und die Städte Jerusalem, Bethlehem und Nazareth England vom Völkerbund als Mandat gegeben werden. England solle
ebenfalls die Verteidigung und die internationale Vertretung des neuen jüdischen Staates übernehmen."

Völkischer Beobachter 8.7.38, 189

„Wohin mit den Juden? – Gedanken zur Weltkonferenz in Evian
Von Alfred Rosenberg
1. Palästina scheidet als großes Auswanderungszentrum aus. Schon die heutige Zahl der Juden ist ein Element bleibender Unruhe; eine zwangsweise Ver-
stärkung der Einwanderung könnte unabsehbare Folgen zeitigen, die gerade
die britischen Interessen angesichts der Verflechtung mit der mohammedani-
schen Welt in peinlichster Weise berühren würde. ...
    2. Die Staaten der Welt sehen sich nicht imstande, die Juden Europas auf-
zunehmen. ...
    3. Es muß also nach einem geschlossenen, von Europäern noch nicht be-
siedelten Gebiet Umschau gehalten werden. Einst, als Palästina noch aus-
sichtslos erschien, wurde das Uganda-Projekt lange und ernsthaft besprochen.
Warum sollte nicht erneut ein großes afrikanisches Territorium ins Auge gefaßt werden, um den Juden die Möglichkeit eines *selbständigen schöpferi-
schen Aufbaus* zu ermöglichen?
    Vor etwa zehn Jahren fand eine Zusammenkunft vieler Vertreter des anti-
jüdischen Kampfes in der Hauptstadt eines europäischen Staates statt. Dort
wurde die Idee debattiert und gutgeheißen, doch die große Insel Madagaskar
in Vorschlag zu bringen. Die Insel sei geräumig genug, hätte subtropisches
Klima, gehöre einem Staate, der die Emanzipation der Juden begonnen habe
und auch heute noch alles für die Juden tue. Ein Führer der französischen An-

tisemiten stimmte diesem Gedanken zu, der später mehrfach wieder aufgetaucht ist. ..."

Düsseldorfer Nachrichten 17.1.37, 30

„Freigabe französischer Kolonien für die jüdische Einwanderung?
Paris, 16. Januar. Die Frage der Ansiedlung von Juden in außereuropäischen Ländern beschäftigt seit einiger Zeit auch die französische Regierung und insbesondere den Kolonialminister, der erst kürzlich Besprechungen mit den Vertretern der verschiedenen in Frankreich ansässigen jüdischen Vereinigungen hatte. Hierbei wurde in Erwägung gezogen, gewisse französische Kolonien der jüdischen Einwanderung freizugeben bzw. die Juden dort anzusiedeln. ... Der Gouverneur von Madagaskar habe sich bereit erklärt, die Ansiedlung von Juden zu unterstützen, vorausgesetzt, daß sie von wirklich ernst zu nehmenden Organisationen herausgeschickt würden und über die notwendigen Mittel verfügten. Außer Madagaskar sei es möglich, siedlungsfähige Gebiete in Neukaledonien, auf den Neuen Hebriden und in Französisch-Guinea zu finden, wo das Klima viel erträglicher sei, als man allgemein annehme."

Frankfurter Zeitung 28.11.38, 607

„Siedlungsvorschläge für die Juden
Guayana in Südamerika
England, Frankreich und die Niederlande, als bedeutendste Kolonialreiche, treten ein geschlossenes Gebiet als nationaljüdisches Heim ab, und zwar gibt England Britisch-Guayana, die Niederlande Surinam und Frankreich Französisch-Guayana zu diesem Zwecke ab. ...Von diesem Gebiet könnte man ein national-jüdisches Heim schaffen, das Raum genug bietet, fruchtbar genug ist und genügend gutes Klima hat, alle Juden aufzunehmen, welche die europäischen Völker nicht mehr zu beherbergen wünschen."
„Ein Projekt in Alaska
Alaska sei bisher unbesiedelt geblieben, nach amerikanischer Meinung teils wegen der bestehenden falschen Vorstellungen über das Klima, teils wegen mangelnder Verbindungswege. Dank dem Japan-Strom erfreue sich ein großer Teil Alaskas eines milden Klimas; an der Küste falle das Thermometer selten unter Null. Das Gebiet, das größer als Frankreich und Deutschland zusammengenommen sei, beherberge nur 60 000 Einwohner."

Frankfurter Zeitung 11.12.38, 631/32

„Ein Plan für ein jüdisches Territorium in Rhodesien?
Der Diplomatische Korrespondent des *Daily Telegraph* meldet, England gegenüber seien neue Vorschläge zur Lösung des jüdischen Flüchtlingsproblems gemacht worden. Dieser Plan sehe die Schaffung einer neuen jüdischen Nationalheimat in Nordost-Rhodesien vor. Dieses Gebiet sei groß genug, daß es im Laufe der Zeit den Hauptteil der jüdischen Auswanderer aus allen Teilen der Welt aufnehmen könne."

Aller Zeitung 28.2.39, 50

„Gebt den Juden Madagaskar! – Vorschlag aus Kanada."

1.3.4. Die Einwanderung der Juden in Palästina

Frankfurter Zeitung 11.5.33, 346/47

„Einwanderung in Palästina
Jerusalem, Ende April. Zwei Zahlen sprechen für Palästinas Prosperität, die günstige Lage der Regierungsfinanzen ... und die steigende Zahl jüdischer Einwanderer, von denen ein Teil auch Kapital ins Land bringt. ... Die Einwanderung, die in den Jahren 1927 bis Mitte 1932 sehr gering gewesen war, ist in den letzten Monaten auf etwa das Zehnfache angewachsen der vorhergehenden Monate. Im Jahre 1932 sind in Palästina 9553 Juden eingewandert gegen 4975 im vorhergehenden Jahre. ... Das Problem der jüdischen Einwanderung nach Palästina hat in den letzten Wochen infolge der Lage in Deutschland weite Beachtung gefunden. Die palästinensischen Juden haben begreiflicherweise mit leidenschaftlicher Anteilnahme die Vorgänge in Deutschland verfolgt. ... Damit wird die Zahl der deutschen Juden in Palästina, die nach der Volkszählung von November 1931 1010 Personen betragen hat, schnell wachsen. Die Berufsschichtung der palästinensischen Judenheit ist aber von der deutschen verschieden. Palästina bietet in seinem heutigen Zustand Raum für Personen, die mit Kapital und fachlicher Ausbildung oder als gelernte Arbeiter für städtische wie ländliche Betriebe herkommen, dagegen ist eine Aufnahmefähigkeit für Aerzte, Rechtsanwälte und kaufmännische Angestellte heute recht beschränkt."

Frankfurter Zeitung 25.8.33, 631

„Der 18. Zionistenkongreß
Zur Lage der deutschen Juden
Prag, 24. Aug. Der heutige vierte Tag des Zionistenkongresses brachte die Auseinandersetzung der zionistischen Bewegung mit den Vorgängen in Deutschland. ...
Anschließend sprach Dr. Arthur Ruppin über die Seßhaftmachung deutscher Juden in Palästina. Während die anderen Auswanderungsländer, so erklärte er, selbst von der Krise betroffen seien, und jüdischen Einwanderern großenteils ihre Tore verschlössen, stehe Palästina ihnen offen. Es sei das einzige Land der Welt, in dem keine Arbeitslosigkeit, sondern im Gegenteil erheblicher Mangel an Arbeitern herrsche. Was die ökonomische Lage der Juden in Deutschland angehe, so sei durch die deutsche Gesetzgebung der Stand der Beamten und freien Berufe katastrophal betroffen. Von ihren Angehörigen werde nur ein kleiner Teil seinen Lebensunterhalt weiter in Deutschland verdienen können. Die indirekten Folgen der neuen Gesetzgebung seien für die Juden wirtschaftlich zum Teil noch verheerender als die direkten Folgen. Zur Zeit lebe noch ein Teil der Juden von der Vermögenssubstanz, doch würden bei vielen diese Reserven bald aufgezehrt sein. ... Es gebe kaum einen anderen Ausweg als eine organisierte Auswanderung, die im Laufe von 5 bis 10 Jahren die rund 200 000 Juden, die in Deutschland heute keine Lebensmöglichkeit mehr hätten, in andere Länder bringe. ...
Als Ziel der Auswanderung komme in erster Linie Palästina in Frage. Es könne heute mehr als doppelt so viele Einwanderer aufnehmen als im verflossenen Jahrzehnt. ... Für 600 Neusiedler sei sofort Ansiedlungsmöglichkeit vorhanden. ...
Natürlich sei Palästina nicht nur für die deutschen Juden da, sondern müsse seine Tore auch für die Juden anderer Länder offenhalten. Im ganzen schätzt Dr. Ruppin die Zahl der deutschen Juden, die Palästina im laufe der nächsten fünf Jahre werde aufnehmen können, auf ungefähr 100 000.“

Frankfurter Zeitung 31.1.36, 56/57

„Die jüdische Einwanderung in Palästina
Der englische Oberkommissar lehnt arabische Forderungen ab
Jerusalem, 30. Jan. Sir Arthur Wauchope, der britische Oberkommissar in Palästina, beantwortete ein Memorandum, das ihm von den arabischen politischen Parteien vorgelegt worden ist. Dieses Memorandum enthält drei Forde-

rungen: 1. eine demokratische Regierung für Palästina; 2. Beendigung der jüdischen Einwanderung und 3. das Verbot des Landverkaufs an Juden. ...

Eine vollkommene Unterbindung der jüdischen Einwanderung komme nicht in Frage; der leitende Grundsatz in dieser Frage müsse die wirtschaftliche Aufnahmefähigkeit Palästinas sein."

Frankfurter Zeitung 7.5.36, 233

„Keine Einstellung der jüdischen Einwanderung
Eine Erklärung des englischen Kolonialministers zur Lage in Palästina
Minister Thomas erklärte: *Ich bin davon überzeugt, daß diese Unruhen der Ausfluß der arabischen Unzufriedenheit sind, und die Araber haben denn auch damit gedroht, den Ausstand solange fortzusetzen, bis die jüdische Einwanderung eingestellt sei. Wie ich bereits bei einer früheren Gelegenheit betont habe, kann sich die englische Regierung durch keine Drohungen von ihrer Politik abbringen lassen, und die Einstellung der jüdischen Einwanderung kann unter keinen Umständen in Frage kommen."*

Frankfurter Zeitung 27.6.36, 324/25

„Die Einwanderung nach Palästina
Kairo, Ende Juni. Aus einer offiziellen Mitteilung der Regierung in Jerusalem geht hervor, daß im Jahre 1935 insgesamt 64 167 Personen in Palästina einwanderten. Davon waren 61 854 Personen Juden, 903 Personen Araber aus den umliegenden arabischen Staaten und 1 390 Einwanderer anderer Nationalität. Nach diesem Bericht ist die Einwanderungsziffer der Juden im Jahr 1935 um 150 höher als im Vorjahr. Aus Deutschland wanderten 1935 insgesamt 8 630 Juden ein, davon 6 699 deutsche Staatsangehörige."

Frankfurter Zeitung 22.10.37, 538/39

„Die Einwanderungsbeschränkung in Palästina
Die Anordnungen veröffentlicht
Jerusalem, 21. Oktober. Die Palästinaregierung hat am Mittwoch die Anordnungen veröffentlicht, welche die jüdische Einwanderung einschränken. Damit wird der Vorschlag der Königlichen Kommission über die Höchstzahl der jüdischen Einwanderung verwirklicht."

Frankfurter Zeitung 12.9.36, 467/68

„Polen und Palästina – 1 1/2 Millionen polnische Juden sollen nach Palästina übersiedeln"

2. Die wirtschaftlich-existenzielle Ausgrenzung der deutschen Juden bis November 1938

2.1. Auftakt und Einstimmung: Der Boykott jüdischer Geschäfte im April 1933

2.1.1. Die Boykott- und Aktionskomitees

Völkischer Beobachter 28.3.33, 87

„Gegenschlag gegen die jüdische Greuel-Propaganda
Volksbewegung für die Gründung von Boykott-Komitees gegen jüdische Geschäfte
Durchgreifende Abwehr-Maßnahmen der Parteileitung der N.S.D.A.P.
München, 27. März. Wie die Nationalsozialistische Parteikorrespondenz soeben erfährt, wird nunmehr die Nationalsozialistische Deutsche Arbeiter-Partei den Abwehrkampf gegen die internationale jüdische Greuel- und Boykotthetze gegen Deutschland in schärfster Form aufnehmen.

Es verlautet, daß bereits am Dienstag die Anordnungen für die Organisation einer gewaltigen Volksbewegung zur Bildung von Boykott-Komitees gegen die jüdischen Geschäfte in Deutschland als Antwort auf die Boykottdrohung des internationalen Judentums ergehen."

Frankfurter Zeitung 29.3.33, 238

„Elf Programmpunkte zur Abwehr der Greuel- und Boykott-Propaganda
Beginn am 1. April
München, 28. März. Die Nationalsozialistische Korrespondenz veröffentlicht außer dem Aufruf der Parteileitung der NSDAP zur Abwehr der Greuelpropaganda und des Boykotts im Auslande folgende elf Programmpunkte, durch die die Gegenwirkung innerhalb Deutschlands organisiert werden soll:

1. In jeder Ortsgruppe und Organisationsgliederung der NSDAP sind sofort Aktionskomitees zu bilden zur praktischen planmäßigen Durchführung des Boykotts jüdischer Geschäfte, jüdischer Waren, jüdischer Aerzte und jüdischer Rechtsanwälte. Die Aktionskomitees sind verantwortlich dafür, daß der Boykott keinen Unschuldigen, umso härter aber die Schuldigen trifft.

2. Die Aktionskomitees sind verantwortlich für den höchsten Schutz aller Ausländer ohne Ansehen ihrer Konfession, ihrer Herkunft oder Rasse. Der Boykott ist reine Abwehrmaßnahme, die sich ausschließlich gegen das deutsche Judentum wendet.

3. Die Aktionskomitees haben sofort durch Propaganda und Aufklärung den Boykott zu popularisieren. Grundsatz: kein Deutscher kauft noch bei einem Juden oder läßt sich von ihm oder seinen Hintermännern Waren anpreisen. Der Boykott muß ein allgemeiner sein. Er wird vom ganzen Volke getragen und muß das Judentum an seiner empfindlichsten Stelle treffen. ...

8. Der Boykott setzt nicht verzettelt ein, sondern schlagartig, in dem Sinne sind augenblicklich alle Vorarbeiten zu treffen. Es ergehen die Anordnungen an die SA und SS, um vom Augenblick des Boykotts ab durch Posten die Bevölkerung vor dem Betreten der jüdischen Geschäfte zu warnen. Der Boykottbeginn ist durch Plakatanschlag und durch die Presse, durch Flugblätter usw. bekanntzugeben. Der Boykott setzt schlagartig am Samstag, 1. April, punkt 10 Uhr vormittags ein. Er wird fortgeführt, solange bis eine Anordnung der Parteileitung die Aufhebung befiehlt. ...

11. Die Aktionskomitees sind dafür verantwortlich, daß sich dieser gesamte Kampf in vollster Ruhe und größter Disziplin vollzieht. Krümmt auch weiterhin keinem Juden auch nur ein Haar. Wir werden mit dieser Hetze fertig, einfach durch die einschneidende Wucht dieser Maßnahmen. ..."

Völkischer Beobachter 30.3.33, 89

„Aufruf der Reichsleitung der N.S.D.A.P.
Boykott-Komitees gegen das Judentum im ganzen Reich!
Am 1. April Schlag 10 Uhr setzt der Boykott aller jüdischen Waren, Geschäfte, Ärzte, Anwälte ein – Zehntausende Massenversammlungen. Das Judentum hat 65 Millionen Deutschen den Kampf angesagt, nun soll es an seiner empfindlichsten Stelle getroffen werden!
Der Reichskanzler rechtfertigt den Lügen-Abwehrkampf vor dem Kabinett
Da die ausländische Hetze weitergeht, soll der Kampf mit aller Schärfe durchgeführt werden. ..."

„Dann sprach der Reichskanzler über die Abwehrmaßnahmen gegen die jüdische Greuelpropaganda im Auslande. Er betonte, daß diese Abwehr organisiert werden mußte, weil die Abwehr aus dem Volke heraus von selbst gekommen wäre und sonst unerwünschte Formen angenommen hätte. Durch die Organisierung der Abwehr behalte man die ganze Aktion in der Hand, und es würde verhindert werden, daß es zu Belästigungen persönlicher Art und zu Gewalttätigkeiten komme. Das Judentum müsse aber erkennen, daß ein jüdi-

scher Krieg gegen Deutschland das Judentum in Deutschland mit voller
Schärfe selbst trifft."

2.1.2. *Die Anordnungen des „Zentralkomitees" unter der Leitung von Julius Streicher*

Düsseldorfer Nachrichten 31.3.33, 166

„Anordnungen für die Abwehr-Aktion – Richtlinien des Zentralkomitees für
den Boykott
München, 30. März. Das Zentralkomitee zur Abwehr der jüdischen Greuel-
und Boykotthetze hat eine Anordnung erlassen, die u. a. besagt:
Als Leiter des Gaukomitees empfiehlt es sich, die Gauführer des Kampfbundes des gewerblichen Mittelstandes zu ernennen. Die Aktionskomitees
(deren Mitglieder keinerlei Bindung mit Juden haben dürfen) stellen sofort
fest, welche Geschäfte, Warenhäuser, Kanzleien usw. sich in Judenhänden befinden. Es handelt sich bei dieser Feststellung selbstverständlich um Geschäfte, die sich in den Händen von Angehörigen der jüdischen Rasse befinden.
Die Religion spielt keine Rolle. Katholisch oder Protestantisch getaufte Geschäftsleute oder Dissidenten jüdischer Rasse sind im Sinne dieser Anordnung ebenfalls Juden.
Firmen, bei denen Juden nur finanziell beteiligt sind, fallen unter eine
noch zu treffende Regelung. Ist der Ehegatte einer nichtjüdischen Geschäft-
sinhaberin Jude, so gilt das Geschäft als jüdisch. Das gleiche ist der Fall,
wenn die Inhaberin Jüdin ist, der Ehegatte aber nicht Jude ist.
Einheitspreisgeschäfte, Warenhäuser, Großfilialbetriebe, die sich in deutschen Händen befinden, fallen nicht unter diese Boykottaktion. Ebenso fallen
nicht darunter die Woolworth-Einheitspreisgeschäfte. Die sogenannten
Wohlwert-Einheitspreisgeschäfte dagegen sind jüdisch und daher zu boykot-
tieren.
Die Aktionskomitees übergeben das Verzeichnis der festgestellten jüdischen Geschäfte der SA und SS, damit diese am Samstag, dem 1. April 1933,
vormittags Punkt 10 Uhr die Wachen aufstellen können.
Die Wachen haben die Aufgabe, dem Publikum bekanntzugeben, daß das
von ihnen überwachte Geschäft jüdisch ist. Tätlich vorzugehen ist ihnen verboten. Verboten ist auch, die Geschäfte zu schließen.
Zur Kenntlichmachung jüdischer Geschäfte sind an deren Eingangstüren
Plakate oder Tafeln mit gelben Flecken auf schwarzem Grunde anzubringen."

Aller Zeitung 31.3.33,77

„Die Abwehraktion – Ergänzende Anordnungen der NSDAP
Das Zentralkomitee ... hat weitere Anordnungen über die Durchführung der
Abwehraktion herausgegeben.
Anordnung Nr. 2: Die örtlichen Aktionskomitees haben dafür Sorge zu
tragen, daß die Anordnungen des Zentralkomitees ... von der gesamten Pres-
se in entsprechender Aufmachung zum Abdruck gebracht werden.
Die Anordnung Nr. 3 besagt: In Durchführung des Abwehrboykotts ist un-
ter allen Umständen die Schließung jüdischer Geschäfte oder Gewaltanwen-
dung gegenüber ihren Kunden zu unterlassen. ...
Die Anordnung 4 des Zentralkomitees besagt: Bei dem Zentralkomitee zur
Abwehr der jüdischen Greuel- und Boykotthetze laufen zahlreiche Meldungen ein, die berichten, daß jüdische Geschäftsinhaber ihre Betriebe deutschen
Strohmännern übergeben, um sich den Auswirkungen der Boykottpropaganda
zu entziehen. Es wird daher angeordnet:
Geschäfte, die von ihren jüdischen Inhabern deutschen Strohmännern
übergeben worden sind, werden für die Dauer des Abwehrboykotts als jüdische Geschäfte behandelt."

Völkischer Beobachter 1.4.33, 91

„Anordnung 5: Für die am Sonnabend, den 1. April 1933 vormittags 10 Uhr
beginnende Abwehraktion gegen die jüdische Greuel- und Boykotthetze werden die örtlichen Aktionskomitees nochmals angewiesen, strengstens darauf
zu achten,
1. daß jede Gewaltanwendung unterbleibt. Geschäfte dürfen seitens des
Komitees oder dessen Beauftragten nicht geschlossen werden. ..."

Frankfurter Zeitung 1.4.33, 245/46

„Aufrufe und Anordnungen des Boykottkomitees
Berlin, 31. März. Für die ... Abwehraktion ... werden die örtlichen Aktionskomitees nochmals angewiesen, strengstens darauf zu achten
1. Daß jede Gewaltanwendung unterbleibt. ...
2. Daß die Boykottierung jeder Geschäfte unterbleibt, bei denen nicht
einwandfrei feststeht, ob der Inhaber Jude ist.
3. Daß nicht durch Provokateure Sachbeschädigungen veranlaßt werden,
die dem Zweck der Abwehraktion zuwiderlaufen. ...

5. Plakate aufreizenden Inhalts sind verboten. ...

(gez.) Streicher"

Düsseldorfer Nachrichten 1.4.33, 168

Sperrungen von Telephonen untersagt
Das Zentralkomitee ... hat folgende sechste Anordnung erlassen: In einzelnen Städten sind im Laufe der Abwehraktion gegen die jüdische Greuel- und Hetzpropaganda die Fernsprechanschlüsse jüdischer Firmen und Einzelpersonen gesperrt worden. Diese Maßnahmen sind unverzüglich rückgängig zu machen."

2.1.3. Der Boykott am 1. April 1933

Aller Zeitung 3.4.33, 78

„Nur heute Boykott
Pause bis Mittwoch – Erklärungen der Regierung und NSDAP
Vor Vertretern der Presse gab Reichsminister Dr. Goebbels zur Boykottbewegung gestern abend folgende Erklärung ab:
Die Reichsregierung hat mit Befriedigung davon Kenntnis genommen, daß die Greuelhetze im Ausland im Abflauen begriffen ist. Sie sieht darin einen Erfolg der Boykottandrohung, die die Nationalsozialistische Bewegung in den vergangenen Tagen gemacht hat. Sie sieht aber weiterhin darin, daß das vereinigte Judentum in Deutschland die Möglichkeit hat, diese Greuelhetze absolut einzuschränken und einzustellen.
Sie ist der Überzeugung, daß die Greuelhetze ihren Höhepunkt überschritten hat. Die Nationalsozialistische Deutsche Arbeiterpartei hat im Hinblick auf diese Tatsachen folgendes beschlossen: ... Unter diesen Umständen wird der Boykott am morgigen Tage (heute) mit voller Wucht und eiserner Disziplin durchgeführt. Er beginnt, wie mitgeteilt, um 10 Uhr und erfährt am morgigen Abend eine Pause. Er wird ausgesetzt bis zum Mittwoch vormittag um 10 Uhr. Falls bis Mittwoch vormittag um 10 Uhr die Greuelhetze im Auslande absolut eingestellt ist, erklärt sich die Nationalsozialistische Deutsche Arbeiterpartei bereit, den Normalzustand wiederherzustellen. Falls das aber nicht der Fall ist, wird der Boykott am Mittwoch um 10 Uhr aufs neue einsetzen, dann allerdings mit einer Wucht und Vehemenz, die bis dahin noch nicht dagewesen ist, und zwar bis sich die Drahtzieher der ausländischen Greuelhetze eines besseren besonnen haben."

Aller Zeitung 3.4.33, 79

„Der große Boykott
Der Boykott jüdischer Geschäfte als Abwehrmaßnahme gegen die jüdische
Lügenhetze und Greuelpropaganda im Auslande wurde überall im Reich
durchgeführt. Vor allen jüdischen Geschäften und vor den Häusern, in denen
jüdische Rechtsanwälte und Aerzte wohnen, hatten SA- und SS-Leute mit
Plakaten Aufstellung genommen, die das Publikum vor dem Besuch dieser
Geschäfte warnten. Verschiedentlich wurden Käufer mit Pfui-Rufen bedacht
und photographiert. Im ganzen Reich verlief die Abwehraktion in mustergül-
tiger Ruhe und Disziplin. In zahlreichen Städten hatten die jüdischen Geschäfte ihre Läden überhaupt geschlossen."

Düsseldorfer Nachrichten 1.4.33, 169

„Der Beginn des Abwehr-Boykotts – Pünktliches Einsetzen in Berlin und im
Reich
Berlin, 1. April. Die Abwehraktion gegen die jüdische Greuel- und Boykotthetze hat am Samstag früh pünktlich um 10 Uhr im ganzen Reich eingesetzt.
Sie ist bekanntlich zunächst auf den heutigen Tag beschränkt worden. In Berlin waren bereits am Freitagabend große Plakate an den Anschlagsäulen angebracht worden, die die Bevölkerung ersuchten, nicht in jüdischen Geschäften zu kaufen. ...
    So war noch um 9 Uhr, selbst 9.30 Uhr, kaum eine Veränderung im Stra-
ßenbild sichtbar. ...
    Die SA- und SS- Leute hatten sich morgens in ihren Verkehrslokalen ein-
gefunden, nahmen dort die Plakate und Transparente in Empfang und zogen
damit zu den nach einem neuen Organisationsplan im voraus bestimmten
Standplätzen. Sie waren sämtlich mit großen roten Plakaten ausgerüstet, die
die Aufschrift trugen: *Deutsche wehrt Euch, kauft nicht bei Juden!* In Men-
gen wurden weiße Plakate an die großen Schaufensterscheiben der Geschäfte
geklebt mit der deutschen und englischen Aufschrift: *Deutsche, verteidigt
Euch gegen die jüdische Greuelpropaganda, kauft nur bei Deutschen.* Zwischen 9.30 und 10.00 Uhr änderte sich das Bild mit einem Schlage.
    Überall auf den Straßen postierten sich die SA-Leute mit Ihren Plaka-
ten. ...
    In der Friedrichstraße begegnet man langsam fahrenden Kraftwagen mit
Filmapparaten. Boykottgeschäfte und Ansammlungen davor werden aufgenommen."

Völkischer Beobachter 2./3.4.33, 92/93

„Ganz Deutschland boykottiert die Juden
Hamburg ... Auch in den Geschäftszentren sieht man überall vor den als jüdische Geschäfte gekennzeichneten Unternehmungen S.A.-Posten stehen. ... Zu irgendwelchen Störungen ist es nirgends gekommen.
Frankfurt ... Schlag 10 Uhr setzte Sonnabend vormittag in Frankfurt der Boykott der jüdischen Geschäfte ein. Die meisten dieser Betriebe haben geschlossen, während vor anderen zahlreichen jüdischen Geschäften S.A.-Posten stehen. ... Eine Behinderung des Verkehrs fand nicht statt. ... Die ganze Aktion ist bisher ohne Zwischenfälle verlaufen.
München ... Bis um 10 Uhr vormittags waren die Geschäfte wie gewöhnlich in Betrieb und es wurde da und dort in den Warenhäusern gekauft.
Punkt 10 Uhr setzte dann der Boykott der etwa 600 jüdischen Geschäfte Münchens ein, nachdem schon vorher die bekannten Boykottplakate angebracht worden waren."

Frankfurter Zeitung 2.4.33, 248/49

„Kassel ... Die Boykottbewegung gegen die Juden hat im Regierungsbezirk Kassel und Südhannover schlagartig um 10 Uhr heute vormittag eingesetzt. Vor allen jüdischen Geschäftshäusern und vor den Häusern, in denen sich Büros jüdischer Rechtsanwälte und Aerzte befinden, hatten SA.- und SS.-Leute Aufstellung genommen, um der Boykottbewegung Nachdruck zu verleihen. Das Warenhaus Tietz in Kassel und einige jüdische Geschäfte haben geschlossen, die Mehrzahl der jüdischen Geschäfte ist jedoch geöffnet."

2.1.4. Die Erklärung der „Reichsvertretung der deutschen Juden"

Frankfurter Zeitung 30.3.33, 241

„Eine Erklärung der deutschen Juden
Berlin, 29. März. Die Reichsvertretung der deutschen Juden und der Vorstand der jüdischen Gemeinde zu Berlin haben heute ein Schreiben an den Reichspräsidenten, den Reichskanzler, die Reichsminister und an den Polizeipräsidenten von Berlin gerichtet, in dem es heißt:
Die deutschen Juden sind tief erschüttert von dem Boykottaufruf der Nationalsozialistischen Deutschen Arbeiterpartei. Wegen der Verfehlung einiger weniger, für die wir nie und nimmer die Verantwortung tragen, soll uns deut-

schen Juden, die sich mit allen Fasern ihres Herzen der deutschen Heimat verbunden fühlen, wirtschaftlicher Untergang bereitet werden. In allen vaterländischen Kriegen haben deutsche Juden in dieser Verbundenheit Blutopfer gebracht. Im großen Kriege haben von 500 000 deutschen Juden 12 000 Juden ihr Leben hingegeben. Auf den Gebieten friedlicher Arbeit haben wir mit allen unseren Kräften unsere Pflichten getan. Den Greuel- und Boykottfeldzug im Auslande haben die jüdischen Organisationen Deutschlands mit äußerster Anstrengung und erfolgreich bekämpft. Sie haben hierfür alles getan, was in ihrer Kraft stand und werden es weiter tun. Trotzdem sollen jetzt die deutschen Juden, als die angeblich Schuldigen, zugrundegerichtet werden.

Wir rufen dem deutschen Volke, dem Gerechtigkeit stets höchste Tugend war, zu: Der Vorwurf, unser Volk geschädigt zu haben, berührt aufs tiefste unsere Ehre. Um der Wahrheit willen und um unserer Ehre willen erheben wir feierlich Verwahrung gegen diese Anklage. Wir vertrauen auf den Herrn Reichspräsidenten und auf die Reichsregierung, daß sie uns Recht und Lebensmöglichkeit in unserem deutschen Vaterlande nicht nehmen lassen werden. Wir wiederholen in dieser Stunde das Bekenntnis unserer Zugehörigkeit zum deutschen Volke, an dessen Erneuerung und Aufstieg mitzuarbeiten unsere heiligste Pflicht, unser Recht und unser sehnlichster Wunsch ist."

2.2. Schule und Ausbildung als Basis der Existenzsicherung

2.2.1. Das „Gesetz gegen Überfremdung deutscher Schulen und Hochschulen" vom 25. April 1933

Frankfurter Zeitung 27.4.33, 310/11

„Das Gesetz gegen Ueberfremdung deutscher Schulen und Hochschulen
Das Gesetz ... hat folgenden Wortlaut:
§ 1.
Bei allen Schulen, außer den Pflichtschulen, und bei den Hochschulen ist die Zahl der Schüler und Studenten soweit zu beschränken, daß die gründliche Ausbildung gesichert und dem Bedarf der Berufe Genüge getan ist.
§ 2.
Die Landesregierungen setzen zu Beginn eines jeden Schuljahres fest, wie viele Schüler jede Schule und wie viele Studenten jede Fakultät neu aufnehmen darf.

§ 3.

In denjenigen Schularten und Fakultäten, deren Besucherzahl in einem besonders starken Mißverhältnis zum Bedarf der Berufe steht, ist im Laufe des Schuljahres 1933 die Zahl der bereits aufgenommenen Schüler und Studenten soweit herabzusetzen, wie es ohne übermäßige Härten zur Herstellung eines angemessenen Verhältnisses geschehen kann.

§ 4.

Bei den Neuaufnahmen ist darauf zu achten, daß die Zahl der Reichsdeutschen, die im Sinne des Gesetzes zur Wiederherstellung des Berufsbeamtentums vom 7. 4. 1933 nichtarischer Abstammung sind, unter der Gesamtheit der Besucher jeder Schule und jeder Fakultät den Anteil der Nichtarier an der reichsdeutschen Bevölkerung nicht übersteigt. Die Anteilzahl wird einheitlich für das ganze Reichsgebiet festgesetzt (1,5 Prozent).

Bei Herabsetzung der Zahl der Schüler und Studenten gemäß § 3 ist ebenfalls ein angemessenes Verhältnis zwischen der Gesamtheit der Besucher und der Zahl der Nichtarier herzustellen. Hierbei kann eine von der Anteilzahl abweichende höhere Verhältniszahl zugrunde gelegt werden. (5 Prozent)

Absatz 1 und 2 finden keine Anwendung auf Reichsdeutsche nichtarischer Abstammung, deren Väter im Weltkriege an der Front für das Deutsche Reich oder für seine Verbündeten gekämpft haben, sowie auf Abkömmlinge aus Ehen, die vor dem Inkrafttreten dieses Gesetzes geschlossen sind, wenn ein Elternteil oder zwei Großeltern arischer Abkunft sind. Sie bleiben auch bei der Berechnung der Anteilzahl und der Verhältniszahl außer Ansatz. ...

Weiter heißt es dann in der Begründung: Die allgemeine Beschränkung des Zuganges zu den Schulen und Hochschulen macht besondere Anordnungen bezüglich des Anteiles der Personen nichtarischer Abstammung an dem Besuch dieser Bildungsanstalten erforderlich. Es wird dann weiter ausgeführt, daß der Anteil von Personen nichtarischer Abstammung an den höheren Berufen in Deutschland weitaus größer sei, als es ihrem Anteil an der Gesamtbevölkerung entspreche. Der wirtschaftliche und geistige Einfluß, den die Fremdstämmigen dadurch im deutschen Leben hätten, schwäche die einheitliche Gesinnung und die geschlossene nationale Kraft des Volkes und Staates. Bei der Knappheit des deutschen Lebensraumes für gehobene Berufsarbeit hätten die eigenen Volksgenossen ein natürliches Anrecht auf Vorrang und Bevorzugung. Das deutsche Volk und der deutsche Staat seien vor allem durch die Aufgaben der deutschen Erneuerung darauf angewiesen, zum mindesten das Verhältnis im Anteil der Nichtarier an den höheren Berufen herzustellen, das sich aus ihrem Anteil an der Gesamtbevölkerung ergebe."

2.2.2. Die Entlassung jüdischer Lehrkräfte

Frankfurter Zeitung 8.4.33, 266

„Jüdische Dozenten
Kiel, 7. April. Wie wir erfahren, ist in den letzten Tagen einer großen Anzahl von jüdischen Dozenten und Angestellten an der Kieler Universität und deren Instituten nahegelegt worden, ihre Aemter niederzulegen und ihr Urlaubsgesuch einzureichen. Die Betreffenden sind dieser Aufforderung nachgekommen. Eine endgültige Regelung der Angelegenheit wird durch das preußische Kultusministerium erfolgen."

Frankfurter Zeitung 13.7.33, 514

„Die Durchführung des Arierparagraphen in den Berufsschulen
Berlin, 12. Juli. Der preußische Minister für Wirtschaft und Arbeit weist in einem Erlaß darauf hin, daß das Gesetz zur Wiederherstellung des Berufsbeamtentums nunmehr unverzüglich auch für die Leiter und Lehrer bzw. Leiterinnen und Lehrerinnen der nichtstaatlichen öffentlichen Berufs- und Fachschulen, die dem Minister unterstehen, durchzuführen ist. Die Schulträger haben umgehend die Fragebogen an sämtliche Leiter und Lehrer der in Frage kommenden Schulen zu übersenden. Die Frist für die Berichterstattung der Schulträger an die Regierungspräsidenten ist auf den 1. August festgesetzt worden."

Frankfurter Zeitung 1.10.33, 730

„Entlassene Professoren und Dozenten
Berlin, 30. Sept. Das preußische Ministerium für Wissenschaft, Kunst und Volksbildung veröffentlicht eine Liste derjenigen Universitätsprofessoren und Dozenten, die auf Grund des Gesetzes zur Wiederherstellung des Berufsbeamtentums aus dem Staatsdienst entlassen wurden, ...
Auf Grund des Arierparagraphen wurden in den Ruhestand versetzt: der Frankfurter Ordinarius für Sozialwissenschaft Karl Mannheim, der Kieler Ordinarius Dr. Adolf Fraenkel, der Kölner Ordinarius Dr. Hans Kelsen. Auf Grund des gleichen Paragraphen wurde die Lehrbefugnis entzogen den nichtbeamteten a. o. Professoren Dr. Ernst Fränkel, ..."

Frankfurter Zeitung 28.12.33, 888

„Nichtarier dürfen auch keine gewerblichen Privatschulen leiten
Berlin, 27. Dez. In derselben Weise, wie schon der preußische Kultusminister die Erteilung von Privatunterricht durch nichtarische oder national nicht zuverlässige Lehrpersonen verboten hat, ordnet nun auch der preußische Wirtschaftsminister in einem Erlaß an, daß Nichtarier oder national nicht zuverlässige Leute genehmigungspflichtige private Schul- und Unterrichtsanstalten nicht leiten und an ihnen nicht lehren dürfen. Ausnahmen sind auch hier wieder gemacht, und zwar wie im Berufsbeamtengesetz für Frontkämpfer und für solche Lehrer und Lehrerinnen, deren Väter, Söhne oder Ehemänner im Weltkriege gefallen sind oder die schon vor dem Kriege Privatunterricht erteilt haben. Nichtarier dürfen jedoch auch gewerblichen Privatunterricht an nichtarische Schüler erteilen.“

Frankfurter Zeitung 7.11.36, 571/72

„Privatunterricht ist genehmigungspflichtig – Der Abstammungsnachweis als Vorbedingung
Berlin, 6. November. Unter Aufhebung früherer Erlasse hat der Reichserziehungsminister allgemeine Richtlinien gegeben, nach denen eine Genehmigung zur Erteilung von Privatunterricht und zur Führung von Privatschulen ausgesprochen oder verweigert werden soll. Eine solche Erlaubnis darf danach nur erteilt werden, wenn der Antragsteller für sich und gegebenenfalls für seine Ehefrau den Nachweis der rein arischen Abstammung erbringen kann und wenn er die Gewähr dafür bietet, daß er jederzeit rückhaltlos für den nationalsozialistischen Staat eintritt.“

2.2.3. Jüdische Studenten an deutschen Hochschulen

Düsseldorfer Nachrichten 8.4.33, 512/13

„München, 7. April. Unter Hinweis auf die Tatsache, daß der Bedarf an Ärzten in Deutschland jetzt für neun Jahre gedeckt ist, hat der kommissarische Innenminister Wagner bestimmt, daß Neueinschreibungen für das Studium der Medizin an der Universität München auf 345 Studenten, an der Universität Würzburg auf 130 Studenten und an der Universität Erlangen auf 98 Studenten zu beschränken sind. Angehörige der jüdischen Rasse sind überhaupt von der Neuinskription für das Studium der Medizin ausgeschlossen."

Frankfurter Zeitung 13.7.33, 512/13

„Hochschulen und nichtarische Studenten
Von der Oeffentlichkeit kaum bemerkt sind am 16. Juni (1933) die Ausführungsbestimmungen zum Gesetz gegen die Ueberfüllung der deutschen Schulen und Hochschulen vom 25. April erschienen, soweit dieses Gesetz die Aufnahme der Studierenden an den Hochschulen betrifft. Obwohl das Gesetz inzwischen wohl an allen Hochschulen schon durchgeführt ist, lohnt es sich doch, auf einzelne Bestimmungen zurückzukommen, die gegenüber dem Gesetz neue Gesichtspunkte einführen.

Wie im Gesetz selber wird unterschieden zwischen den nichtarischen Erstmatrikulierten und den späteren Semestern. Die Erstsemester erhalten nur eine vorläufige Einschreibebescheinigung und werden innerhalb der Fakultäten auf 1,5 Prozent beschränkt. Für die Gesamtzahl der nichtarischen Studierenden an jeder Hochschule ist die Höchstzahl auf 5 v. H. festgesetzt. Nach den Ausführungsbestimmungen kann jedoch der Immatrikulationsausschuß die Höchstzahlen ohne Angabe von Gründen sowohl für die Erstaufnahmen wie für die Gesamtheit der nichtarischen Studenten herabsetzen.

Weiter enthält die Durchführungsverordnung Gesichtspunkte der Auswahl der aufzunehmenden und abzuweisenden Nichtarier. Von den zur ersten Immatrikulation Kommenden sind vor allem die zu berücksichtigen, deren persönliche und wissenschaftliche Eignung zum Studium feststeht. Die persönliche Eignung wird darin gesehen, *daß der Bewerber den Nachweis führt, daß sowohl er wie seine Vorfahren in engerer Beziehung zum Deutschtum gestanden haben.* In der Unbestimmtheit dieser Formulierung liegt ebenso die Möglichkeit weitherziger wie engherziger Auslegung und Anwendung."

Frankfurter Zeitung 15.6.35, 300/01

„Die Zulassung von Nichtariern zu den ärztlichen Prüfungen
Der Reichs- und preußische Minister des Innern gibt eine Ausführungs-Anweisung zu der Verordnung vom 5. Februar 1935 bekannt, durch die in die Prüfungsordnungen für Aerzte und Zahnärzte eine Arierbestimmung eingeschaltet wurde. In der neuen Anweisung wird bestimmt:
Nichtarische Kandidaten der Medizin und Zahnheilkunde, die das Studium vor dem Sommersemester 1933 begonnen haben, sind regelmäßig zu den Prüfungen zuzulassen, ohne daß es einer besonderen Zustimmung des Mini-

sters bedarf. Die Zulassung hat mit dem Vorbehalt zu erfolgen, daß durch die Ablegung der Prüfung kein Anrecht auf die Approbation erworben wird. Studierende nichtarischer Abstammung, die erst im Sommersemester oder später ihr Studium begonnen haben, können nur in ganz besonderen Ausnahmefällen und nur mit einer von Fall zu Fall einzuholenden Zustimmung des Ministers zu den Prüfungen zugelassen werden.

Für den Nachweis der arischen Abstammung sind außer den Heiratsurkunden der Eltern und Großeltern deren Geburtsurkunden nur dann beizubringen, wenn in den Heiratsurkunden Angaben über Religion und Geburt der Eltern und Großeltern fehlen. Bei der Zulassung von Ausländern zu den Prüfungen ist auf den Nachweis der arischen Abstammung zu verzichten.

Die Approbation als Arzt oder Zahnarzt ist den Nichtariern bis auf weiteres zu versagen."

Frankfurter Zeitung 10.9.35, 461/62

„Nichtarische Studenten an deutschen Hochschulen
Berlin, 9. Sept. Die Wirkung der Bestimmungen über das Studium der inländischen Nichtarier an den deutschen Hochschulen geht aus folgendem hervor: Von den 91 480 inländischen Studierenden, die nach der letzten Hochschulstatistik im Sommersemester 1934 festgestellt wurden, waren nur 656 Angehörige der jüdischen Glaubensgemeinschaft; dazu kommen noch Nichtarier, die nicht aus der Religionsangabe erkennbar wurden, sondern aus der Tatsache, daß sie nicht zur Deutschen Studentenschaft zugelassen worden sind. Im ganzen gehörten 1316 Studenten nicht zur Deutschen Studentenschaft. Diese sind als Nichtarier im Sinne der deutschen Gesetzgebung aufzufassen. Es sind also etwa doppelt soviel Studierende der Rasse nach jüdisch wie dem Bekenntnis nach.

Im ersten Hochschulsemester standen von den Juden im Sommer 1934 nur 24 oder 0,4 v. H. der 6189 inländischen Studenten im ersten Semester."

2.2.4. Die Absonderung jüdischer Schüler im Schulwesen

Frankfurter Zeitung 20.4.34, 198/99

„Nichtarische Schüler an höheren und mittleren Schulen Preußens
Berlin, 19. April. ...
Der Minister hat in diesem Zusammenhang in einem Erlaß daran erinnert, daß die Bestimmungen über die Aufnahme von Nichtariern in höhere und

mittlere Schulen auch ferner in Geltung bleiben, und zwar sowohl für öffentliche wie für private Anstalten. Zur weiteren Durchführung des Gesetzes gegen die Ueberfüllung deutscher Schulen und Hochschulen vom 25. April 1933 bestimmt der Minister sodann, daß auch bei der Neuaufnahme von Nichtariern, die den Beschränkungen des Gesetzes unterworfen sind, die Abstammung angemessen Berücksichtigung zu finden habe. Die zum Besuche der höheren und mittleren Schulen geeigneten Kinder arischer Abstammung verdienten unter allen Umständen bei der Aufnahme den Vorzug, selbst dann, wenn dadurch die Zahl der zur Aufnahme kommenden Nichtarier hinter der Verhältniszahl zurückbleiben sollte. Den Nichtariern mit nachgewiesenem arischen Bluteinschlag, sei der Vorzug vor reinen Nichtariern zu geben. ...“

Frankfurter Zeitung 19.8.34, 419/20

„Nichtarier in Fachschulen
Berlin, 16. Aug. Die für den Besuch von höheren Schulen geltenden Bestimmungen erhalten nach einem Erlaß des Preußischen Unterrichtsministers, an den das Fachschulwesen nunmehr verwaltungsmäßig übergegangen ist, auch für die gewerblichen, kaufmännischen und hauswirtschaftlichen Fachschulen Geltung. Danach wird die Zahl der für den Besuch von Fachschulen zugelassenen nichtarischen Studierenden und Schüler in Zukunft mit 1,5 v. H. der Gesamtzahl der Besucher dieser Fachschulen festgesetzt. Angehörige ausländischer Staaten bleiben auf jeden Fall von der Berechnung ausgeschaltet.“

Frankfurter Zeitung 24.4.35, 207

„Rasse und Schule – Dr. Groß fordert Absonderung der Fremdrassigen
Die zweite Forderung rassischen Denkens an eine Neuausrichtung des Schulwesens betreffe die rassische Harmonie zwischen Lehrer, Schüler und Lehrstoff. Es sei ganz selbstverständlich, daß eine förderliche Erziehungsarbeit nur dann stattfinden könne, wenn der Lehrer und seine Schüler wesentlich die gleiche rassische Grundhaltung aufwiesen. Der fremdrassige Lehrer sei ganz sachlich eine unmögliche Vorstellung geworden; ebenso unabdingbar sei auch die Forderung, daß die Klassengemeinschaft selbst eine rassische Einheit darstelle. Fremdrassige Schüler müßten zwangsläufig die Erziehungsmöglichkeit in einer Klassengemeinschaft herabmindern. Deshalb ergebe sich die Forderung, die unter uns noch lebenden fremdrassigen Bevölkerungsgruppen, insbesondere also die Juden, im Schulunterricht von den Kindern unser eigenen Art grundsätzlich abzusondern.“

Aller Zeitung 11.9.35, 212

„Rassentrennung in der Schule – Ab Ostern 1936 jüdische Volksschulen
Reichsminister Rust hat in einem Erlaß über die Rassentrennung auf den öffentlichen Schulen Erhebungen über die Rassezugehörigkeit der Schülerschaft
angeordnet, die der Vorbereitung für die Einrichtung von besonderen Judenschulen zum 1. April 1936 dienen sollen. Vorläufig sind hierfür Berlin,
Frankfurt a. M., Breslau und eventuell München vorgesehen. …
    Der neue Erlaß zielt auf die Durchführung der völligen Rassentrennung,
und zwar ohne Rücksicht auf die Konfession, und auf die Wiederherstellung
der Judenschulen im allgemeinen ab. Eine Trennung nach konfessionellen
Gesichtspunkten ist nicht ausreichend, sondern es muß eine klare Rassentrennung herbeigeführt werden. Beabsichtigt ist, von Ostern 1936 ab eine möglichst vollständige Trennung durchzuführen. Alle diejenigen reichsangehörigen Schüler und Schülerinnen, bei denen entweder ein Elternteil oder beide
Elternteile jüdisch sind, sollen in die Judenschule eingegliedert werden. Die
sogenannten *Vierteljuden* sollen nicht hineingenommen werden."

Völkischer Beobachter 22.9.36, 266

„Die Trennung der Rassen in den Schulen Deutschlands und der Vereinigten
Staaten
Die Trennung der Rassen in der Schule ist keineswegs ein Problem, das erst
jüngeren Datums ist. Es beschäftigt die Erzieher aller Länder der Welt mit
verschiedenrassigen Bevölkerungsbestandteilen seit längerer Zeit und hat insbesondere in einigen Staaten Nordamerikas zu gesetzlichen Bestimmungen
geführt, die z. T. viel schärfer sind als die Bestimmungen, die der Nationalsozialismus durch seine Rassengesetzgebung vor kurzer Zeit getroffen hat. Der
Grund für die Trennung der Rassen in der Schule liegt in der Erfahrung, daß
das Gemeinschaftsgefühl in einer rassisch gemischten Schulklasse zerstört
wird und sich z. T. überhaupt nicht entwickeln kann. Die Schüler werden von
vornherein in mehrere Gruppen gespalten, die sich innerlich fremd einander
gegenüberstehen. Ein Appell an die Kameradschaft ist in einer solchen Klasse
gar nicht denkbar. Noch unheilvoller wirkt sich erfahrungsgemäß die rassische Verschiedenheit von Lehrern und Schülern aus, zwischen denen sich ein
erzieherisches Verhältnis nicht bilden kann. Die Lösung der Rassenfrage ist
darum überall dort in Angriff genommen worden, wo man die gefährlichen
Auswirkungen der Rassenmischung für Schule und Staat erkannte.

In einer Gruppe von Staaten Nordamerikas ist die rassische Trennung der Schuljugend seit langem durchgeführt, da in ihnen zum Teil der fremdrassige Teil der Bevölkerung bis zu 50 v. H beträgt."

Düsseldorfer Nachrichten 15.7.37, 353

„Jüdischer Schulbesuch – Die Rechtstellung der Juden im deutschen Schulwesen

Berlin, 14. Juli ...

Hinsichtlich der Zulassung zum Schulbesuch ist zu unterscheiden zwischen den Pflichtschulen (Volks- und Berufsschulen) und den Wahlschulen (mittlere, höhere und Fachschulen). ... Soweit keine jüdischen Privatschulen vorhanden sind oder von den Unterhaltsträgern der öffentlichen Schulen besondere öffentliche Schulen für Juden nicht errichtet werden, nehmen die jüdischen Schüler an dem Pflichtunterricht der allgemeinen öffentlichen Schulen teil. Den Unterhaltsträgern der öffentlichen Pflichtschulen wird nahegelegt, mit schulaufsichtlicher Genehmigung besondere Schulen oder Sammelklassen für jüdische Schüler zu errichten. Für die Zulassung der Juden zum Besuch der Wahlschulen bleiben die Bestimmungen des Gesetzes gegen die Überfüllung deutscher Schulen und Hochschulen vom 25. April 1933 ... maßgebend. ...

Jüdische Mischlinge besuchen grundsätzlich die allgemeinen Volks- und Berufsschulen. Sie unterliegen auch bei der Aufnahme an Wahlschulen keinerlei Beschränkung. Den von zwei volljüdischen Großelternteilen abstammenden Mischlingen ist auch der Besuch jüdischer Schulen oder Sammelklassen für jüdische Schüler gestattet, jedoch ist Vorsorge getroffen, daß sie in diesem Fall künftig nicht das Reichsbürgerrecht erhalten. Staatsangehörige jüdische Mischlinge, die die allgemeinen Schulen besuchen, haben wie jeder andere Schüler an allen Veranstaltungen der Schule einschließlich besonderer Gemeinschaftsveranstaltungen außerhalb des schulplanmäßigen Unterrichts teilzunehmen; sie sollen, da sie das Reichsbürgerrecht erhalten können, grundsätzlich den anderen Schülern gleichgestellt werden. Jüdische Schüler nehmen dagegen lediglich an dem lehrplanmäßigen Unterricht teil. Von der Teilnahme an Gemeinschaftsveranstaltungen außerhalb des schulplanmäßigen Unterrichts sind sie ausgeschlossen."

„Die jüdischen Schüler in Deutschland
Im *Deutschen Schulverwaltungsarchiv* macht Regierungsrat Dr. Klamroth vom Reichserziehungsministerium Angaben über die Zahl der jüdischen Schüler in Deutschland. Danach gibt es an den Volksschulen in Preußen einschließlich der privaten und der jüdischen Schulen 20 164 jüdische Schüler und 5095 jüdische Mischlinge. Bei einer Gesamtzahl von 4,8 Millionen Volksschulkindern beträgt der Anteil der jüdischen Volksschüler 0,2 Prozent. In den mittleren Schulen Preußens gibt es 3164 jüdische Schüler und 533 Mischlinge. Für die höheren Schulen liegt eine Zahl aus dem ganzen Reich vor: 11 706 jüdische Schüler und 3581 Mischlinge. Hierbei sind nur die reichsangehörigen jüdischen Schüler berücksichtigt. Unter diesen jüdischen Schülern befinden sich 8042 Kinder von Frontkämpfern. Unter Einrechnung dieser beträgt der Hundertsatz jüdischer Schüler rund 1,8 Prozent, ohne ihre Einrechnung nur 0,5 Prozent. Somit ist die Verhältniszahl von 1,5 Prozent bei der Gesamtzahl der jüdischen Schüler der höheren Schulen weit unterschritten. Bei der Verschiedenheit der Bevölkerungsdichte sei jedoch, wie der Referent hinzufügt, der Hundertsatz an manchen Orten erheblich höher. Die gesetzlichen Zulassungsbeschränkungen hätten sich deshalb hauptsächlich in den Großstädten ausgewirkt, in denen 1933 der Hundertsatz der jüdischen Schüler manchmal bis zu fünfunddreißig und mehr betragen habe."

2.2.5. Die „Rassenfrage" im Schulunterricht

Düsseldorfer Nachrichten 28.1.35, 50

„Rassenpolitische Richtlinien für die Erziehungsarbeit in den Schulen
Berlin, 27. Januar. Das Deutsche Nachrichtenbüro teilt mit: Reichserziehungsminister Rust hat im Einvernehmen mit dem Rassenpolitischen Amt der NSDAP, einheitliche Richtlinien für die Zielsetzung des Schulunterrichts auf den Gebieten der Vererbungslehre und Rassenkunde erlassen. ...
    Zweck und Ziel der Verordnung soll es sein, im Unterricht aller Schularten die neuen Erkenntnisse zu vermitteln, aus ihnen die Folgerungen für alle Fach- und Lebensgebiete zu ziehen und dadurch nationalsozialistische Gesinnung zu wecken. Es gilt daher,
    1. Einsicht zu gewinnen in die Zusammenhänge, die Ursachen und die Folgen aller mit Vererbung und Rasse in Verbindung stehenden Fragen.

Verständnis zu wecken für die Bedeutung, welche die Rassen- und Verer-
bungserscheinungen für das Leben und Schicksal des deutschen Volkes und
die Aufgaben der Staatsführung haben.

In der Jugend Verantwortungsgefühl gegenüber der Gesamtheit des Volkes, d. h. den Ahnen, den lebenden und den kommenden Geschlechtern zu
stärken, Stolz auf die Zugehörigkeit zum deutschen Volke als einen Hauptträ-
ger des nordischen Erbgutes zu wecken und auf den Willen der Schüler in der
Richtung einzuwirken, daß sie auf der rassischen Aufartung des deutschen
Volkstums bewußt mitarbeiten.

Diese Schulung von Sehen, Fühlen, Denken und Wollen soll nach der
Verordnung bereits auf der Unterstufe einsetzen, so daß entsprechend dem
Willen des Führers *kein Knabe und kein Mädchen die Schule verläßt, ohne
zur letzten Erkenntnis über die Notwendigkeit und das Wesen der Blutreinheit
geführt zu sein.* Der Erlaß behandelt im weiteren die Anwendung dieser Gesichtspunkte auf die einzelnen Stoffgebiete.

Frankfurter Zeitung 13.8.35, 409/10

„Nichtarier im Schulunterricht
Darmstadt, 12. Aug. Die unterstellten hessischen Schulbehörden werden auf
einen Erlaß des Reichserziehungsministers hingewiesen, in dem es u. a. heißt:
*Ich habe Anlaß, nachdrücklich darauf hinzuweisen, daß die Hauptaufgabe
auch des Schulunterrichts, die Erziehung zu nationalsozialistischer Weltanschauung und Staatsgesinnung, durch Rücksicht auf Angehörige anderer Anschauungen niemals gehemmt werden darf. Wieweit etwa Nichtarier von Fall
zu Fall von einzelnen Unterrichtsstunden und Schulfeiern befreit werden sollen, überlasse ich dem pflichtmäßigen Ermessen der Schulleiter.*“

Frankfurter Zeitung 14.7.36, 355/56

„Der Rassengedanke im Schulunterricht
Bei der Umgestaltung des Unterrichtsstoffes und bei den neuen Lehrbüchern,
die geschaffen werden sollen, sei die Rassenidee der Zentralpunkt, um den
sich die anderen Gebiete wie von selbst fügen würden. Dem Geschichtsunter-
richt besonders werde die nationalsozialistische Erkenntnis zugrunde gelegt,
daß etwa die Staatenbildungen und Kulturleistungen Griechenlands und Roms
Schöpfungen der nordischen Rasse seien und daß ihr Verfall auf den Verlust
nordischen Blutes durch Kriege, Vermischung und spätere Unfruchtbarkeit
zurückgehe.“

Frankfurter Zeitung 23.4.38, 204/05

„Der Rassengedanke im Schulunterricht
Berlin, 22. April. In den Richtlinien über die Lehrpläne der höheren Schulen
ist die Rassenkunde als Unterrichts- und Erziehungsgrundsatz bezeichnet
worden, dem in allen Fächern Geltung verschafft werden solle. Die Reichs-
waltung des NS-Lehrerbundes hat darum für das Schuljahr 1938 angeordnet,
daß in den Unterorganisationen der Gaue der Rassengedanke nach allen Seiten hin als Prinzip der Unterrichtsarbeit erörtert werden soll. Im Deutschun-
terricht sollen die Themen *Rasse und Sprache, Rasse und Märchen* und *Rasse
und Stil* behandelt werden, ferner soll der Zusammenhang zwischen Rasse
und Geschichte, Rasse und Raum und zwischen Rasse und Kunst, besonders
Musik, untersucht werden."

2.3. Der öffentliche Dienst

2.3.1. Das „Gesetz zur Wiederherstellung des Berufsbeamtentums" vom 7. April 1933

Düsseldorfer Nachrichten 8.4.33, 182

„Der Inhalt des Berufsbeamten-Gesetzes
Das Gesetz in Kraft getreten – Maßnahmen zur Ausscheidung von Partei-
buchbeamten – Die Behandlung nichtarischer und politisch unzuverlässiger
Beamten
Berlin, 8. April. Das Gesetz zur Wiederherstellung des Berufsbeamtentums,
das gestern vom Kabinett beschlossen worden ist, wird heute im Reichsgesetzblatt veröffentlicht und tritt damit heute in Kraft.
    Als Zweck des Gesetzes wird die Wiederherstellung des nationalen Be-
rufsbeamtentums bezeichnet. Unter das Gesetz fallen alle unmittelbaren Beamten des Reiches, der Länder, der Gemeinden usw., ferner die Dienstträger
der Sozialversicherungen. Nicht ausgenommen sind die Richter und die Lehrer an den Hochschulen. Beamte im einstweiligen Ruhestand werden als Beamte im Sinne des Gesetzes angesehen. Die Reichsbank und die Deutsche
Reichsbahngesellschaft sind durch Gesetz ermächtigt worden, für ihren Bereich entsprechende Anordnungen zu treffen.
    Die Paragraphen 2 bis 6 bezeichnen die Beamtengruppen, die vom Gesetz
erfaßt werden, und zählen die einzelnen Maßnahmen auf, die gegen die Beamten in verschiedenen Gruppen möglich sind. Diese Maßnahmen sind abge-

stuft. Als schwerste Maßnahme ist die Entlassung aus dem Dienst, als leichteste die Versetzung in den Ruhestand mit allen Ehren und vollen Pensionsbezügen angeordnet. ...

Der § 3 besagt, daß Beamte, die nichtarischer Abstammung sind, in den Ruhestand zu versetzen sind. Soweit es sich um Ehrenbeamte handelt, sind sie aus dem Amtsverhältnis zu entlassen. Das betrifft vor allem jüdische Beamte. Sie werden aber mit vollen Ehren und vollen Pensionsbezügen entlassen.

Bei Pensionsbezügen tritt eine gewisse Einschränkung ein. Ausnahmen von diesen Bestimmungen gelten für die Vorkriegsbeamten nichtarischer Abstammung. Für Beamte, die bereits am 1. August 1914 Beamte waren, soll eine Nachprüfung nicht stattfinden. Eine zweite Ausnahme gilt für diejenigen nichtarischen Beamten, die im Weltkriege an der Front für das Deutsche Reich oder seine Verbündeten gekämpft haben und für solche, deren Väter und Söhne im Weltkrieg gefallen sind. ...

Für Beamte nichtarischer Abstammung und für politisch unzuverlässige Beamte ist ausdrücklich hervorgehoben, daß sie kein Ruhegeld erhalten, wenn sie nicht mindestens eine zehnjährige Dienstzeit zurückgelegt haben. ...

Auf Angestellte und Arbeiter finden die Vorschriften sinngemäß Anwendung."

2.3.2. Durchführungsverordnungen

Frankfurter Zeitung 13.4.33, 277/78

„Durchführungsverordnung zum Beamtengesetz – Der Begriff nichtarisch

l. Als nichtarisch gilt, wer von nichtarischen, insbesondere jüdischen Eltern oder Großeltern abstammt. Es genügt, wenn ein Elternteil oder ein Großelternteil nichtarisch ist. Dies ist insbesondere dann anzunehmen, wenn ein Elternteil oder ein Großelternteil der jüdischen Religion angehört hat.

2. Wenn ein Beamter nicht bereits am 1. August 1924 Beamter gewesen ist, hat er nachzuweisen, daß er arischer Abstammung oder Frontkämpfer, der Sohn oder Vater eines im Weltkriege Gefallenen ist. Der Nachweis ist durch die Vorlegung von Urkunden (Geburtsurkunde und Heiratsurkunde der Eltern, Militärpfarrer) zu erbringen.

3. Ist die arische Abstammung zweifelhaft, so ist ein Gutachten des beim Reichsministerium des Innern bestellten Sachverständigen für Rasseforschung einzuholen."

Völkischer Beobachter 3.6.33, 154

„Zweite Durchführungsverordnung zum Beamtengesetz
Anwendung auf das Privatdienstverhältnis
Berlin, 6. Mai. Im Reichsgesetzblatt wird eine zweite Verordnung zur Durchführung des Gesetzes zur Wiederherstellung des Berufsbeamtentums veröffentlicht.

Verträge mit Angestellten und Arbeitern nichtarischer Abstammung sind
während einer Frist von einem Monat zum Monatsschluß zu kündigen. Auf
die Dauer von drei Monaten werden auch diesen Betroffenen die bisherigen
Bezüge belassen. Nach Ablauf dieser Frist sind 3/4 der dem Gekündigten zustehenden klagbaren Bezüge zu zahlen. Diese Bestimmung gilt nicht für Angestellte und Arbeiter nichtarischer Abstammung, die im Weltkriege an der
Front für das Deutsche Reich oder für seine Verbündeten gekämpft haben,
oder deren Söhne und Väter im Weltkriege gefallen sind.

Die Richtlinien für die Wiederherstellung des Berufsbeamtentums. Vor-
prüfung durch die Oberpräsidenten – Fragebogen für sämtliche Beamte über
ihre politische Vergangenheit und Abstammung.

Berlin, 2. Juni (1933) Wie der amtliche preußische Pressedienst mitteilt,
hat Ministerpräsident Goering in seiner Eigenschaft als Preußischer Minister
des Innern zugleich im Namen der übrigen Minister ... Richtlinien herausgegeben, nach denen das Gesetz zur Wiederherstellung des Berufsbeamtentums
in der preußischen Verwaltung einheitlich durchgeführt werden. Diese Durchführungsbestimmungen gelten für alle Beamten, die den Ober- und Regierungspräsidenten unmittelbar oder mittelbar unterstellt sind. ...

Zu diesem Zweck hat grundsätzlich jeder Beamter einen Fragebogen aus-
zufüllen, der über seine Personalien sowie die seiner Eltern und Großeltern
und über seine bisherige politische Betätigung Auskunft gibt. Der Beamte
braucht jedoch seine arische Abstammung nur dann nachzuweisen, wenn er
nicht schon am 1. August planmäßig angestellt war ...

Die höheren Beamten werden hierin einer schärferen Prüfung unterworfen. Sie haben ausnahmslos die näheren Angaben über ihre Abstammung zu
machen, und diese Unterlagen werden sämtlich dem zuständigen Minister
eingereicht, der dadurch in die Lage versetzt wird, zu prüfen, ob ein höherer
Beamter, der an sich auf Grund der Schutzbestimmungen des Gesetzes im
Amte bleibt, noch geeignet erscheint, auf bevorzugten, insbesondere politischen Posten verwendet zu werden.“

2.3.3. Die „Säuberung" der Justiz

Düsseldorfer Nachrichten 1.4.33, 168

„Entfernung jüdischer Richter von den preußischen Gerichten
Anweisung des kommissarischen Justizministers Kerrl
Berlin, 31. März ...
   Die Erregung des Volkes über das anmaßende Auftreten amtierender jüdischer Rechtsanwälte und jüdischer Richter hat Ausmaße erreicht, die dazu zwingen, mit der Möglichkeit zu rechnen, daß besonders in der Zeit des berechtigten Abwehrkampfes des deutschen Volkes gegen die alljüdische Greuelpropaganda das Volk zur Selbsthilfe schreitet. Das würde eine Gefahr für die Aufrechterhaltung der Autorität der Rechtspflege darstellen. Ich ersuche deshalb umgehend, allen amtierenden jüdischen Richtern nahezulegen, sofort ihr Urlaubsgesuch einzureichen und diesem sofort stattzugeben. Ich ersuche ferner, die Kommissorien jüdischer Assessoren sofort zu widerrufen. In allen Fällen, in denen jüdische Richter sich weigern, ihr Urlaubsgesuch einzureichen, ersuche ich, diesen kraft Hausrechtes das Betreten des Gerichtsgebäudes zu untersagen. Jüdische Laienrichter ersuche ich nicht mehr einzuberufen. Jüdische Staatsanwälte und jüdische Beamte im Strafvollzug ersuche ich umgehend zu beurlauben."

Frankfurter Zeitung 6.4.33, 258/59

„Weitere Maßnahmen in der Justiz in Hessen
Darmstadt, 4. April. Die Pressestelle der Staatsregierung teilt mit:
   Der Hessische Justizminister hat Vorkehrungen getroffen, daß Richter jüdischer Abstammung nicht mehr mit der Handhabung der Strafrechtspflege befaßt sind. Als Staatsanwälte und Amtsanwälte werden Juden nicht mehr verwendet. In den übrigen Zweigen der Rechtspflege sind Richter jüdischer Abstammung nur noch zugelassen, wenn auch ihrer Weiterbeschäftigung keinerlei Unzuträglichkeiten entstehen, andernfalls tritt sofortige Beurlaubung ein. Bezüglich der jüdischen Laienrichter steht reichsrechtliche Regelung in Aussicht. Verschiedene jüdische Handelsrichter haben aus den veränderten Verhältnissen bereits die Folgerungen gezogen und um Enthebung von ihrem Richteramt gebeten."

Frankfurter Zeitung 28.1.34, 49/50

„Die Ausschaltung von Nichtariern als Schiedsrichter
Berlin, 27. Jan. Der Reichsjustizminister gibt eine Stellungnahme bekannt
über die Ausschaltung nichtarischer Schiedsrichter aus dem deutschen
Rechtsleben. Der Minister bemerkt, daß die Ablehnung nichtarischer Schiedsrichter (nicht zu verwechseln mit Verbandsvertretern usw. Schriftltg.) in eng-
stem Zusammenhang mit den gesetzlichen Maßnahmen stehe, die sich die
Ausschaltung des nichtarischen Elements im Bereich der staatlichen Rechtspflege zum Ziel gesetzt hätten."

Frankfurter Zeitung 2.3.34, 110/11

„Nichtarische Richter und Anwälte
Gesetzlicher Ausschließungsgrund – Besorgnis der Befangenheit
In der Frage der Befangenheit nichtarischer Richter hat ein Berliner Gericht
dahin entschieden, daß zur Ablehnung keine objektive Befangenheit des
Richters erforderlich sei. Es genüge zur Ablehnung, daß eine verständige Par-
tei aus sachlichen Gründen berechtigt sei, Befangenheit zu besorgen. ... Der
Fall lag, wie die *Juristische Wochenschrift* mitteilt, so, daß die beklagte Partei
in ihrem Schriftsatz bestimmte einzelne Juden in ihrer Ehre angegriffen habe.
Sie habe darüber hinaus den Angehörigen der jüdischen Rasse vorgeworfen,
sich aus Gewinnsucht und ohne Rücksicht auf Sitte Recht, selbst durch Betrug
und Erpressung am Vermögen Deutscher zu bereichern. Inhalt und Form ihrer
Angriffe verletzten naturgemäß die Empfindungen eines jüdischen Richters,
der sie lesen und anhören müsse. Es sei deshalb ohne weiteres verständlich,
daß die Beklagte es für schwer vorstellbar halte, daß nach solchen Angriffen
ein jüdischer Richter ihr gegenüber noch völlig unbefangen sei."

2.3.4. Das Gesundheitswesen

Frankfurter Zeitung 8.4.33, 264/65

„Weitere Maßnahmen gegen jüdische und marxistische Aerzte
Berlin, 7. April. Von dem Kommissar der ärztlichen Spitzenverbände wird
mitgeteilt:
    In den freien geistigen Berufen und Arbeitsgebieten der Aerzteschaft be-
steht seit langem ein besonders großes zahlenmäßiges Mißverhältnis der jüdischen Geistesarbeiter zu den deutschstämmigen. Um dieses Mißverhältnis

auszugleichen, vor allem aber um die Führung des geistigen und kulturellen Lebens so bald wie möglich wieder in die Hände der Träger deutscher Geistesarbeit und deutscher Geisteskräfte zu legen, seien auf dem Gebiet des Gesundheitswesens und der ärztlichen Tätigkeit bereits eine Reihe von Maßnahmen durchgeführt oder eingeleitet worden. Die von einzelnen Ländern eingesetzten Kommissare für das Gesundheitswesen hätten eine große Zahl jüdischer Ärzte aus den Universitäten, den Universitäts-Instituten und Kliniken, aus den Krankenanstalten und aus dem kommunalen Gesundheitsdienst entlassen."

Frankfurter Zeitung 18.4.33, 287

„Entlassung jüdischer Aerzte in Berlin
Berlin, 17. April. Der Staatskommissar für das Gesundheitswesen der Stadt Berlin hat, wie der Städtische Nachrichtendienst mitteilt, im Einvernehmen mit der NS-Beamtenarbeitsgemeinschaft, mit dem NS-Aerztebund und der NSBO die Personallisten auf *marxistische und jüdische Elemente* hin gesichtet. Als Ergebnis dieser Aktion sind u. a. im Rudolf-Virchow-Krankenhaus 81 *weltfremde Arbeiter und Angestellte* entlassen worden, darunter 26 jüdische Aerzte. Unter den in der Heilanstalt Wuhlgarten entlassenen Aerzten befindet sich auch der kommunistische Oberarzt Dr. Goetz, der am 12. April auf Veranlassung des Staatskommissars für das Gesundheitswesen, Dr. Klein, durch die Hilfspolizei festgenommen wurde.

Beim Bezirksamt Berlin-Mitte ist 27 jüdischen Aerzten das Beschäftigungsverhältnis zum 30. Juni d. Js. gekündigt worden."

Düsseldorfer Nachrichten 28.6.33, 322

„Ausschaltung nichtarischer Arzte aus der sozialen Versicherung
Berlin, 28. Juni. Wie das BDZ-Büro meldet, hat der Reichsarbeitsminister eine zweite Durchführungsverordnung zum Gesetz über die Ehrenämter in der sozialen Versicherung und in der Reichsversorgung erlassen. Darin wird angeordnet, daß die Sachverständigen bei den Oberversicherungsämtern und Versorgungsgerichten mit Wirkung vom 1. August 1933 neu auszuwählen sind. Die Grundsätze des Gesetzes zur Wiederherstellung des Berufsbeamtentums sind dabei entsprechend anzuwenden. Wer hiernach nicht ausgewählt werden kann, kann auch nicht als Gutachter auf Grund der Reichsversorgungsordnung benannt werden. Als Vertrauens- und Durchgangsärzte und in gleichartige Stellen dürfen auch deutsche Ärzte nichtarischer Abstammung nicht berufen werden, für die das Berufsbeamtengesetz wegen ihrer Kriegs-

teilnehmereigenschaft eine Ausnahme vorgesehen hat. Bestehende Dienstverhältnisse dieser Art sind zum 1. August dieses Jahres zu lösen."

2.3.5. Jüdische Angestellte in öffentlichen Betrieben

Frankfurter Zeitung 20.10.36, 537/38

„Jüdische Angestellte in öffentlichen Betrieben
Kein Anspruch auf Weiterbeschäftigung
Das Landesarbeitsgericht Breslau hat in einem arbeitsrechtlichen Streitfall entschieden, daß eine jüdische Angestellte keinen Anspruch auf Weiterbeschäftigung in einem öffentlichen Betrieb habe. ... In der Begründung sagte das Gericht, wie die *Juristische Wochenschrift* mitteilt, es sei zwar richtig, daß gesetzliche Bestimmungen, die eine Weiterbeschäftigung nichtarischer, also auch jüdischer Angestellter in öffentlichen Betrieben allgemein ausschlößen, bisher nicht ergangen seien. Das auf dem Gebiete der Judengesetzgebung zunächst im wesentlichen nur die nichtarischen Beamten durch positive rechtliche Bestimmungen erfaßt worden seien, beruhe auf der entwicklungsmäßigen Bedingtheit der die Judenfrage regelnden staatspolitischen Maßnahmen. Einer besonderen gesetzlichen Regelung über die Behandlung der noch im Beschäftigungsverhältnis zu einer öffentlichen Körperschaft stehenden jüdischen Angestellten bedürfe es nicht, denn die in Frage kommenden Belange seien schon im Rahmen der bestehenden gesetzlichen Bestimmungen zu würdigen. Die Aufgaben des Staates und die Tatsache, daß die von ihm geleiteten Betriebe den privaten Betrieben vorbildlich sein sollten, verlangten es, daß besonders in diesen Betrieben die nationalsozialistischen Grundsätze unbedingt durchgeführt würden. Der Tarifvertrag für die Behördenangestellten bestimme deshalb in seinem § 4, daß jeder Angestellte dem Führer und Reichskanzler Treue und Gehorsam sowie gewissenhafte und uneigennützige Erfüllung seiner Dienstobliegenheiten zu geloben habe. Er setze also eine innere Verbundenheit mit dem Führer und Reichskanzler und der von ihm vertretenen Weltanschauung voraus, die eine Jüdin nach ihrer innersten Ueberzeugung und Anschauung unmöglich besitzen könne. Ein solches Treuegelöbnis könne von der Klägerin also nicht geleistet werden, man könne es ihr auch gar nicht zumuten. Die Notwendigkeit der Entlassung im Interesse der Einheitlichkeit des Betriebes ergebe sich hieraus. Wenn die Klägerin durch ihre Entlassung hart betroffen werde, so ergäbe eine Abwägung der beiderseitigen Belange der Parteien, daß die allgemeinen Belange des öffent-

lichen Betriebs die persönlichen Belange der Klägerin derart überwögen, daß die Kündigung nicht als unbillig hart angesehen werden könne."

2.3.6. *Nichtarier und Wehrmacht*

Frankfurter Zeitung 13.3.34, 130/31

„Anwendung des Arierparagraphen in der Wehrmacht
Berlin, 12. März Wie amtlich mitgeteilt wird, hat nach Vortrag beim Reichspräsidenten der Reichswehrminister verfügt, daß die Bestimmungen des Gesetzes zur Wiederherstellung des Berufsbeamtentums vom 7. April 1933 § 3 (Arierparagraph) sinngemäß Anwendung auf die Offiziere, Deckoffiziere, Unteroffiziere und Mannschaften der Wehrmacht finden. Die Durchführung der Verfügung wird bis zum 31. Mai 1934 beendet sein."

Aller Zeitung 30.7.35, 175

„Nichtarier und Wehrdienst – Die Zulassung nunmehr geregelt
In einer gemeinsamen Verordnung des Reichsinnen- und des Reichskriegsministers ist jetzt die Zulassung von Nichtariern zum aktiven Wehrdienst im einzelnen geregelt worden. Arischer Abstammung im Sinne des Wehrgesetzes ist, wer arischer Abstammung im Sinne des Beamtengesetzes ist. Die in der Beamtengesetzgebung vorgesehenen Ausnahmen gelten für das Wehrgesetz nicht. Als nichtarisch gilt demnach, wer von nichtarischen, insbesondere jüdischen Eltern oder Großeltern abstammt, wobei es genügt, wenn ein Großelternteil nichtarisch ist.

Die Verordnung bestimmt, daß Personen, deren beide Eltern jüdischen Blutes sind oder die drei jüdische Großelternteile haben, zum aktiven Wehrdienst nicht herangezogen werden. Soweit sie wehrfähig sind, werden sie ausnahmslos der Ersatzreserve II überwiesen. Ausnahmen nach § 15 des Wehrgesetzes können für solche Nichtarier zugelassen werden, die nicht mehr als zwei voll nichtarische, insbesondere jüdische Großelternteile haben.

Die Musterung wird ohne Rücksicht auf die Rassenzugehörigkeit durchgeführt. Auch Nichtarier, auf die die Voraussetzungen der Ausnahmebestimmungen zutreffen, werden der Ersatzreserve II überwiesen, wenn sie nicht innerhalb einer Frist von zwei Wochen nach dem Musterungstag einen Antrag auf Heranziehung zum aktiven Wehrdienst dem *Prüfungsausschuß für die Zulassung zum aktiven Wehrdienst* einreichen. Der Antrag muß schriftlich an den Prüfungsausschuß gerichtet werden."

2.4. Ärzte und Zahnärzte

2.4.1. Zur Ausschaltung jüdischer Ärzte

Frankfurter Zeitung 15.8.1933, 601/02

„Rassenscheidung in der ärztlichen Betreuung
Anordnungen des Kommissars der ärztlichen Spitzenverbände.
Auf Anordnung des Kommissars für die ärztlichen Spitzenverbände Dr.
Wagner, ist es, ..., in Zukunft verboten:
1. daß deutschstämmige und fremdrassige Aerzte einander vertreten.
2. daß deutschstämmige Aerzte Überweisungen an fremdrassige Aerzte
vornehmen oder Ueberweisungen von ihnen annehmen.
3. daß deutschstämmige Aerzte fremdrassige zu Konsilien zuziehen oder
sich von ihnen zuziehen lassen, soweit nicht die durch die Reichsversiche-
rungsordnung vorgeschriebene ordnungsmäßige ärztliche Versorgung der
Versicherten und ihrer Angehörigen durch die Maßnahme gestört wird.
Es werden in allernächster Zeit zum Gebrauch für die Mitglieder der Allgemeinen Ortskrankenkasse und anderer Krankenkassen und der ärztlichen
Hilfe bedürftige Wohlfahrtsempfänger Verzeichnisse der zugelassenen fremdrassigen und der arischen Aerzte herausgegeben werden, so daß Aerzte sowohl wie Patienten sich jederzeit unterrichten können, welcher Arzt als arisch
und welcher als fremdrassig anzusehen ist.
Wolle ein Patient aus der Behandlung eines fremdrassigen Arztes ausscheiden und einen deutschstämmigen Arzt aufsuchen, so könne er sich von
der Kasse kostenlos einen neuen Krankenschein (Duplikat) ausstellen lassen."

Frankfurter Zeitung 23.2.36, 99/100

„*Jüdische* und *nichtjüdische* Aerzte – Eine Anordnung des Reichsärzteführers
Dr. Wagner
Auf Grund der Regelung, die die Judenfrage in den Nürnberger Gesetzen und
ihren Durchführungsbestimmungen gefunden hat, hat Reichsärzteführer Dr.
Wagner eine Anordnung über die begriffliche Unterscheidung von jüdischen
und nichtjüdischen Aerzten erlassen. *Jüdische* Aerzte sind danach: Die Volljuden mit vier jüdischen Großeltern, die Dreivierteljuden mit drei jüdischen
Großeltern und diejenigen Halbjuden mit zwei jüdischen Großelternteilen, die
am 16. September 1935 der jüdischen Religionsgemeinschaft angehört haben
oder danach in sie aufgenommen sind oder werden oder die am gleichen
Termin mit einem Juden verheiratet gewesen sind oder sich danach mit einem

solchen verheirateten oder verheiraten. Sämtliche anderen Aerzte gelten als *nichtjüdische* Aerzte, also auch die jüdischen Mischlinge (Viertel- und Halbjuden) und die jüdisch verheirateten nichtjüdischen Aerzte"

Frankfurter Zeitung 5.8.38, 594/95

„Die Ausschaltung der jüdischen Aerzte – Dr. Grote über die Auswirkungen
Berlin, 4. August Der Stellvertreter des Reichsärzteführers ... Reichsamtsleiter Dr. Grote, äußert sich ... über die Auswirkungen der Vierten Verordnung zum Reichsbürgergesetz, nach der die Bestallungen der jüdischen Aerzte am 30. September erlöschen. Kein Beruf sei in so starkem Maße überfremdet worden wie der ärztliche, kein Beruf habe aber auch eine so starke Einwirkungsmöglichkeit auf den einzelnen Volksgenossen. Dr. Grote stellt fest, daß es im Juni 1937 noch immer 4220 jüdische Aerzte im Reiche gegeben habe, von denen 3748 niedergelassen gewesen seien. Am stärksten sei die Ueberfremdung in Berlin gewesen, wo bei der Machtübernahme 70 bis 80 Prozent aller Aerzte Juden gewesen seien. Noch im Juni 1938 seien von den insgesamt 6949 Berliner Aerzten 1561 Juden. Noch stärker sei der Anteil der Juden an den Berliner Kassenärzten mit 816 oder 27,4 Prozent. Das Berliner Beispiel verdeutliche besonders, daß die bisherige gesetzliche Regelung niemals eine Endlösung der für das Volk so hochwichtigen Frage der Ausschaltung der Juden aus dem ärztlichen Beruf bedeuten könnte."

2.4.2. Die jüdischen Kassenärzte

Düsseldorfer Nachrichten 8.4.33, 181

„Neuordnung im Ärzteberuf – Maßnahmen bei den Berufsvertretungen und bei den Krankenkassen
Berlin, 7. April ... Der Kommissar der ärztlichen Spitzenverbände habe veranlaßt, daß in allen Gliederungen der Berufsorganisation die jüdischen Ärzte aus den Vorständen und aus der Geschäftsführung ausgeschlossen würden. ...
Die Vorschriften für die Zulassung zur kassenärztlichen Tätigkeit würden so geordnet, daß jüdische Ärzte nicht mehr oder nur in Ausnahmefällen zur kassenärztlichen Tätigkeit zugelassen werden. Zur Durchführung der entsprechenden Vorschriften werde der Reichsausschuß für Ärzte und Krankenkassen in seiner Zusammensetzung geändert. Die ärztlichen Mitglieder hätten zu diesem Zweck ihre Ämter niedergelegt. Aus den Schiedsämtern und aus dem

Reichsschiedsamt für Ärzte und Krankenkassen würden die jüdischen Mitglieder zurückgezogen."

Frankfurter Zeitung 12.4.33, 274/75

„Die Kassenpraxis jüdischer Aerzte – Keine reichsrechtliche Regelung
Berlin, 11. April. Die Neuzulassung jüdischer Aerzte zur Kassenpraxis ist, wie bekannt, durch eine allgemeine Anweisung des Reichsarbeitsministeriums gesperrt worden. Einer Regelung bedarf noch die Frage, in welchem Umfang die bisher zugelassenen nichtarischen Aerzte weiterhin Kassenpraxis ausüben dürfen. Wie vom Reichsarbeitsministerium mitgeteilt wird, wird dieses Problem gemeinsam mit den ärztlichen Berufsorganisationen zur Zeit geprüft. Wie man hört, ist wohl kaum damit zu rechnen, daß ähnlich wie für den Rechtsanwaltsberuf eine generelle reichsrechtliche Regelung erfolgen wird, da die ärztliche Versorgung der Bevölkerung in den einzelnen Gebieten eine differenzierte Regelung notwendig macht."

Frankfurter Zeitung 25.4.33, 306

„Die Zulassung zur Kassenpraxis – Die Verordnung veröffentlicht
Berlin, 24. April. Im Reichsanzieger Nr. 95 vom 24. April wird die Verordnung über die Zulassung von Aerzten zur Tätigkeit bei den Krankenkassen vom 22. April veröffentlicht. Die Verordnung bestimmt, daß die Tätigkeit von Kassenärzten nichtarischer Abstammung sowie von Kassenärzten, die sich in kommunistischem Sinne betätigt haben, beendet wird und daß Neuzulassungen solcher Aerzte zu den Kassen nicht mehr stattfinden.
Artikel II enthält die Ausführungs- und Ueberleitungsbestimmungen über das kassenärztliche Dienstverhältnis. Danach ist die Zulassung nichtarischer Aerzte nur statthaft, wenn die Aerzte am Weltkriege im Heer des Deutschen Reiches oder eines der Verbündeten teilgenommen haben oder wenn ihre Väter oder Söhne gefallen sind."

Düsseldorfer Nachrichten 24.5.34, 255

„Rund 2000 marxistisch-jüdische Kassenärzte ausgeschieden
Berlin, 24. Mai ... Insgesamt sind also nach Durchlaufen des Beschwerdeweges rund 1000 nichtarische bzw. kommunistische Ärzte von der Kassenpraxis ausgemerzt worden. Da nur in etwa der Hälfte der Fälle die Beschwerde eingelegt sei, ergebe sich also, daß rund 2000 Nichtarier bzw. Kommunisten aus der Kassenpraxis ausgemerzt wurden."

2.4.3. Ersatz- und Privatkrankenkassen

Frankfurter Zeitung 26.7.33, 549

„Ersatzkassen und private Krankenkassen – Das Ausscheiden nichtarischer Aerzte

Die Ausschaltung nichtarischer Aerzte wird, wie kürzlich berichtet, im Prinzip nunmehr auch bei den Ersatzkassen und für die Mitglieder der privaten Krankenversicherung durchgeführt. ...

Das Ausscheiden der nichtarischen Aerzte bei den Ersatzkrankenkassen stützt sich nicht auf ein Gesetz oder auf eine gesetzliche Ermächtigung, sondern lediglich auf eine Aenderung des privatrechtlichen Abkommens zwischen dem Verbande kaufmännischer Berufskrankenkassen und dem Verband der Aerzte Deutschlands (Hartmannbund). Zwischen den Vertragsschließenden ist eine Vereinbarung zustande gekommen, nach welcher der bisherige Vertrag am 31. Juli (1933) endet und am darauffolgenden Tage in veränderter Form und für einen neuen Personenkreis wieder in Kraft gesetzt wird. Nach der Vereinbarung, die vom 26. Juli 1933 stammt, scheiden diejenigen Mitglieder des Hartmannbundes auch bei den Ersatzkassen aus, die nach der Zulassungsordnung bei den reichsgesetzlichen Krankenkassen nicht Kassenärzte sein oder werden können. Von den nichtarischen Ärzten dürfen danach nur die Frontkämpfer oder die an der Front tätig gewesenen Aerzte und jene übrigen Kategorien verbleiben, welche unter die Ausnahmebestimmungen des Arierparagraphen fallen. Die von den reichsgesetzlichen Kassen schon ausgeschalteten Aerzte werden damit weiterhin auch durch den Verlust ihrer Tätigkeit bei den übrigen Kassen betroffen. ...

In der privaten Krankenversicherung ist weder ein Eingriff durch Gesetz erfolgt, noch konnte die Ausschaltung durch Vertrag herbeigeführt werden, da kein Vertrag zwischen diesen Kassen und der Aerzteschaft besteht. Die neue Regelung erfolgt durch Satzungsänderung oder einfach durch die praktische Durchführung der Kassenaufgaben. Grundlage ist auch hier eine Abrede zwischen den Vertretern der Aerzteschaft und denen des Verbandes privater Krankenversicherungsunternehmungen Deutschlands. Die Rechnungen nichtarischer Aerzte oder der auf sie zu erstattende Anteil der Versicherung wird nur dann noch vergütet, wenn es sich um Aerzte handelt, für welche eine der Ausnahmebestimmungen des Arierparagraphen gilt.“

Frankfurter Zeitung 31.8.35, 443/44

„Nichtarische Aerzte in der privaten Krankenversicherung
Berlin, 29. Aug. Durch ein Übereinkommen der kassenärztlichen Vereinigung
Deutschlands mit dem Reichsverband der privaten Krankenversicherung ist
vereinbart worden, daß auch in der privaten Krankenversicherung Aerzte
nicht zugelassen werden, die bei den Ortskrankenkassen ausgeschaltet sind.
Das Abkommen, das für alle dem Reichsverband angehörigen Versicherungsunternehmen verbindlich ist, besagt im einzelnen, daß die Rechnungen der
zur Kassenpraxis bei den Ortskrankenkassen nicht zugelassenen Aerzte, soweit sie nach der Zulassungsordnung als nichtzulassungsfähig gelten, von der
Kostenerstattung in der privaten Krankenversicherung ausgeschlossen werden. Hingegen wird für die Rechnungen der hierunter fallenden nichtarischen
oder nichtarisch verheirateten Aerzte auch weiterhin Kostenerstattung geleistet, wenn es sich um die Behandlung nichtarischer oder solcher Versicherter
handelt, die sich als nichtarisch bezeichnen.

Der Reichsverband der privaten Krankenversicherung wird ein Verzeichnis der Aerzte aufstellen, auf deren Rechnung künftig Kostenerstattung abgelehnt wird. In das Verzeichnis werden alle Aerzte aufgenommen, die von der
Reichsführung der kassenärztlichen Vereinigung als nichtzulassungsfähig bezeichnet werden.

Nichtarische Aerzte, die bei den Ortskrankenkassen zugelassen sind, werden also von dem neuen Abkommen nicht betroffen."

Düsseldorfer Nachrichten 6.1.38, 8

„Ersatzkassen ohne jüdische Ärzte – Ausschluß vom 1. Januar 1938 an
Mit Wirkung ab 1. Januar sind bei den Ersatzkassen für die Krankenversicherung alle nach den Nürnberger Gesetzen jüdischen Ärzte ausgeschlossen
worden, womit ein bedeutsamer Schritt zur Entjudung des deutschen Kran-
kenkassenwesens getan wurde. Wie der *Angriff* mitteilt, hat der Verband der
Angestellten-Krankenkassen, die Dachorganisation von 14 Ersatzkassen, nach
einer Vereinbarung mit der Kassenärztlichen Vereinbarung die Zulassung der
jüdischen Ärzte zur Ersatzkassenpraxis mit dem Jahresschluß 1937 für erloschen erklärt. ... Insgesamt dürften etwa 3000 jüdische Ärzte im ganzen
Reich von der Regelung betroffen werden."

2.4.4. Das Ende

Völkischer Beobachter 4.8.38, 216

„Verordnung zum Reichsbürgergesetz ab 30. September in Kraft
Ärztliche Behandlung Deutscher durch Juden verboten
Auch Tätigkeit als Heilpraktiker nicht mehr möglich
Berlin, 3. August ... Mit dem 30. September 1938 erlöschen die Bestallungen der jüdischen Ärzte. In Deutschland wird von nun an kein jüdischer Arzt mehr einen deutschblütigen Menschen behandeln dürfen.

Der jüdische Arzt, dessen Approbation erloschen ist, darf auch nicht durch Aufnahme einer Tätigkeit als Heilpraktiker versuchen, das Gesetz zu umgehen. ...

VB. Die Verordnung zum Reichsbürgergesetz vollendet die nationalsozialistische Rassegesetzgebung. Hiermit ist ein alter Wunsch der deutschen Ärzteschaft erfüllt und dem deutschen Volksempfinden Rechnung getragen. Selbstverständlich leidet durch das Ausscheiden der jüdischen Ärzte die ärztliche Betreuung der Deutschen in keiner Weise."

Völkischer Beobachter 12.10.38, 285

„Verordnung über die Teilnahme von Juden an der kassenärztlichen Versorgung
Berlin, 11. Oktober. Der Reichsarbeitsminister hat am 6. Oktober eine Verordnung über die Teilnahme von Juden an der kassenärztlichen Versorgung erlassen.

Die Verordnung gibt die Möglichkeit, Juden, denen die Ausübung des Ärzteberufs nach § 2 der Vierten Verordnung zum Reichsbürgergesetz widerruflich gestattet ist, an der kassenärztlichen Versorgung jüdischer Versicherter und deren jüdischer Familienangehöriger zu beteiligen. Ihre Beteiligung kann nur mit Genehmigung der Kassenärztlichen Vereinigung Deutschlands (KVD) erfolgen. Deren Genehmigung kann jederzeit widerrufen werden. Während der Dauer der Ausübung der behandelnden Tätigkeit unterstehen diese Juden der KVD in gleicher Weise wie Ärzte. Soweit die besonderen Verhältnisse dies erfordern, kann die KVD ihre Rechte und Pflichten jedoch abweichend von den allgemeinen Vorschriften regeln. Die Verordnung tritt mit Wirkung vom 1. Oktober in Kraft."

Frankfurter Zeitung 11.8.38, 405/06

„Die Kündigung von Mieträumen jüdischer Aerzte
Berlin, 10. August. Der Bund der Berliner Haus- und Grundbesitzervereine
e. V. hat an die Hausbesitzer, die Mieträume an jüdische Aerzte vermietet haben, die Aufforderung gerichtet, von dem ihnen zustehenden Kündigungs-
recht Gebrauch zu machen und den jüdischen Ärzten die Kündigung der
Räume bis zum 15. August 1938 spätestens zuzustellen. Im Einvernehmen
mit den zuständigen Stellen der NSDAP ersucht der Bund ... die Vermieter,
umgehend die freiwerdenden Räume seiner Bundesgeschäftsstelle zu melden,
damit eine sofortige, möglichst reibungslose Neubesetzung dieser Mieträume
durch arische Ärzte von der Aerztekammer aus erfolgen könne."

2.4.5. Zahnärzte, Apotheker und Pfleger

Frankfurter Zeitung 30.7.33, 559/60

„Zahnärzte und Zahntechniker – Die neuen Bestimmungen für die Kassenpraxis
Berlin, 29. Juli. Ueber die Zulassung von Zahnärzten und Zahntechnikern zur
Tätigkeit bei den Krankenkassen hat der Reichsarbeitsminister ... eine Verordnung erlassen.
    Im ersten Kapitel werden die Begriffe: Kassen, Zahnärzte, Zahntechniker,
Zulassung usw. definiert. Im zweiten Kapitel wird angeordnet, daß Zahnärzte
und Zahntechniker, die zugelassen werden wollen, in ein Register eingetragen
sein müssen. Die Eintragung in das Register erfolgt auf Antrag. ...
    Die Eintragung ist nur zulässig, wenn der Antragsteller deutscher Reichs-
angehöriger und arischer Abstammung ist, sich im Besitze der bürgerlichen
Ehrenrechte befindet und sich nicht im kommunistischen Sinne betätigt hat.
Die nichtarische Abstammung ist aber kein Hindernis für die Eintragung,
wenn die Antragsteller am Weltkriege an der Front auf Seiten des deutschen
Reiches oder seiner Verbündeten teilgenommen haben oder wenn ihre Väter
oder Söhne im Weltkriege gefallen sind."

Frankfurter Zeitung 19.2.35, 92

„Die Kassenzulassung von Zahnärzten und Dentisten
Ueber die Zulassung von Zahnärzten und Dentisten zur Tätigkeit bei den
Krankenkassen ist ... eine dritte Verordnung des Reichsarbeitsministers er-

schienen, welche u. a. eine Erweiterung der Ariervorschriften enthält. So wurde die Bestimmung, daß die nichtarische Abstammung kein Hindernis für die Zulassung sein solle, wenn der Antragsteller Frontkämpfer sei, oder wenn Vater oder Sohn des Antragstellers im Weltkriege gefallen seien, durch die neue Verordnung aufgehoben. Die Aufhebung dieser bisher geltenden Ausnahmen hat jedoch Bedeutung nur für die Zukunft, also für die Neuzulassungen. Die als Frontkämpfer bereits zugelassenen Aerzte werden davon nicht betroffen. Eine Bedeutung für schon vollzogene Zulassungen kann dagegen die neue Fassung des § 34, Ziffer 2, haben, wonach die vollzogene Zulassung wieder zu entziehen ist, wenn ein arischer Kassenarzt oder Kassendentist einen Ehegatten nichtarischer Abstammung heiratet oder nach dem 1. Juli 1933 schon geheiratet hat."

Frankfurter Zeitung 26.9.33, 715/16

„Nichtarische Apotheker – Bevorstehende Ausschließung von Wohlfahrtslieferungen
Berlin. Auf Anfrage einer Stadtverwaltung legte der preußische Gemeindetag dem preußischen Minister des Innern die Frage vor, ob gegen die beabsichtigte Ausschließung derjenigen Apotheken, die im Besitz von Nichtariern sind, von der Lieferung von Wohlfahrtspatienten etwas einzuwenden sei, sofern die Arzneiversorgung dadurch nicht beeinträchtigt werde. Der anfragenden Stadtverwaltung ist nunmehr mitgeteilt worden, daß der preußische Gemeindetag folgende Antwort erhalten hat: *Der baldige Ausschluß von Apotheken, die erwiesenermaßen zugunsten von Nichtariern betrieben werden, beim Bezug von Arzneimitteln auf Rechnungen von Stadtverwaltungen erscheint mir dringend notwendig und zulässig. Für die Herbeiführung einer einheitlichen Regelung im Reichsgebiet bleibe ich bemüht.*
Demzufolge werden voraussichtlich nunmehr in Preußen alle diejenigen nachweisbar zugunsten von Nichtariern betriebenen Apotheken von den Wohlfahrtslieferungen ausgeschlossen werden, deren nichtarische Inhaber nicht der Ausnahmebestimmung der Teilnahme am Weltkrieg genügen und deren Ausschaltung keine erhebliche Benachteiligung der betreffenden Patientenschaft mit sich bringen würde.
Wie die Standesorganisation deutscher Apotheken dazu erfährt, werde in absehbarer Zeit nur noch denjenigen Nichtariern Besitz und Führung einer deutschen Apotheke erlaubt sein, die den Frontkriegerparagraphen für sich in Anspruch nehmen könnten."

Frankfurter Zeitung 13.9.34, 465/66

„Nichtarische Apotheker – ...
Der Reichsminister des Innern hat ... Sondermaßnahmen einzelner Stellen und Städte in bezug auf den Ausschluß nichtarischer Apotheker von der Belieferung der Wohlfahrtsempfänger mit Arzneimitteln für nicht angängig erklärt. Oertliche Stellen sollten nicht mit Sondermaßnahmen eingreifen. Die gleiche grundsätzliche Auffassung wird auch vom Reichsarbeitsminister bezüglich der Haltung der Krankenkassen gegenüber den nichtarischen Apothekern eingenommen. Oertliche Anordnungen, die diesen Grundsätzen widersprechen, sollen rückgängig gemacht werden.

Die Begründung, die in dem Erlaß für diesen Standpunkt angeführt wird, bezieht sich zum Teil auf die besondere Lage der Apotheker. Ein Satz jedoch weist deutlich über diesen Spezialberuf hinaus auf alle jene Berufe, in denen Nichtarier vom Staate in ihren Aemtern oder Stellungen belassen und bestätigt wurden. Wörtlich heißt es nämlich: *Es ist auch nicht erwünscht, daß, solange der Staat einem nichtarischen Apotheker die Konzession beläßt, diesem auf indirektem Wege die Lebensmöglichkeit genommen oder beeinträchtigt wird.*"

Frankfurter Zeitung 15.8.37, 412/13

„Keine jüdischen Pfleger für arische Pfleglinge
Das Kammergericht in Berlin hat in einem Beschluß erklärt, daß die Interessen eines arischen Pfleglings stets gefährdet seien, wenn die Pflegschaft von einem jüdischen Pfleger geführt werde. Zur Begründung erklärte das Kammergericht unter anderem: *Zwar sind die Juden an sich in der wirtschaftlichen Betätigung nicht behindert. Sie gehen aber bei ihrer Arbeit nach der jetzt nationalsozialistischen maßgebenden Auffassung von jüdischen, dem völkischen Denken wesensfremden Gedankengängen und Geschäftsauffassungen aus, die der Gesetzgeber sonst überall auszuschalten versucht, weil sie dem deutschen Volk Schaden bringen. Gerade bei der Verwaltung eines Mietshauses ist deshalb zu befürchten, daß sich in Zukunft in vermehrtem Maße Schwierigkeiten bei der Erledigung der Mietangelegenheiten ergeben werden, die sich auf die Dauer zum Nachteil der betreuten Berechtigten auswirken müssen. Der jüdische Pfleger ist auch infolge seiner Rasse behindert, seinen Pfleglingen die Vorteile der nationalsozialistischen Organisationen der gewerblichen Wirtschaft zuteil werden zu lassen. Seine Rasse stellt eine Belastung für die Vertretung der Berechtigten dar, die die Entstehung von Nachteilen befürchten läßt. Unerheblich ist es hierbei, daß der Erblasser der*

unbekannten Eigentümer seinerzeit den jüdischen Anwalt zu einem Bevoll-mächtigten in den Hausangelegenheiten bestellt hat. Denn die Bedeutung der Judenfrage ist der Allgemeinheit des deutschen Volkes erst durch die nationale Erhebung klar geworden. ...

Das Landgericht Berlin hatte in der vom Kammergericht bestätigten Entscheidung erklärt, es könne arischen Volksgenossen nicht zugemutet werden, ihre Rechte von einem jüdischen Pfleger wahrnehmen zu lassen."

2.5. Die Rechtsanwaltschaft

2.5.1. Zur Ausschaltung jüdischer Rechtsanwälte

Frankfurter Zeitung 24.6.36, 318/19

„Judentum in der Rechtswissenschaft – Arbeiten im NS-Rechtswahrerbund Berlin, 23. Juni. Die Reichsgruppe Hochschullehrer im Nationalsozialistischen Rechtswahrerbund bereitet, wie man weiß, für den Herbst eine Tagung vor, die unter dem Thema *Das Judentum in der Rechtswissenschaft* stehen wird. Staatsrat Prof. Carl Schmitt, der Leiter der Reichsgruppe, hat die während des Leipziger Juristentages stattfindende Sondertagung der Hochschullehrer zum Anlaß genommen, auf diese Tagung nachdrücklich hinzuweisen. ...

In dem Monatsbericht der Reichsgruppe Hochschullehrer für den Monat Mai (1936), der im Mitteilungsblatt des Nationalsozialistischen Rechtswahrerbundes erscheint, weist schließlich Staatsrat Carl Schmitt auf die zur Zeit von der Reichsgruppe mit besonderem Nachdruck behandelte Frage des Judentums in der Rechtswissenschaft hin. Die Gau-Gruppenwalter werden an die Aufforderung erinnert, über bisherige Maßnahmen und Erfahrungen bei der Ausschaltung des jüdischen Schrifttums in den Seminarien und Bibliotheken zu berichten und Vorschläge zu unterbreiten, damit diese wichtige Frage dem Wissenschaftsministerium mit dem Ziel möglichst einheitlicher Regelung vorgetragen werden könne. Staatsrat Schmitt teilt sodann einen Plan der Reichsgruppe mit, in der nächsten Zeit die Frage einer planmäßigen Beobachtung der Doktordissertationen zu behandeln. Die Zersplitterung in Einzelprobleme im Stil der liberalen Rechtswissenschaft müsse beseitigt, die Arbeit des Nachwuchses auf die wichtigsten Arbeiten gelenkt werden. Er selbst werde demnächst einige besonders dringliche Aufgaben benennen. In erster Linie zähle dazu auch die Frage des Judentums in der Rechtswissenschaft. Staatsrat Schmitt richtet an die Mitglieder der Reichsgruppe die Bitte, bei der Stellung von Dissertationsthemen gerade dieses Gebiet untersuchen zu lassen und über das Ergebnis zu berichten."

Düsseldorfer Nachrichten 3.10.36, 505

„Die deutsche Rechtswissenschaft ist deutschen Männern vorbehalten –
Reichsminister Frank an die deutschen Hochschullehrer
Berlin, 3. Oktober. Die Reichsgruppe der Hochschullehrer des NS.-Rechtswahrerbundes veranstaltet am 3. und 4. Oktober in Berlin eine Tagung, die der wissenschaftlichen Vertiefung und Klärung des Problems *Das Judentum in der Rechtswissenschaft* gewidmet ist. ... Das Thema *Das Judentum in der Rechtswissenschaft*, so betont Dr. Frank, *bedeute nicht eine historischwissenschaftlich-akademische Erörterung eines interessanten rechtshistorischen Detailgebietes, sondern in diesem Thema liege die bekenntnishafte Zusammenfassung alles dessen, was wir zur Verwirklichung des Nationalsozialismus auf dem Gebiete der Rechtswissenschaft zum Zwecke der Ausschaltung fremdrassigen Geistes verstehen, gehe es doch darum, einen nunmehr endgültigen Schlußstrich unter die Entwicklung der deutschsprachigen jüdischen Rechtsliteratur in Deutschland zu ziehen. Wir nationalsozialistischen Rechtswahrer wollen das deutsche Recht schaffen, aufbauen und verwirklichen in Ansehung der deutschen Lebensnotwendigkeit und unserer völkischen und volksgenössischen Lebensbedürfnisse, aber ausschließlich in deutschem Geiste durch deutsche Menschen. ... Bestimmend für diese totale Ausschaltung der Juden vom deutschen Rechtsleben sind in keiner Weise Haß- oder Neideffekte. Allein die klare Erkenntnis, daß der Einfluß der Juden auf das deutsche Leben grundsätzlich ein verderblicher und schädlicher ist, zwingt uns im Interesse des deutschen Volkes und zur Sicherung seiner Zukunft eine eindeutige Grenze zwischen uns und dem Judentum zu ziehen. ...*
Für alle Zukunft ist es unmöglich, daß Juden im Namen des deutschen Rechts auftreten können. Die deutsche Rechtswissenschaft ist deutschen Männern vorbehalten, wobei das Wort **deutsch** *im Sinne der Rassengesetzgebung des Dritten Reiches allein auszulegen ist. Für die Neuauflage deutschgeschriebener Rechtswerke jüdischer Autoren besteht keinerlei Bedürfnis mehr. Alle deutschen Verleger wollen derartigen Neuauflagen unverzüglich Einhalt tun. Aus sämtlichen öffentlichen oder den Studienzwecken dienenden Büchereien sind die Werke jüdischer Autoren, soweit irgendwie möglich, zu beseitigen. ... Mit deutscher Rechtswissenschaft haben die Rechtswerke jüdischer Autoren nicht das geringste zu tun. Unmöglich ist, daß deutsche Lehrmeinungen künftig auch nur irgendwie auf Lehrmeinungen, die von jüdischen Wissenschaftlern vertreten werden, aufgebaut werden."*

„Trennung von 650 jüdischen Rechtsautoren
Ausscheidung artfremden Denkens aus der Rechtswissenschaft – Verzeichnis jüdischer Rechtsautoren – Das Recht als Operationsbasis des Judentums
Vor wenigen Tagen ist im Deutschen Rechtsverlag, Berlin, ein *Verzeichnis juristischer und nationalökonomischer Schriften jüdischer Autoren* erschienen, die ein weiterer, kräftiger Vorstoß zur Verwirklichung nationalsozialistischer Forderungen ist. Hier sind etwa 650 jüdische Verfasser mit annähernd 2000 Büchern und Schriften aufgeführt. Diese erstmalige Zusammenstellung ist nicht etwa nur für Rechtswahrer, sondern auch für weite Volkskreise von großem Interesse. Beim Durchblättern des Verzeichnisses kann festgestellt werden, daß das Buch für den aufmerksamen Leser eine wahre Fundgrube ist. Man sieht, wie der Jude, der sich als *Wissenschaftler* aufgemacht hat, (noch dazu als *deutscher Wissenschaftler*), in vielen Fällen von rechts- und wirtschaftswissenschaftlichen Untersuchungen ausgeht, um sich dann auch auf solche Gebiete zu werfen, die das Kulturleben und selbst die Politik unmittelbar beeinflussen. Schon die jüdischen Buchtitel verraten in tausendfältigen Abarten das Ziel der Juden: Verflachung, Unterhöhlung und schließlich Vernichtung des völkischen Bewußtseins, der völkischen Kraft und endlich des Lebens des Volkes selbst. ...
Das oben erwähnte Verzeichnis aber setzt gewissermaßen einen Schlußstrich unter den nationalsozialistischen Abwehrkampf gegen das Judentum in Deutschland."

2.5.2. Das „Gesetz über die Zulassung zur Rechtsanwaltschaft" vom 7. April 1933 nebst Durchführungsbestimmungen

Düsseldorfer Nachrichten 10.4.33, 185

„Zulassung von Rechtsanwälten – Das neue Gesetz verkündet – Ähnliche Regelung wie beim Berufsbeamten-Gesetz
Berlin, 10. April Amtlich wird mitgeteilt: Die Reichsregierung hat das folgende Gesetz beschlossen, das hiermit verkündet wird:
§ 1
Die Zulassung von Rechtsanwälten, die im Sinne des Gesetzes zur Wiederherstellung des Berufsbeamtengesetzes vom 7. April 1933 nichtarischer Abstammung sind, kann bis zum 30. September zurückgenommen werden.

Die Vorschrift des Absatzes 1 gilt nicht für Rechtsanwälte, die bereits seit dem 1. August 1914 zugelassen sind, oder im Weltkrieg an der Front für das Deutsche Reich oder für seine Verbündeten gekämpft haben oder deren Väter oder Söhne im Weltkrieg gefallen sind.

§ 2

Die Zulassung zur Rechtsanwaltschaft kann Personen, die im Sinne des Gesetzes zur Wiederherstellung des Berufsbeamtentums vom 7. April 1933 nichtarischer Abstammung sind, versagt werden, auch wenn die in der Rechtsanwaltsordnung hierfür vorgesehenen Gründe nicht vorliegen. Das gleiche gilt von der Zulassung eines der im § 1, Abs. 2, bezeichneten Rechtsanwälte bei einem anderen Gericht. ..."

Aller Zeitung 27.4.33, 98

„Gleichschaltung der Rechtsanwälte – Die preußischen Durchführungsbestimmungen

Berlin, 26. April Die jetzt erlassenen Durchführungsbestimmungen zum Reichsgesetz über die Zulassung zur Rechtsanwaltschaft haben die Oberlandesgerichtspräsidenten bis zum 5. Mai eine Liste der Anwälte einzureichen, bei denen eine Zurücknahme der Zulassung zur Rechtsanwaltschaft in Frage kommt. Die Anwälte nichtarischer Abstammung, die die Voraussetzungen über die Zulassung zur Anwaltschaft erfüllt zu haben glauben, haben dies unter eingehender Begründung bis zum 4. Mai schriftlich den zuständigen Oberlandesgerichtspräsidenten darzulegen. ... Die endgültige Entscheidung über die künftigen Nichtzulassungen bisher zugelassener Anwälte hat der preußische Justizminister sich selbst vorbehalten. Der jetzt überall bestehende tatsächliche Zustand ist bis zum 8. Mai aufrecht zu erhalten."

Frankfurter Zeitung 27.4.33, 310/11

„Behandlung nichtarischer Anwälte bei Zivilprozessen
Beschlüsse am Kammergericht Berlin
Berlin, 26. April. In einer Besprechung der Vorsitzenden der Zivilsenate des Kammergerichts in Berlin wurde zur Frage der Behandlung nichtarischer Rechtsanwälte in bürgerlichen Rechtsstreitigkeiten ... folgendes beschlossen:

1. Nichtarische Rechtsanwälte sind zur Zeit verhindert, in der mündlichen Verhandlung aufzutreten oder sich durch Unterbevollmächtigte vertreten zu lassen.

2. Schriftsätze nichtarischer Rechtsanwälte sind im Interesse des rechtsuchenden Publikums als wirksam zu behandeln. Urteile sollen im schriftlichen Verfahren auf Antrag eines nichtarischen Anwalts nicht ergehen.
3. Bei Vertretung einer Partei durch einen nichtarischen Anwalt wird das Verfahren nicht unterbrochen; bei Säumnis ist nach § 337 ZPO zu verfahren. Nach dieser Vorschrift kann das Gericht die Entscheidung über Anträge auf Erlangung eines Versäumnisurteils von Amts wegen vertagen."

2.5.3. Die Zulassung jüdischer Anwälte

Düsseldorfer Nachrichten 8.4.33,181

„Die Zulassung jüdischer Rechtsanwälte – Besprechung der Landesvertreter im Reichsjustizministerium
Berlin, 7. April. Am Freitag fand im Reichsjustizministerium eine Konferenz über die Wiederzulassung jüdischer Rechtsanwälte und Notare statt. ...
In einer Pressebesprechung erklärte der Kommissar für den Vorstand der Berliner Anwaltskammer, Rechtsanwalt Dr. Neubert, daß die auf Grund des Verhältnisses der jüdischen zur Gesamtbevölkerung zugelassene Zahl jüdischer Anwälte in Berlin auf 35 festgesetzt worden ist. In Berlin waren bisher etwa 3400 Anwälte tätig, von denen der jüdische Anteil auf 2500 geschätzt wird. Die Auswahl der 35 jüdischen Anwälte bereitet erhebliche Schwierigkeiten. Als Bedingung der Zulassung wird eine besondere Bewährung im Felde als Frontkämpfer verlangt. Der Kommissar betonte, daß dieser Umstellung nicht etwa wirtschaftliche, sondern lediglich ideelle Motive zugrundeliegen, die mit der inneren völkischen Erneuerung eng verknüpft sind."

Frankfurter Zeitung 8.4.33, 264/65

„Anträge auf Wiederzulassung jüdischer Anwälte
Berlin, 7. April. In einer Mitteilung des Kommissars für den Vorstand der Anwaltskammer heißt es: *In den nächsten Tagen wird durch die Presse ein Verzeichnis sämtlicher deutsch-stämmiger Anwälte veröffentlicht werden. In diese Listen können nur diejenigen deutschen Anwälte aufgenommen werden, die nach Prüfung ihrer deutschen Abstammung eine Ausweiskarte durch den Kommissar für den Vorstand der Anwaltskammer erhalten haben.*
Anträge auf Wiederzulassung jüdischer Anwälte werden ausschließlich durch das preußische Justizministerium bearbeitet. Diese Anträge sind mit ausführlichen Angaben und Beweisantritt besonderer Verdienste und Lei-

stungen und unter Abgabe der vom Justizministerium geforderten Loyalitäts-erklärung bis Dienstag, 11. April 1933, beim Ministerium einzureichen. Die rechtsuchende Bevölkerung muß in diesem Zusammenhang nochmals darauf hingewiesen werden, daß es sich in ihrem Interesse empfiehlt, schon heute einen deutschen Rechtsanwalt für die Vertretung ihrer Rechtsstreitig-keiten zu gewinnen, da mit dem 8. April die gesetzte Frist abläuft, während der Versäumnisurteile usw. in solchen Rechtsstreitigkeiten, in denen jüdische Rechtsanwälte am Auftreten verhindert, nicht ergehen."

Frankfurter Zeitung 12.4.33, 274/75

„Die jüdischen Anwälte in Preußen
Berlin, 11. April. Für die Ausübung der Rechtsanwaltstätigkeit durch Rechts-anwälte jüdischer Abstammung sind jetzt vom Preußischen Justizministerium Anordnungen getroffen worden. Wie erläuternd von zuständiger Stelle der Regierung zu dem neuen Reichsgesetz über die Anwälte mitgeteilt wurde, verlieren alle weitergehenden Anordnungen der Landesjustizverwaltungen oder lokale Stellen ihre Gültigkeit. Ueber die Frage, wie in Preußen die Uebereinstimmung mit dem jetzt geltenden Reichsrecht herbeigeführt werden soll, wird nun folgende Mitteilung verbreitet:

In der Presse ist verschiedentlich die Meinung aufgetaucht, die Regelung der Verhältnisse der Anwaltschaft durch das Reich bedeute eine weitere Zulassung von fünfzig vom hundert der freien jüdischen Rechtsanwälte. ... Aus unterrichteten Kreisen des Justizministeriums wird mitgeteilt, daß diese Auffassung bei den zuständigen Stellen in keiner Weise geteilt wird. Die zuständigen Stellen sind vielmehr der Meinung, daß es auf Grund der reichsgesetzlichen Bestimmung möglich sein wird, eine dem berechtigten Verlangen des Volkes nach grundsätzlicher Ausmerzung der jüdischen Rechtsanwälte und Notare Rechnung tragende Regelung zu finden und dabei unnötige Härten zu vermeiden. Im Justizministerium erwartet man, daß die Ueberführung der vorläufigen Regelung in den endgültigen Zustand überall mit Verständnis durchgeführt wird, d. h. daß die früher zugelassen gewesenen jüdischen Rechtsanwälte die endgültige Regelung und die Abwicklung derselben bei jedem einzelnen von ihnen abwarten.

Bei dem außerordentlichen Umfang der Maßnahmen, die getroffen werden müssen (es handelt sich um viele tausend Fälle, die zu untersuchen sind), wird die Einzelbearbeitung, die im Justizministerium konzentriert werden wird, einige Zeit in Anspruch nehmen. Im Interesse der Ordnung der Rechtspflege muß es bis dahin bei dem bis jetzt geschaffenen Zuständen sein Bewenden haben."

2.5.4. Das Ende

Düsseldorfer Nachrichten 15.10.38, 525

„Keine jüdischen Rechtsanwälte mehr
Berlin, 15. Oktober. In einer fünften Verordnung zum Reichsbürgergesetz ist bestimmt, daß Juden alsbald – im Altreich zum 30. November 1938 – aus der Rechtsanwaltschaft ausscheiden. Nach der Gesetzgebung des Jahres 1933 war bereits die Zulassung jüdischer Rechtsanwälte mit Ausnahme der Frontkämpfer und der Rechtsanwälte, die mindestens seit dem 1. August 1914 als Rechtsanwälte zugelassen waren, zurückgenommen worden. Die neue Verordnung schließt nunmehr diese Maßnahme ab; in Zukunft gibt es keine jüdischen Rechtsanwälte mehr. Auch im Lande Österreich scheiden Juden ausnahmslos aus der Anwaltschaft aus. Soweit es sich um Frontkämpfer handelt, können den ausscheidenden Rechtsanwälten Unterhaltszuschüsse gewährt werde."

Frankfurter Zeitung 24.10.38, 548

„Die jüdischen Konsulenten – Ein Ausführungserlaß des Reichsjustizministers
Berlin, 23. Oktober. Der Reichsjustizminister hat im Anschluß an die fünfte Verordnung zum Reichsbürgergesetz Zulassung und Betätigung der jüdischen Konsulenten geregelt. Nach der Verordnung müssen zum 30. November alle jüdischen Rechtsanwälte aus dem Anwaltsstand ausscheiden. Um die Rechtsbesorgung für Juden und jüdische Unternehmungen weiterhin zu gewährleisten, werden an bestimmten Orten jüdische Konsulenten zugelassen. Nach der vom Minister jetzt festgelegten Liste ist zunächst in 72 Städten des alten Reichsgebiets die Zulassung von insgesamt 172 jüdischen Konsulenten in Aussicht genommen. Auf Berlin entfallen davon 46."

Düsseldorfer Nachrichten 3.11.38, 560

„Ausscheiden der jüdischen Patentanwälte
Berlin, 3. November. Entsprechend der vor kurzem für die jüdischen Rechtsanwälte getroffenen Maßnahmen bestimmt eine sechste Verordnung zum Reichsbürgergesetz, daß die jüdischen Patentanwälte zum 30. November 1938 ebenfalls ausscheiden. Nach der Gesetzgebung des Jahres 1933 waren auch hier jüdische Patentanwälte, die seit dem 1. August 1914 in der Liste des Reichspatentamtes eingetragen waren, zunächst in der Patentanwaltschaft

verblieben. Nunmehr werden im Altreich wie auch im Lande Österreich die jüdischen Patentanwälte ausnahmslos gelöscht. Soweit es sich um Frontkämpfer handelt, können den ausscheidenden Patentanwälten Unterhaltszuschüsse gewährt werden."

2.5.5. Statistische Angaben

Aller Zeitung 1.6.33, 126

„Die Auswahl der Anwälte in Preußen
Das preuß. Justizministerium hat jetzt die Zahl der endgültig in den preuß. Oberlandesgerichtsbezirken zugelassenen arischen und nichtarischen Anwälte bekannt gegeben. Insgesamt sind in Preußen 11 814 Anwälte bisher zugelassen gewesen, davon 8299 Arier und 3515 Juden. Von diesen Juden waren 735 Frontkämpfer und 1383 Altanwälte. Gegen 923 Juden und 118 Kommunisten sind Vertretungsverbote erlassen worden. Insgesamt sind an jüdischen Anwälten künftig 2158 zugelassen.

Die Verhältnisse in Berlin liegen folgendermaßen: In Berlin waren bisher 3890 Anwälte zugelassen, davon 1892 Arier und 1998 (!) Juden. Von diesen Juden sind 797 Altanwälte und 406 Frontkämpfer. Vertretungsverbote sind erlassen gegen 487 Juden und 37 Kommunisten, sodaß insgesamt künftig 1203 jüdische Anwalte in Berlin zugelassen sind."

Frankfurter Zeitung 3.5.36, 225/26

„Die Beschäftigung der Berliner Rechtsanwälte – Starker Rückgang der Prozesse in den letzten Jahren
Der Bericht der Rechtsanwaltskammer Berlin für das Jahr 1935 enthält eine Reihe von allgemein interessierenden Angaben. ...

Ende Dezember 1935 waren 3007 Mitglieder der Anwaltskammer vorhanden, darunter 1036 Nichtarier, d. h. 34,4 Prozent; Ende 1933 hatten die Nichtarier, deren Zahl damals 1152 betrug, von der Gesamtzahl der Anwälte (2880) noch 40 Prozent ausgemacht."

Frankfurter Zeitung 17.4.37, 194/95

„18 000 Anwälte in Deutschland
In der *Juristischen Wochenschrift* werden Zahlenangaben über die deutsche Anwaltschaft nach dem Stand vom 1. Januar 1937 veröffentlicht. Danach gibt

es zur Zeit im ganzen Reich 18 004 Rechtsanwälte, von denen 2273, also 12 Prozent, jüdisch oder nichtarisch sind. ... Unter den 9900 preußischen Anwälten sind 1587 jüdisch oder nichtarisch ..., unter den 8104 außerpreußischen Anwälten befinden sich 486 Juden oder Nichtarier."

Frankfurter Zeitung 13.3.38, 131/32

„Weniger Anwälte in Deutschland
Während am 1. Januar 1937 noch 18 002 Anwälte zugelassen waren, übten am 1. Januar 1938 nur 17 360 Rechtsanwälte ihren Beruf aus. 835 Löschungen standen 1937 nur 93 Zulassungen gegenüber. (1936 wurden 83 Anwälte neu zugelassen.) 1753 Anwälte, also rund zehn Prozent, sind jüdisch. Im Jahre 1936 waren noch rund zwölf Prozent aller Anwälte jüdisch. In der Reichshauptstadt verzeichnet die Statistik 2718 Rechtsanwälte, von denen 761 oder rund 27 Prozent (im Vorjahr 32,6 Prozent) jüdisch waren. In Frankfurt am Main waren von 435 Anwälten 102 jüdisch."

2.6. Weitere Berufs- und Tätigkeitsfelder

2.6.1. Presse

Düsseldorfer Nachrichten 5.10.33, 506

„Der Wortlaut des Schriftleiter-Gesetzes
Arbeit an Zeitungen ist öffentliche Aufgabe
Berlin, 5. Oktober. Die Reichsregierung hat das folgende Gesetz beschlossen, das hiermit verkündet wird:
1. Abschnitt
Schriftleiterberuf
§ 1
Die im Hauptberuf oder auf Grund der Bestellung zum Hauptschriftleiter ausgeübte Mitwirkung an der Gestaltung des geistigen Inhalts der im Reichsgebiet herausgegebenen Zeitungen und politischen Zeitschriften durch Wort, Nachricht oder Bild ist eine in ihren beruflichen Pflichten und Rechten vom Staat durch dieses Gesetz geregelte öffentliche Aufgabe. Ihre Träger heißen Schriftleiter (Redakteure – der Verf.). Niemand darf sich Schriftleiter nennen, der nicht nach diesem Gesetz dazu befugt ist.

§ 2

1. Zeitungen und Zeitschriften sind Druckwerke, die in Zwischenräumen zwischen zwei Monaten in ständiger Folge erscheinen, ohne daß der Bezug an einen bestimmten Personenkreis gebunden ist.

2. Als Druckwerte gelten alle zur Verbreitung bestimmten Vervielfältigungen von Schriften oder bildlichen Darstellungen, die durch ein Massenvervielfältigungsverfahren hergestellt sind.

2. Abschnitt

Zulassung zum Schriftleiterberuf

§ 5

Schriftleiter kann nur sein, wer

1. die deutsche Reichsangehörigkeit besitzt,

2. die bürgerlichen Ehrenrechte und die Fähigkeit zur Bekleidung öffentlicher Ämter nicht verloren hat,

3. arischer Abstammung ist und nicht mit einer Person von nichtarischer Abstammung verheiratet ist,

4. das 21. Lebensjahr vollendet hat,

5. geschäftsfähig ist,

6. fachmännisch ausgebildet ist,

7. die Eigenschaften hat, die die Aufgabe der geistigen Einwirkung auf die Öffentlichkeit erfordert.

§ 6

Auf das Erfordernis der arischen Abstammung und der arischen Ehe finden den § 1a des Reichsbeamtengesetzes und die zu seiner Durchführung ergangenen Bestimmungen Anwendung. ..."

2.6.2. Theater und Kulturleben

Aller Zeitung 6.3.34, 55

„Nichtarier auf deutschen Bühnen

Amtlich wird verlautbart: Der Reichsminister für Volksaufklärung und Propaganda hat an die Landesregierungen folgendes Ersuchen gerichtet: In zunehmendem Maße wird beobachtet, daß Nichtarier, die bereits verschwunden und großenteils offenbar ins Ausland geflüchtet waren, in Theatern, Variétés, Kabaretts usw. wieder auftreten. Ich weise darauf hin, daß das Auftreten auf deutschen Bühnen von der Zugehörigkeit zu einem der Fachverbände der Reichstheaterkammer abhängig ist (§ 4 der Ersten Durchführungsverordnung zum Reichskulturkammergesetz, RGBl. I, Seite 797) und daß Nichtariern die

Aufnahme in diesen Verbände gemäß § 10 der bezeichneten Verordnung regelmäßig verweigert wird. Ich bitte deshalb die Polizeibehörden anzuweisen, in allen in Frage kommenden Fällen den Nachweis der Verbandszugehörigkeit zu verlangen und wenn er nicht erbracht werden kann, das Auftreten zu verhindern. Ich stelle weiter anheim, Fälle, in denen eine Verbandszugehörigkeit nachgewiesen wird, zur Kenntnis des Präsidenten der Reichstheaterkammer zu bringen, damit der Fall einer Nachprüfung unterzogen wird.

Ich bitte um nachdrückliche Durchführung meines Ersuchens. Es darf nicht dahin kommen, daß sich das Publikum gegen das Auftreten von Elementen, von denen es bereits befreit zu sein glaubte, mit Selbsthilfe zur Wehr setzt."

Frankfurter Zeitung 17.5.34, 246/47

„Gegen jede Betätigung von Nichtariern auf Bühnen
Das *Büro des Vereins Deutscher Zeitungsverleger* berichtet: *In den Veröffentlichungen des Kampfbundes für deutsche Kultur und Reichsverbandes* Deutsche Bühne, *wird auf den Passus der großen Rede des Reichspropagandaministers Dr. Goebbels im Sportpalast verwiesen, der sich auf die Judenfrage bezog. Der Minister hatte u. a. erwähnt, die Juden möchten diese Worte als letzte Warnung betrachten. Hierzu weisen nun die genannten Institutionen darauf hin, daß ein notwendiges Wort zur notwendigen Zeit gesprochen worden sei. Nicht nur als Schauspieler und Sänger verbitten wir uns die Juden,* so heißt es u. a. weiter, sondern auch als Autoren und Komponisten. *Auch als Textdichter in musikalischen Bühnenwerken verbitten wir uns die Juden ebenso wie als Regisseure oder Bühnenbildner. Unsere kompromißlose Ablehnung trifft aber auch jene Judenstämmige, welche als sogenannte Frontarier heute noch auf Nebengleisen oder Hinterhöfen glauben, ungestraft Personal- und Spielplanpolitik treiben zu können. Ebenso lehnen wir auf deutschen Bühnen alle jene Leute ab, die heute noch mit jüdischen Kreisen befreundet oder mehr oder weniger verheiratet sind. Die Kernstellung des Judentums in der deutschen Kultur bilden heute noch die jüdischen Bühnenverlage, die wir leider verabsäumt haben, ihrer Machtstellung zu entkleiden."*

Düsseldorfer Nachrichten 28.7.35, 375

„Für ein judenreines Kulturleben
Hans Hinkel: *Schluß mit Tarnung und Verfilzung!*
Berlin, 27. Juli. Der Geschäftsführer der Reichskulturkammer, Hans Hinkel, von Reichsminister Dr. Goebbels zum Sonderbeauftragten für die Überwa-

chung der Betätigung aller im deutschen Reichsgebiet lebenden nichtarischen Staatsangehörigen auf künstlerischem und geistigem Gebiet berufen, gewährte einem Vertreter des *Angriff* eine Unterredung.

Hinkel erinnerte daran, daß im April 1933 der jüdische Kulturbund genehmigt worden sei, mit dessen Duldung grundsätzlich ausgesprochen wurde, daß jüdische Künstler für ein jüdisches Publikum nach Belieben wirken dürfen, allerdings unter gewissen autoritativen Richtlinien. Es müsse betont werden, daß die führenden Leute des jüdischen Kulturbundes im Laufe von fast zwei Jahren immer wieder die Loyalität der Regierung anerkannt hätten.

An diese Zusammenhänge, fuhr Hinkel fort, muß ich erinnern mit dem neuen Amt, zu dem ich von Reichsminister Dr. Goebbels berufen worden bin. Wenn wir nämlich auf der einen Seite ein jüdisch-kulturelles Eigenleben mit anerkannter Großzügigkeit begründet haben, so verwahren wir uns scharf gegen jeden Versuch der Einflußnahme von jüdischer Seite auf die Kulturangelegenheiten unserer Nation. Wir wissen, daß da und dort Juden getarnt arbeiten; wir wissen, daß manche Verfilzungen aus der Systemzeit bis heute noch nicht gelöst sind. Diesen Zustand, wo er noch besteht, zu ändern, betrachten wir als unsere aktuellste Aufgabe. Wir werden die Schuldigen zur Verantwortung ziehen, nicht nur die Juden, die unter falscher Flagge sich über die Hintertreppe wieder einschmuggeln wollen, einerlei ob im Film, im Funk oder im Schrifttum.

Besonders hart und scharf werden wir die Nichtjuden anpacken, die sich auf eine jüdische Symbiose einlassen und sich nicht scheuen, sich als Strohmänner für 30 Silberlinge an Juden zu verkaufen. Diesem Zustand wird ein Ende gemacht."

Frankfurter Zeitung 18.8.35, 419/20

„*Reichsverband der jüdischen Kulturbünde* – Richtlinien auf Grund einer Vereinbarung zwischen Staatskommissar Hinkel und der Staatspolizei Berlin, 17. August. Zwischen dem Geheimen Staatspolizeiamt Berlin und dem Sonderbeauftragten des Reichsministers für Volksaufklärung und Propaganda Dr. Goebbels, Staatskommissar Hinkel, sind mit dem heutigen Tage – wie von zuständiger Stelle mitgeteilt wird – eindeutige Richtlinien für die Tätigkeit des Reichsverbandes der jüdischen Kulturbünde im deutschen Reichsgebiet vereinbart worden. Diese Richtlinien besagen, daß nur noch der *Reichsverband der jüdischen Kulturbünde* den organisatorischen Zusammenschluß aller jüdischen Kulturorganisationen im gesamten Reichsgebiet darstellen darf. Sitz der verantwortlichen Reichsleitung des Reichsverbandes ist Berlin. Sämtliche jüdischen Kulturorganisationen mit Ausnahme der Schul-

und Kultusgemeinden müssen bis zum 15. September d. J. einschließlich dem Reichsverband eingegliedert sein und stehen von diesem Tage an unter der Leitung des von Staatskommissar Hinkel eingesetzten Vorstandes in Berlin. Ueber die Frage der Mitgliedschaft in einem lokalen Verband des jüdischen Kulturbundes besagen die nunmehr von allen zuständigen Stellen genehmigten Richtlinien, daß Mitglieder nur Juden oder Nichtarier im Sinne des Berufsbeamtengesetzes sein können. ...

Ueber die entscheidende Frage der Beschäftigung jüdischer Künstler im Rahmen dieser Organisation wird festgestellt, daß nur Kulturbundsmitglieder tätig sein können und daß ebenfalls die sonstigen Teilnehmer an Veranstaltungen des Reichsverbandes jüdischer Kulturbünde Mitglieder dieser Organisation sein müssen. Daher haben die Veranstaltungen den Charakter von *geschlossenen Veranstaltungen.* ...

Das *Deutsche Nachrichtenbüro* erklärt dazu:

Durch die Richtlinien des Sonderbeauftragten Hinkel, die nunmehr die vollinhaltliche Bestätigung durch das Geheime Staatspolizeiamt gefunden haben und die zu der Einheitsorganisation führen, ist die Möglichkeit für die künstlerische Betätigung nichtarischer Staatsangehöriger in außergewöhnlichem Maße gewachsen. Nunmehr ist es Aufgabe der Zentralleitung des Reichsverbandes jüdischer Kulturbünde, durch geeignete organisatorische Maßnahmen diese Möglichkeiten zu nützen und sich der Verantwortung für den Anspruch auf Betätigung der nichtarischen Künstler im Rahmen dieser Organisation bewußt zu sein.

Die Richtlinien sind Beweis dafür, daß der nationalsozialistische Staat den nichtarischen Staatsangehörigen alle Möglichkeiten zur Betätigung ihres kulturellen und künstlerischen Eigenlebens gibt, wenn sie davon ablassen, sich in das Kunst- und Kulturleben des deutschen Volkes offen oder versteckt einzudrängen."

2.6.3. Öffentliche Ämter ab 1935

Aller Zeitung 22.11.35, 273

„Keine jüdischen Börsenmakler mehr

Das Reichswirtschaftsministerium hat angeordnet, daß die amtlich bestellten jüdischen Kursmakler und Kursmaklerstellvertreter an allen deutschen Börsen mit Wirkung vom 22. d. M. (Nov. 35) aus ihrem Amt ausscheiden, da öffentliche Ämter nach der ersten Verordnung zum Reichsbürgergesetz vom 14. November 1935 nur noch von Reichsbürgern bekleidet werden dürfen."

Frankfurter Zeitung 22.12.35, 652/53

„Die Juden in der Rechtspflege – Keine jüdischen Armenanwälte, Konkursverwalter usw. mehr
Berlin, 21. Dez. Da nach dem Reichsbürgergesetz Juden kein öffentliches
Amt mehr bekleiden dürfen, hat der Reichsjustizminister die Gerichte angewiesen, bei Ausübung ihres richterlichen Ermessens zu beachten, daß es nicht
im Sinne dieser Regelung liegen würde, Juden als Armenanwälte, Pflichtver-
teidiger, Konkurs-, Vergleichs- oder Zwangsverwalter zu bestellen oder mit
der Wahrnehmung ähnlicher Aufgaben zu betrauen."

Frankfurter Zeitung 24.12.35, 655/56

„Juden und öffentliche Ämter – Eine zweite Verordnung zum Reichsbürgergesetz
Berlin, 23. Dez. Von zuständiger Stelle wird mitgeteilt: Der Reichsminister
des Innern hat eine Zweite Verordnung zum Reichsbürgergesetz erlassen, die
klarstellt, welche jüdischen Personen als Beamte und als Träger eines öffentlichen Amtes im Sinne des § 4 der Ersten Verordnung zum Reichsbürgergesetz anzusehen sind. Die Verordnung bringt ferner für jüdische Beamte, die
ohne Versorgung ausscheiden, für gewisse Gruppen von jüdischen Trägern
eines öffentlichen Amtes, wie zum Beispiel für die Notare, denen die Gebüh-
ren selbst zufließen, die Möglichkeit, bei Würdigkeit und Bedürftigkeit Unterhaltszuschüsse zu erhalten. Ebenso wird jüdischen Beamten ohne Versorgung und den genannten jüdischen Notaren die Möglichkeit der Kündigung
ihrer Wohnungen eröffnet, wie dies seinerzeit bei Durchführung des Berufsbeamtengesetzes geschehen ist. Die Verordnung bestimmt schließlich, daß
Juden leitende Aerzte an öffentlichen Krankenanstalten und Vertrauensärzte
nicht sein können und mit dem 31. März 1936 aus ihren Stellungen ausscheiden."

Frankfurter Zeitung 4.1.36, 6/7

„Die jüdischen Notare
Berlin, 3. Jan. ... Gemäß § 2, Abs. 3 des Reichsbürgergesetzes kann nur der
Reichsbürger Träger der vollen politischen Rechte des neuen Reiches sein.
Reichsbürger kann aber nur der Staatsangehörige deutschen oder artverwand-
ten Blutes sein, insbesondere also nicht ein Jude. Zu den politischen Rechten
gehört die Fähigkeit, ein öffentliches Amt zu bekleiden. Notare, die (im Sinne

der Durchführungsverordnung zum Reichsbürgergesetz) Juden sind, müssen daher ausscheiden."

Frankfurter Zeitung 19.1.36, 34/35

„Das Ausscheiden jüdischer Notare – Befreiungsanträge nur bis zum 1. Februar möglich
Berlin, 18. Januar. Nach den Ausführungsbestimmungen zum Reichsbürgergesetz können Personen, die nicht Reichsbürger sind, in besonderen Ausnahmefällen beantragen, im Amte des Notars belassen zu werden. Der Reichsjustizminister hat jetzt eine Anordnung über die Behandlung derartiger Anträge erlassen. Danach sind solche Anträge ausgeschiedener Notare bei den Landgerichtspräsidenten anzubringen. Die Anträge sollen spätestens zum 1. Februar 1936 gestellt werden. Soweit eine Prüfung des Antrages erforderlich ist, hat sie mit möglichster Beschleunigung zu erfolgen. Der Minister erinnert daran, daß die Bewilligung einer Befreiung nur in ganz besonders liegenden Ausnahmefällen befürwortet werden soll, in denen schwerwiegende Gründe vom Gesichtspunkt der Allgemeinheit dafür sprechen."

2.6.4. Das Wandergewerbe

Frankfurter Zeitung 13.7.38, 351/52

„Auch im Wandergewerbe keine Juden
Berlin, 12. Juli. Das neue Reichsgesetz zur Aenderung der Gewerbeordnung, das Juden und jüdische Unternehmungen von sechs Gewerben, nämlich vom Bewachungsgewerbe, von der gewerbsmäßigen Auskunftserteilung über Vermögensverhältnisse oder persönliche Angelegenheiten, vom Grundstückshandel, von der gewerbsmäßigen Vermittlung für Immobilienverträge und Darlehen sowie von der Haus- und Grundstücksverwaltung, von der gewerbsmäßigen Heiratsvermittlung und vom Fremdenführergewerbe ausschließt, bringt gleichzeitig auch, wie bereits kurz berichtet wurde, eine Aenderung des § 57 der Reichsgewerbeordnung. Danach werden Juden künftig Wandergewerbescheine nicht mehr erteilt. Das gleiche gilt für Stadthausierscheine und Legitimationskarten. Die Juden werden also für die Zukunft vom gesamten Wandergewerbe ausgeschlossen und damit gleichzeitig auch vom stadthausierscheinpflichtigen Gewerbe und vom Beruf des Handelsvertreters, soweit er der Legitimationskarte bedarf. Bereits erteilte Wandergewerbescheine verlieren, so weit es sich um jüdische Wandergewerbetreibende handelt, mit dem

30. September 1938 ihre Gültigkeit. Entsprechendes gilt für Legitimationskarten und Stadthausierscheine."

Düsseldorfer Nachrichten 11.9.38, 461

„Jüdische Wandergewerbetreibende – Die Ausweise verlieren ihre Gültigkeit
Der Polizeipräsident teilt mit:
    Auf Grund des Reichsgesetzes vom 6. Juli 1938 verlieren die an jüdische Gewerbetreibende erteilten ... (s. o. – der Verf.)
    Diese Gewerbetreibende werden daher zur Vermeidung von Weiterungen aufgefordert, ihre von den hiesigen Verwaltungsbehörden ... ausgestellten Wandergewerbescheine, Stadthausierscheine und Legitimationskarten nach Ablauf ihrer Gültigkeit, das ist der 30. September 1938, spätestens jedoch bis zum 5. Oktober 1938 bei dem für ihren Wohnsitz zuständigen Polizeirevier abzugeben.
    Ich weise ausdrücklich nochmals darauf hin, daß die jüdischen Gewerbetreibenden, die dieser Aufforderung bis zu der von mir festgesetzten Zeit nicht nachgekommen sind, gemäß Paragraph 145 des angeführten Gesetzes mit bis zu sechs Monaten Gefängnis und mit Geldstrafe oder mit einer der beiden Strafen bestraft werden."

2.6.5. Die Hausverwaltungen

Frankfurter Zeitung 6.8.38, 596/97

„Abwicklung der jüdischen Hausverwaltungen
Berlin, 5. August. Das Gesetz zur Aenderung der Gewerbeordnung vom 6. Juli verbietet ... den Juden ... die Ausübung ... des Gewerbes der Haus- und Grundstücksverwaltung. Die jüdischen Gewerbetreibenden ... dürfen sie noch bis zum 31. Dezember 1938 weiterführen. Um die Uebertragung der Haus- und Grundstücksverwaltungen in arische Hände reibungslos abzuwickeln, haben mit Zustimmung des Reichswirtschaftsministers der Reichsbund der Haus- und Grundbesitzer und die Wirtschaftsgruppe *Vermittlergewerbe* vereinbart, daß am Sitz jeder Bezirkswirtschaftskammer Arbeitsausschüsse gebildet werden. Diese Arbeitsausschüsse sollen den Haus- und Grundbesitzern zur Beratung und zum Nachweis arischer Verwalter zur Verfügung stehen und dabei mitwirken, daß das Gesetz vom 6. Juli nicht durch verschiedene Arten der Tarnung, etwa in der Form der Vermögensberatung oder

-verwaltung umgangen wird. Bei der Vergebung der Hausverwaltungen soll im übrigen an dem Prinzip der Freiwilligkeit festgehalten werden."

Düsseldorfer Nachrichten 5.8.38, 392

„Meldung nichtarischer Hausverwalter
Prüfungsstelle bei der DAF-Gauwaltung Düsseldorf – Vorlage der Verträge bis zum 20. August
Düsseldorf, 4. August ... Zur Verhinderung unlauterer Machenschaften sind nunmehr die Gauwaltung Düsseldorf der DAF und der Gauwirtschaftsberater des Gaues Düsseldorf angewiesen worden, Auffangs- und Prüfungsstellen für Hausverwaltungen einzurichten. In diesen Stellen überwachen die Gauleitungen ... die reibungslose Überführung der von Juden ausgeübten Hausverwaltungen in arische Hände.

Infolgedessen sind sämtliche Hausverwalterverträge und sonstige Abmachungen, soweit die Hausverwaltung noch durch Nichtarier erfolgt oder am 1. Juli 1938 durch Nichtarier ausgeübt wurde, umgehend spätestens bis zum 20. August, bei der Gauwaltung der DAF ... vorzulegen.

Der Meldepflicht unterliegen: 1. Sämtliche Hauseigentümer, die ihren Besitz von Nichtariern verwalten ließen; 2. jüdische Verwalter, die Hausbesitz verwalten; 3. arische Verwalter, die sich um Übernahme der bisher jüdischen Hausverwaltungen bewerben, und 4. arische Hausverwalter, die nach dem 30. Juni 1938 Hausverwaltungen von einem jüdischen Vorgänger übernommen haben.

Die jüdischen Hausverwalter haben die Meldungen durch Angabe der verwalteten Grundstücke und deren Eigentümer zu ergänzen. Es ist dafür Sorge getragen, daß die freiwerdenden jüdischen Hausverwaltungen nur von solchen Volksgenossen übernommen werden, die bisher Verwaltungen gewerblich ausgeübt haben, und zwar von solchen zuverlässigen Bewerbern, die Inhaber des Berufsausweises der Deutschen Arbeitsfront sind, oder sich verpflichten, diesen Berufsausweis in nächster Zeit zu erwerben."

114

2.6.6. Das Erbhofbauerntum

Düsseldorfer Nachrichten 2.10.33, 500

„Reichsgesetz über den Erbhof
Nur der Eigentümer eines Erbhofes ist Bauer – Veräußerung oder Belastung
des Erbhofes nur mit Zustimmung des Anerbengerichts zulässig – Das preußische Erbhofgesetz tritt außer Kraft
Berlin, 2. Oktober. Die Reichsregierung hat soeben das neue Reichserbhofge-
setz veröffentlicht. ...
    Für die Auslegung des Gesetzes wichtig ist die Einleitung, die die Grund-
sätze der ganzen Regelung enthält:
    *Land- und Forstwirtschaftlicher Besitz in der Größe von mindestens einer
Ackernahrung und von höchstens 125 Hektar ist Erbhof, wenn er einer bau-
ernfähigen Person gehört. Der Eigentümer des Erbhofs heißt Bauer.*
    *Bauer kann nur sein, wer deutscher Staatsbürger, deutschen oder stam-
mesgleichen Blutes und ehrbar ist.*
    Streng sind auch die Erfordernisse, die an die Abstammung des Bauern
gestellt werden. Deutschen oder stammesgleichen Blutes ist nicht, wer unter
seinen Vorfahren väterlicher- oder mütterlicherseits jüdisches oder farbiges
Blut hat. Natürlich mußte den Nachforschungen eine Grenze gesetzt werden,
und zwar ist dafür der 1. Januar 1800 gewählt worden."

2.7. Die Juden in der deutschen Wirtschaft

2.7.1. Ministerielle Stellungnahmen zu Nichtariern in der Wirtschaft

Frankfurter Zeitung 7.1.34, 10/11

„Nichtarische Arbeitnehmer – Ein Schreiben des Reichsarbeitsministers an
die Treuhänder
Der Reichsminister des Innern, Dr. Frick, hat kürzlich im Rahmen grundsätzlicher Ausführungen über die Rassengesetzgebung in Deutschland auf die
Grenzen aufmerksam gemacht, welche der Ariergesetzgebung insbesondere
auf dem Gebiete der Wirtschaft gezogen seien. Dr. Frick hat auf Uebertrei-
bungen hingewiesen, wie sie in Anwendung des Arierparagraphen in der
Wirtschaft vorgekommen seien und er hat dazu erklärt: *Derartige Bestrebungen verkennen, daß es auch in der Ariergesetzgebung Grenzen gibt, die be-*

achtet werden müssen, und sind deshalb auch von der Regierung schon wiederholt mit Nachdruck abgelehnt worden.

Auch der Reichsarbeitsminister hat, wie jetzt bekannt wird, unter dem 24. November 1933 in einem Schreiben an die Treuhänder der Arbeit Richtlinien für die Behandlung nichtarischer Arbeitnehmer in der Wirtschaft gegeben. Der Erlaß, in welchem auch auf den Reichsminister für Volksaufklärung und Propaganda, den Reichswirtschaftsminister und den preußischen Ministerpräsidenten Bezug genommen wird, hat folgenden Wortlaut. ...

Aus verschiedenen Teilen des Reiches und auch von Treuhänderseite sind mir zahlreiche Fälle bekannt geworden, in denen Betriebsvertretungen die Entfernung von jüdischen Arbeitnehmern gefordert bzw. die Einstellung solcher Arbeitnehmer unterbunden haben.

In anderen Fällen ist die Entlassung sämtlicher jüdischer Angestellten vor der Entlassung irgendeines arischen Angestellten verlangt worden. Betriebsvertretungen haben außerdem versucht, ihren Forderungen durch Androhung körperlicher Angriffe Nachdruck zu verleihen.

In allen diesen Fällen haben die Betriebsvertretungen gegen die wiederholten Verlautbarungen der Regierung verstoßen.

Der Herr Reichswirtschaftsminister hat sich mit seinem Schreiben vom 8. September an den Deutschen Industrie- und Handelstag gegen die Boykottierung nichtarischer Firmen gewendet. Hieraus kann ohne weiteres abgeleitet werden, daß auch den nichtarischen Angestellten und Arbeitern der Schutz der Regierung zusteht. ...

Im Einvernehmen mit dem Herrn Reichswirtschaftsminister ersuche ich die Herren Treuhänder der Arbeit, gegen Eingriffe der geschilderten Art seitens der Betriebsvertretungen und anderer Stellen vorzugehen und für unbedingte Aufrechterhaltung der Ruhe in den Betrieben auch weiterhin zu sorgen.

gez. Franz Seldte."

Frankfurter Zeitung 7.2.34, 67/68

„Minister Frick gegen Ueberschreitung des Arier-Paragraphen
Berlin, 6. Febr. Der Reichsminister des Innern Dr. Frick hat an die obersten Reichsbehörden, die Reichsstatthalter und die Landesregierungen ein Schreiben gerichtet, worin er feststellt daß die deutsche Arier-Gesetzgebung aus völkischen und staatspolitischen Gründen notwendig sei. Anderseits habe sich die Reichsregierung selbst gewisse Grenzen gesteckt, deren Einhalten gleichfalls erforderlich sei. Die deutsche Arier-Gesetzgebung würde im In- und Ausland richtiger beurteilt werden, wenn diese Grenzen überall beachtet wür-

den. Insbesondere sei es nicht angebracht, ja sogar bedenklich, wenn die Grundsätze des sogenannten Arier-Paragraphen im Reichsgesetz zur Wiederherstellung des Berufsbeamtentums, der vielfach als Vorbild wirkte, auf Gebiete ausgedehnt würden, für die sie überhaupt nicht bestimmt seien. Dies gelte insbesondere, wie die nationalsozialistische Regierung immer wieder erklärt habe, von der freien Wirtschaft. Minister Frick bittet, Uebergriffen auf diesen Gebieten mit aller Entschiedenheit entgegenzutreten und die unterstellten Behörden nachdrücklich darauf hinzuweisen, daß sie ihren Maßnahmen und Entscheidungen nur die geltenden Gesetze zugrunde zu legen hätten.

Ebenso wie die Behörden gegebenenfalls ohne Verzug ihre Amtshandlungen durchzuführen hätten, sei es anderseits geboten, daß durch Gesetz oder Verordnung nicht erlaubte Einwirkungen auf wirtschaftliche Unternehmungen, Verbände usw. unterlassen werden."

Frankfurter Zeitung 17.5.34, 246/47

„Nichtarier in der Wirtschaft – Eine Bekanntmachung des Reichswehrministers

Der Reichswehrminister hat jetzt für den Bereich seiner Zuständigkeit das Rundschreiben des Reichsinnenministers Dr. Frick über die Grenzen der Ariergesetzgebung zur Beachtung bekanntgegeben. Der Reichsinnenminister hatte in diesem Rundschreiben an die obersten Behörden, wie erinnerlich, vor allem darauf hingewiesen, daß es nicht angebracht, ja sogar bedenklich sei, wenn die Grundsätze des sogenannten Arierparagraphen auf Gebiete ausgedehnt würden, für die sie überhaupt nicht bestimmt seien; dies gelte insbesondere ... von der freien Wirtschaft; er bitte Uebergriffen auf diesem Gebiete mit aller Entschiedenheit entgegenzutreten.

Der Reichswehrminister fügt der Bekanntgabe noch die Anordnung hinzu, daß wegen der Behandlung nichtarischer Unternehmen bei der Vergebung von Leistungen die bestehenden Bestimmungen zu beachten seien und daß ihm, dem Minister, unter Anführung der Gründe zu berichten sei, bevor Maßnahmen getroffen würden, die auf Sonderbehandlung von Nichtariern abzielten."

2.7.2. Kündigung und Entlassung jüdischer Arbeitnehmer

Frankfurter Zeitung 20.1.34, 34/35

„Nichtarische Arbeitnehmer
Das Reichsarbeitsgericht zur Frage der fristlosen Entlassung
Es heißt da: *Grundsätzlich ist davon auszugehen, daß auch unter der veränderten Einstellung, die der nationale Staat und das deutsche Volk in seiner Allgemeinheit gegenüber dem Judentum einnehmen, ein Satz, jeder Angestellte nichtarischer Abstammung könne fristlos entlassen werden, für das Gebiet des Wirtschaftslebens n i c h t anzuerkennen ist. Die von der Reichsregierung bezüglich der Beschäftigung nichtarischer Personen erlassenen Gesetze und Verordnungen beziehen sich auf Berufsbeamte, Angestellte und Arbeiter öffentlicher Unternehmungen, Rechts-, Patentanwälte, Aerzte, Zahnärzte und Zahntechniker, Handelsrichter, Schöffen, Geschworene, Arbeitsrichter, Steuerberater u. dgl., allenthalben also Personen, die im öffentlichen Dienst stehen oder öffentliches Vertrauen genießen. In bezug auf Angestellte von Privatbetrieben liegen entsprechende Maßnahmen gesetzlicher Art nicht vor. Ihre Beschäftigung unterliegt mithin an sich keiner Behinderung. Damit ist freilich nicht gesagt, daß nichtarische Abkunft eines Dienstverpflichteten nicht doch unter den grundlegend geänderten Anschauungen der heutigen Zeit einen wichtigen Grund für die sofortige Lösung des Dienst- oder Arbeitsvertrages bilden könne, wenn nämlich dem Dienstberechtigten die Fortsetzung des Vertragsverhältnisses bis zum Ablauf der ordentlichen Kündigungsfrist nach Lage der Sache nicht zuzumuten ist; denn die durch die nationale Erhebung begründete neue Einstellung des deutschen Volkes zum Judentum ist gegenüber der vergangenen eine so grundlegend verschiedene, daß an ihren Auswirkungen auch auf dem Gebiete des privaten Vertragsrechts keinesfalls vorbeigegangen werden kann. Immer aber wird sich diese Auswirkung nur an den besonderen Umständen des Einzelfalls ermessen lassen, insofern sich allein nach diesen beurteilen läßt, ob und inwieweit die Rassenfrage der Einhaltung eines Dienstvertrages entscheidend entgegensteht. Dabei kann nur die Betrachtung aus den geklärten Anschauungen der Gegenwart heraus, nicht die unter dem Eindruck politischer Ereignisse etwa überstürzt gewonnene Betrachtungsweise maßgebend sein.*"

Frankfurter Zeitung 6.11.35, 567/68

„Kündigungswiderrufsklage jüdischer Angestellter
Durch Abfindungszahlungen erledigt

In der Frankfurter Filiale eines großen Unternehmens, das in ganz Deutschland Zweiggeschäfte unterhält, war drei jüngeren Verkäufern gekündigt worden, weil sie Juden waren oder einen jüdischen Elternteil hatten. Alle drei hatten gegen die Kündigung Widerrufsklage angestrengt, weil sie darin eine unbillige Härte erblickten. Die beklagte Firma gab zu, daß gegen die Kläger dienstlich nichts vorliege, erklärte aber, die Kündigung sei nötig gewesen, weil das Unternehmen zur Anpreisung seiner Erzeugnisse in den Zeitungen gezwungen sei und jetzt in dieser Beziehung auf Schwierigkeiten stoße. Die Zurückweisung der Inserate sei damit begründet worden, daß noch immer verhältnismäßig viele nichtarische Angestellte beschäftigt würden. Im Interesse der ganzen Gefolgschaft müßten daher die nichtarischen Angestellten entlassen werden, damit den anderen die Arbeitsplätze erhalten blieben. Als der Richter die Kläger darauf aufmerksam machte, daß der Prozeß unter solchen Umständen für sie nicht günstig stehe, entgegneten diese, sie seien mit ihrem Ausscheiden einverstanden, wenn ihnen eine Abfindung zugestanden würde. Das Unternehmen habe aber eine solche Zahlung verweigert, obwohl zwei jüdischen Direktoren bei ihrem Ausscheiden noch für ein halbes Jahr das Gehalt gezahlt worden sei und obgleich das Unternehmen im letzten Jahr gut verdient habe. Nach diesen Ausführungen, die von der beklagten Seite nicht bestritten wurden, empfahl der Richter, den Klägern aus Billigkeitsgründen eine Abfindung von etwa drei Monatsgehältern zu zahlen. Der Prozeß wurde hierauf vertagt. Vor der neuen Verhandlung wurden die Klagen zurückgenommen, weil die Kläger inzwischen Abfindungsbeträge von 1000, 500 und 350 Mark erhalten hatten."

Frankfurter Zeitung 28.11.35, 607/08

„Nichtarier in der Wirtschaft
Eine grundsätzliche Entscheidung des Reichsgerichts
Berlin, 27. Nov. Das Reichsgericht hat in letzter Instanz zu der fristlosen Entlassung eines jüdischen Vorstandsmitgliedes einer Warenhausgesellschaft Stellung genommen und sich aus diesem Anlaß grundsätzlich über die fristlose Lösung von Dienstverhältnissen mit Nichtariern in der Wirtschaft geäußert. In der Entscheidung ... wird ausgeführt, daß der Umstand, daß ein Dienstpflichtiger nichtarischer Abstammung ist, den Dienstherrn für sich allein nicht schlechthin und ohne weiteres berechtige, den Dienstverpflichteten fristlos zu entlassen. Die Gesetze und Verordnungen der Reichsregierung, die auf eine Entfernung von Nichtariern aus bestimmten Berufen abzielten, beträfen nur Personen, die im öffentlichen Dienst ständen oder öffentliches Vertrauen genössen, oder bei Unternehmen seien, die den Körperschaften des öffentlichen

Rechts gleichstünden. Auf das Gebiet des rein privaten Wirtschaftslebens erstreckten sie sich nicht. ...

Nichtarische Abstammung eines Dienstverpflichteten könne aber, wie das Reichsgericht im Einvernehmen mit den Entscheidungen des Reichsarbeitsgerichts feststellt, Grund zu einer fristlosen Lösung des Dienstverhältnisses sein, wenn die weitere Beschäftigung dem Dienstberechtigten vernünftigerweise und nach Treu und Glauben nicht mehr zugemutet werden könne. Wann dies der Fall sei, könne nur nach den besonderen Umständen des Einzelfalles beurteilt werden."

Frankfurter Zeitung 30.11.35, 611/12

„Entlassung jüdischer Arbeitnehmer – Eine Äußerung der *NS-Sozialpolitik*
In der *NS-Sozialpolitik* wird zu zwei Berliner Arbeitsgerichtsurteilen Stellung genommen. In beiden Fällen handelt es sich um die Frage, ob in der Entlassung eines jüdischen Arbeiters eine unbillige Härte nach den heute herrschenden Anschauungen erblickt werden könne. Das eine Urteil bejaht die Frage, während das andere eine unbillige Härte verneint. Das eine unbillige Härte bejahende Urteil führt aus, daß es widersinnig sein würde, zwar die Anwendung des Kündigungsschutzes auf Nichtarier zu bejahen, aber dann zu sagen, daß Nichtarier schlechthin arbeitslosen Volksgenossen ihre Arbeitsplätze einzuräumen hätten. In der *NS-Sozialpolitik* wird dagegen erklärt, daß dieser Begründung keinesfalls beigepflichtet werden könne. Dadurch, daß ein Urteil in der Kündigung eines nichtarischen Arbeiters eine unbillige Härte nicht erblicke, lehne es doch keinesfalls die Anwendbarkeit des Arbeitsordnungsgesetzes auf nichtarische Arbeiter ab. Es werde immer auf die Lage des einzelnen Falles ankommen. Grundsätzlich sei aber zu betonen, daß nichtarische Gefolgschaftsmitglieder arischen zu weichen hätten."

Frankfurter Zeitung 17.9.36, 476/77

„Kündigung eines Juden
Die *Deutsche Arbeitskorrespondenz*, die Amtliche Korrespondenz der Deutschen Arbeitsfront berichtet von folgendem Urteil:
Die Kündigung eines jüdischen Gefolgsmannes bedeutet keine unbillige Härte, wenn der jüdische Gefolgsmann noch niemals arbeitslos war, während Millionen deutscher Volksgenossen dieses Los lange Jahre haben ertragen müssen; durch sein Ausscheiden wird sein Arbeitsplatz frei, der durch einen Volksgenossen eingenommen werden kann. Wird in einem Zeitungsbetrieb ein Jude beschäftigt, so genügt die Tatsache allein, um die betreffende

*Zeitung zum Gegenstand von Angriffen zu machen und begründet Unruhe
unter der Gefolgschaft des Betriebes, die den Verlust ihres Arbeitsplatzes befürchtet, hervorzurufen. Eine aus diesem Grunde erfolgte Kündigung ist daher durch die Verhältnisse des Betriebs bedingt. (Urteil des Amtsgerichts
Hanau vom 8. Mai 1938.)"*

2.7.3. Keine Juden in der Deutschen Arbeitsfront

Düsseldorfer Nachrichten 27.6.33, 320

„Juden aus der Arbeitsfront ausgeschlossen
Berlin, 27. Juni. Wie das BDZ-Büro meldet, hat es in Kreisen der Deutschen
Arbeitsfront unliebsames Aufsehen erregt, daß das Presseorgan des Zentral-
vereins Deutscher Staatsbürger jüdischen Glaubens einen Aufruf veröffentlichte, der unter der Überschrift *Bleibt in den Berufsverbänden* die jüdischen
Arbeitnehmer, besonders die Angestellten, aufforderte, sich als Mitglieder
den neuen berufsständischen Organisationen anzuschließen. In unterrichteten
Kreisen wird in diesem Zusammenhang darauf hingewiesen, daß jüdische Arbeitnehmer von allen Organisationen der Nationalsozialisten, also auch von
den Verbänden der Deutschen Arbeitsfront, ein für allemal ausgeschlossen
bleiben. Wenn einige Angestelltenverbände bisher den jüdischen Mitgliedern
erst nahegelegt hätten, freiwillig auszuscheiden, so wolle das nichts besagen
für die kommenden Statuten der neun Fachverbände in der Angestelltensäule.
Diese Statuten werden vielmehr ebenso wie der anderen Gliederungen der
Deutschen Arbeitsfront den Arierparagraphen enthalten. Man kann annehmen-
men, daß die maßgebenden Kreise sich auch schon mit der Frage der organisatorischen Zusammenfassung der jüdischen Arbeitnehmer in Deutschland
beschäftigt haben. Einer der Gedanken, die in diesem Zusammenhang auf-
tauchten, geht dahin, sämtliche jüdischen Arbeitnehmer beider Geschlechter
und alle Berufsgruppen zusammen mit den übrigen jüdischen Mitgliedern der
verschiedenen Berufe in einem Gesamtverband der jüdischen Beschäftigten
zusammenzufassen, dem allerdings im wesentlichen nur gesellschaftliche Bedeutung zukommen würde, und der an die Deutsche Arbeitsfront nicht ange-
gliedert werden könnte. Dagegen sieht der Organisationsplan für die Deutsche
Arbeitsfront bei den deutschen Trägern des Wirtschaftslebens eine sehr genaue Unterscheidung nach einzelnen Berufen und nach den Geschlechtern
vor."

Frankfurter Zeitung 13.7.33, 514

„Der Arierparagraph in der Arbeitsfront
Berlin, 12. Juli. Die Neuaufnahme in die Berufsverbände der Deutschen Arbeitsfront und die Fortführung der Mitgliedschaft aller inzwischen von den aufgelösten Verbänden überführten Mitglieder wird, wie mehrfach erwähnt, von dem Nachweis der arischen Abstammung abhängig gemacht. Der deutsche Handlungsgehilfen-Verband, der Berufsverband der deutschen Kaufmannsgehilfen innerhalb der Angestelltensäule der Deutschen Arbeitsfront hat jetzt angeordnet, daß vor der ersten Beitragszahlung bei Neuaufnahmen und bei den übergeführten Mitgliedern aus den aufgelösten Verbänden folgende Erklärung abgegeben werden muß:
Ich erkläre, arischer Abstammung zu sein. Weder meine Eltern, noch meine Großeltern sind nichtarischer Herkunft. (Nichtarische Abstammung gilt – wie erinnerlich – dann als gegeben, wenn ein Elternteil oder ein Großelternteil nichtarisch ist. Dies ist insbesondere dann anzunehmen, wenn ein Elternteil oder ein Großelternteil der jüdischen Religion angehört hat)."

2.7.4. Diskriminierungen im Wirtschaftsleben

Frankfurter Zeitung 13.8.33, 597/98

„Ausschluß jüdischer Händler in München
München, 12. Aug. Jüdische Händler werden künftighin nach einem Beschluß des Hauptausschusses des Stadtrats in den Versteigerungssaal des städtischen Leihamtes nicht mehr zugelassen, ebenso nicht mehr zum Oktoberfest und den Dulten (Messen)."

Frankfurter Zeitung 23.9.34, 484/85

„Nichtarier vom Zeitungsvertrieb ausgeschlossen
Die Reichsfachschaft des Deutschen Zeitungs- und Zeitschriften-Einzelhandels, Frankfurt a. M., hat den Grundsatz aufgestellt, daß Nichtarier dem Verband nicht angehören können, womit ihnen alsbald die Ausübung des Berufes verwehrt ist. Es handelt sich dabei z. B. auch um alle jene Fälle, in denen ein nichtarischer Zeitungshändler nur nicht nationalsozialistische Zeitungen verkauft hat. Irgend welche Ausnahmen, wie sie sich sonst fast allgemein in der Gesetzgebung der Reichsregierung, z. B. im Gesetz zur Wiederherstellung des Berufsbeamtentums, in den Anordnungen über nichtarische Aerzte

und Anwälte, oder auch im Schriftleitergesetz finden, sind für Zeitungshändler nicht zugelassen worden. Aus einem Schreiben, das im Namen des Präsidenten der Reichspressekammer ... erging, wird ersichtlich, daß dieser Standpunkt von dieser Stelle gebilligt worden ist."

Frankfurter Zeitung 9.11.35, 573/74

„Der Zusatz *deutsch* bei nichtarischen Firmen
Berlin, 8. Nov. Das Kammergericht Berlin hat einige grundsätzlich wichtige Entscheidungen zur Frage der Firmenwahrheit gefällt, die es als unerlaubt bezeichnen, wenn nichtarische Geschäftsinhaber die Tatsache etwa ihrer jüdischen Abstammung dadurch verbergen wollen, daß sie bei der Firmenbezeichnung das Wort *deutsch* anwenden.

In der einen Entscheidung ... wird festgestellt, daß das Firmenwort *deutsch* auch unzulässig sein könne, wenn in der Firma ein jüdisch klingender Name enthalten sei, und daß die Gerichte bei Klärung dieser Dinge nicht an früher ergangene Entscheidungen zum Grundsatz der Firmenwahrheit gebunden seien.

In der zweiten Entscheidung ... heißt es, daß das Firmenwort *deutsch* auch bei einer Gesellschaft mit beschränkter Haftung unter Umständen auf die Deutschstämmigkeit der Gesellschafter und Geschäftsführer bezogen werden könne und deshalb in dieser Hinsicht zur Täuschung geeignet und unzulässig sei, wenn in der Tat die Gesellschafter nichtarischer Abstammung und, wie im vorliegenden Falle, sogar nicht einmal deutsche Reichsangehörige seien. In dem ersten Falle hat das Kammergericht zwei nichtarischen Kaufleuten die Bezeichnung ihrer seit dem Jahre 1900 eingetragen gewesenen Firma als *Deutsches Buchversandhaus* untersagt."

Frankfurter Zeitung 20.1.36, 36

„Lehrlingsausbildung in jüdischen Handelsbetrieben
Lehrherrenstellvertreter an Stelle der Betriebsführer
Berlin, 19. Jan. Die Vertretungen des Einzelhandels sind seit einiger Zeit damit beschäftigt, Richtlinien für die Ausbildung von Lehrlingen aufzustellen. Ueber ihren Inhalt teilt der Reichsfachgruppenwalter für den Einzelhandel, Dr. Piens, im *Deutschen Kaufmann* Einzelheiten mit. Die Erziehung des Berufnachwuchses hänge im Einzelhandel mehr als in anderen Betrieben von der Persönlichkeit des Lehrherren ab. Es genüge deshalb nicht, *erfolgreichen* Kaufleuten die Erziehung des Nachwuchses zu übergeben, sondern der charakterlich einwandfreie ehrbare Kaufmann müsse in der Volkswirtschaft wie-

der häufiger werden. Es gehe auch nicht an, jüdischen Betriebsführern die Erziehung unseres kaufmännischen Nachwuchses zu überlassen. Da es andererseits noch einige Branchen gebe, in denen die Zahl der jüdischen Betriebe überwiege, müsse man den Ausweg gehen, in solchen Fällen für den jüdischen Betriebsführer einen voll verantwortlichen Lehrherrenstellvertreter mit der Lehrlingsausbildung zu beauftragen."

Frankfurter Zeitung 15.4.36, 192/93

„Verkauf eines Geschäfts mit arischem Firmennamen an einen Juden
Vom Oberlandesgericht Hamburg als nichtig erklärt
Das Oberlandesgericht Hamburg hat in einem Urteil vom 27. November 1935 … entschieden, daß der Verkauf eines Handelsgeschäfts mit einem arischen Firmennamen an einen Volljuden gegen die guten Sitten verstoße und daher nichtig sei. In dem zur Verhandlung stehenden Fall waren in dem Kaufpreis vereinbarungsgemäß sämtliche Rechte an der Firma und die Uebernahme des gesamten Kundenstammes eingeschlossen. Diese Vereinbarung erklärte das Gericht für nichtig; mit der Vereinbarung falle aber der gesamte Kaufvertrag, da anzunehmen sei, daß der Antragsteller – der Käufer – ihn ohne die Vereinbarung nicht geschlossen hätte. In der Entscheidung wird im übrigen noch bemerkt, daß zwar die Frage, ob ein Jude, der von einem Arier ein Handelsgeschäft kaufe, das Geschäft unter dessen arischem Namen weiterführen dürfe, bisher durch keine besondere gesetzliche Bestimmung geregelt sei, eine Vereinbarung, wie sie hier geschlossen worden sei, daß ein jüdischer Kaufmann künftig unter arischem Namen Handel treibe, müsse aber schon jetzt als gegen die guten Sitten verstoßend bezeichnet werden. Entscheidend sei dabei, daß die nationalsozialistische Weltanschauung dem Judentum ablehnend gegenüberstehe. Es sei ohne weiteres glaubhaft, daß viele Kunden des Antragstellers nicht von ihm kaufen würden, wenn sie wüßten, daß er ein Jude sei. Es komme auch nicht darauf an, ob der Verkäufer selbst gewußt habe, daß der Antragsteller Jude sei."

Frankfurter Zeitung 29.5.36, 272/73

„Abweisung der Klage einer jüdischen Firma
Das Amtsgericht Wanne-Eickel hatte vor kurzem über die Abtretung einer Forderung gegen einen SA-Mann an eine jüdische Firma zu entscheiden. Der SA-Mann hatte bei einem Händler Anzugstoff gekauft, erfuhr aber bald darauf, daß der Händler die Kaufpreisforderung an eine jüdische Firma abgetreten habe. Es stellte sich heraus, daß der Händler mit der Firma eng zusam-

menarbeitete. Der SA-Mann erklärte, er wolle mit der jüdischen Firma nichts zu tun haben, und stellte den Anzugstoff zur Verfügung. Die Firma erhob gegen ihn Klage. Das Amtsgericht Wanne-Eickel hat die Klage abgewiesen und folgendes ausgeführt: *Nationalsozialisten lehnen es ab, mit Juden in Geschäftsbeziehungen zu treten. Der Verkäufer wußte, daß der Käufer SA-Mann war; er hätte nach der herrschenden Volkssitte die Forderung nicht an eine jüdische Firma abtreten dürfen. Wenn der Käufer das gewußt hätte, hätte er den Kauf nicht getätigt. Es muß daher als stillschweigend vereinbart gelten, daß die Kaufpreisforderung nicht an eine jüdische Firma abgetreten werden durfte.*"

Frankfurter Zeitung 6.6.37, 282/83

„Gefängnis wegen Beleidigung der Gefolgschaft
Ein jüdischer Betriebsführer verurteilt
Das Schöffengericht in Bielefeld hat vor kurzem den jüdischen Direktor einer (inzwischen in arische Hände übergegangenen) Textilfirma wegen Beleidigung seiner Gefolgschaft zu vier Monaten Gefängnis verurteilt. Ueber den Tatbestand berichtet die *Deutsche Arbeitskorrespondenz*, der Angeklagte habe am 24. September 1936 durch Anschlag angeordnet, daß am 26. September, am jüdischen Versöhnungstag, anderthalb Stunden verkürzt gearbeitet und der Ausfall in den nächsten Tagen nachgeholt werden solle. Der Vertrauensrat, der vorher nicht gehört worden sei, habe sich sofort mit dem Angeklagten in Verbindung gesetzt, um wegen der willkürlichen Anordnung Einspruch einzulegen, da in den früheren Jahren auch nicht an den jüdischen Festtagen verkürzt gearbeitet worden sei. Der Angeklagte habe jedoch jede Aenderung schroff abgelehnt und erklärt, die Firma werde *in Zukunft kein Verständnis mehr für nationale Feiertage, wie Schützenfest und dergleichen, haben, wenn der Vertrauensrat nicht das gleiche Verständnis für jüdische Feiertage aufbringe.* Außerdem habe der Betriebsführer den Vertrauensratsmitgliedern *Pfui!* zugerufen und die Bewegung des Ausspuckens gemacht. In der Verhandlung vor dem Schöffengericht habe der Angeklagte die Sache als harmlos darzustellen versucht, der Tatbestand sei aber durch die beeidigten Zeugenaussagen einwandfrei erwiesen worden. Der Staatsanwalt habe das Verhalten des Angeklagten gegenüber der arischen Gefolgschaft in der schärfsten Weise gekennzeichnet und betont, die Beleidigung sei so schwer, daß eine Geldstrafe nicht in Frage kommen könne, umso weniger, als der Angeklagte ein vermögender Mann sei. Das Gericht habe darauf entsprechend dem Strafantrag des Staatsanwalts auf vier Monate Gefängnis erkannt."

Frankfurter Zeitung 17.10.36, 532/33

„Keine Gemeinschaft mit den Juden
Berlin, 16. Oktober. Auf einer Tagung der Gaubetriebsgemeinschaftswalter der Reichsbetriebsgemeinschaft Banken und Versicherungen sprach der Leiter dieser Reichsbetriebsgemeinschaft, Lencer. Nach einem Bericht im Angriff sagte er u. a.: *In erster Linie geht es um die Berufserziehung. Die jungen Menschen, die in das Banken- und Versicherungsfach hinein wollen, dürfen nicht mehr aus unserer Hand genommen werden. Wir werden sie schulen und dafür sorgen, daß in der Zeit ihres beruflichen Ausbildungsweges aus ihnen das wird, was wir überall in der Wirtschaft brauchen, einen verantwortungsvollen und arbeitsfreudigen Menschen. Das zweite, was jetzt unverzüglich in Angriff genommen oder weitergetragen werden muß, ist die Judenfrage in den Betrieben, für die wir zuständig sind. Sie muß jetzt eindeutig in den Vordergrund gestellt werden, bis zu ihrer endgültigen Lösung. Es gibt in einem Betrieb, ganz gleich ob Bank oder Versicherung, keine Gemeinschaft mit dem Juden. Er ist auch da, genau wie im politischen Leben, ein Fremdkörper, der beseitigt werden muß.*"

Völkischer Beobachter 1.3.38, 60

„Deutsche Bekleidungswirtschaft wird entjudet
Kauft nur noch *Ware aus arischer Hand*!
Berlin, 28. Februar. Nach neueren Erhebungen kauft der arische Einzelhandel noch für etwa 400 Millionen Reichsmark Ware vom jüdischen Konfektionsgewerbe. Das bedeutet, daß 12 bis 15 Millionen deutscher Volksgenossen ahnungslos und gewiß gegen ihren eigenen Willen den Konfektionsjuden unterstützen. Um gegenüber diesem Mißstand eine klare Unterscheidungsmöglichkeit zwischen jüdischer Konfektion und der von deutschen Betrieben mit deutschen Gefolgschaften hergestellten artgemäßen Kleidung zu schaffen, kennzeichnen die Mitglieder der ADEFA., der seit fünf Jahren bestehenden Arbeitsgemeinschaft deutscharischer Fabrikanten der Bekleidungsindustrie e.V., die dem Schutze und der Förderung der Dienststellen der Partei empfohlen ist und deren Bestrebungen volles Verständnis bei allen maßgebenden Stellen finden, ihre Erzeugnisse äußerlich mit dem Anhäge-Etikett, das sie als *Ware aus arischer Hand* ausweist.

Der Verbraucher, der dieses Zeichen beachtet, das in diesen Tagen überall in den Schaufenstern des arischen Einzelhandels erscheint, kann gewiß sein, Erzeugnisse zu erhalten, die vom Weber bzw. Wirker über den Bekleidungsfabrikanten bis zum Einzelhändler nur durch arische Hände gegangen sind, denn die Mitglieder der ADEFA. haben sich verpflichtet, alle Verbindungen mit jüdischen Lieferanten, Vertretern und Kunden ein für allemal abzulehnen."

2.8. Der Griff nach jüdischem Vermögen

2.8.1. Die Bestandaufnahme jüdischen Vermögens

Frankfurter Zeitung 28.4.38, 213/14

„Bestandsaufnahme des jüdischen Vermögens
Berlin, 27. April. Im Reichsgesetzblatt (Nummer 63, Teil I vom 26. April) wird durch den Beauftragten für den Vierjahresplan, Generalfeldmarschall Göring, folgende Verordnung über die Anmeldung des Vermögens von Juden veröffentlicht:

§ 1. Jeder Jude (§ 5 der ersten Verordnung zum Reichsbürgergesetz vom 14. November 1935, Reichsgesetzblatt Teil I Seite 1333) hat sein gesamtes in- und ausländisches Vermögen nach dem Stande vom Tage des Inkrafttretens dieser Verordnung gemäß den folgenden Bestimmungen anzumelden und zu bewerten. Juden fremder Staatsangehörigkeit haben nur ihr inländisches Vermögen anzumelden und zu bewerten.

Die Anmelde- und Bewertungspflicht trifft auch den nichtjüdischen Ehegatten eines Juden.

Für jede anmeldepflichtige Person ist das Vermögen getrennt anzugeben.

§ 2. Das Vermögen im Sinne dieser Verordnung umfaßt das gesamte Vermögen des Anmeldepflichtigen ohne Rücksicht darauf, ob es von irgendeiner Steuer befreit ist oder nicht.

Zum Vermögen gehören nicht bewegliche Gegenstände, die ausschließlich zum persönlichen Gebrauch des Anmeldepflichtigen bestimmt sind, und der Hausrat, soweit sie nicht Luxusgegenstände sind.

§ 3. Jeder Vermögensbestandteil ist in der Anmeldung mit dem gemeinen Wert anzusetzen, den er am Tage des Inkrafttretens dieser Verordnung hat.

Die Anmeldepflicht entfällt, wenn der Gesamtwert des anmeldepflichtigen Vermögens ohne Berücksichtigung von Verbindlichkeiten 5000 Reichsmark nicht übersteigt.

§ 4. Die Anmeldung ist unter Benutzung eines amtlichen Musters bis zum 30. Juni 1938 bei der für den Wohnsitz des Anmeldenden zuständigen höheren Verwaltungsbehörde abzugeben. Wenn im Einzelfall aus besonderen Gründen eine vollständige Anmeldung und Bewertung des Vermögens bis zu diesem Tage nicht möglich ist, so kann die höhere Verwaltungsbehörde die Anmeldefrist verlängern. In diesem Falle ist jedoch bis zum 30. Juni 1938 unter Angabe der Hinderungsgründe das Vermögen schätzungsweise anzugeben und zu bewerten.

§ 5. Der Anmeldepflichtige hat der höheren Verwaltungsbehörde unverzüglich jede Veränderung (Erhöhung oder Verminderung) seines Vermögens anzuzeigen, die nach dem Inkrafttreten der Verordnung eintritt, sofern die Vermögensveränderung über den Rahmen einer angemessenen Lebensführung oder des regelmäßigen Geschäftsverkehrs hinausgeht. ...

§ 8. Wer vorsätzlich oder fahrlässig die nach den vorstehenden Vorschriften bestehende Anmelde-, Bewertungs- oder Anzeigepflicht nicht, nicht richtig oder nicht rechtzeitig erfüllt oder einer auf Grund des § 7 erlassenen Anordnung zuwiderhandelt, wird mit Gefängnis und mit Geldstrafe oder mit einer dieser Strafen bestraft. In besonders schweren Fällen vorsätzlicher Zuwiderhandlung kann auf Zuchthaus bis zu zehn Jahren erkannt werden. Der Täter ist auch strafbar, wenn er die Tat im Ausland begangen hat.

Der Versuch ist strafbar."

Völkischer Beobachter 28.4.38, 118

„Anmeldepflicht der jüdischen Vermögens
Das Verordnungswerk verfolgt einen vierfachen Zweck:

1. soll der Umfang und die Bedeutung des jüdischen Einflusses im deutschen Wirtschaftsleben festgestellt werden. Das geschieht durch die Feststellung der jüdischen Vermögen. Der über diese Vermögensmacht hinausgehende Einfluß des Judentums, wie er in der Systemzeit (Weimarer Republik – der Verf.) bestanden hat, ist inzwischen vom Nationalsozialismus gebrochen worden.

2. wird die Bewegung dieses jüdischen Vermögens genau überwacht. Die Juden können nicht mehr, bloß weil sie Geld haben, in die deutsche Wirtschaft eindringen und damit ihren wirtschaftlichen Einfluß vergrößern. Auch ein getarntes Eindringen der Juden in das deutsche Wirtschaftsleben wird unmöglich gemacht. Daß die Juden große Übung darin haben, sich tarnen zu können, wissen wir ja, und deshalb war es notwendig, jedem derartigen Tarnungsversuch von vornherein einen Riegel vorzuschieben.

3. wird mit der wilden Arisierung ein Ende gemacht. Das war ja oft auch ein weniger schöner Anblick. Wir haben seinerzeit im *VB* gegen diese *weißen Juden* vom Leder gezogen, die die Zurückdrängung des Juden aus dem deutschen Wirtschaftsleben als eine gute Konjunktur für ihre eigenen Spekulationen ansahen. Wenn jemand von der Zurückdrängung des Judentums aus der

deutschen Wirtschaft Vorteile haben soll, dann ist es der, der im Kampf gegen das Judentum gesiegt hat, und das ist nur das deutsche Volk, und nicht der *weiße* Jude.

4. Wenn das jüdische Vermögen auch privatrechtlich den Juden gehört, so ist es doch ein Bestandteil der deutschen Volkswirtschaft. Jeder deutsche Unternehmer ist nach nationalsozialistischer Auffassung Treuhänder deutschen Nationalvermögens, das er im Dienste des Volkes zu verwenden hat. Vom Juden können wir die Gesinnung ... nicht verlangen. Da aber auch das privatrechtlich dem Juden gehörende Vermögen Bestandtel des deutschen Nationalvermögens ist, ist es nur richtig, daß dafür gesorgt wird, daß auch diese jüdischen Vermögen zum Wohle des gesamten Volkes benutzt werden. Deshalb behält sich der Beauftragte für den Vierjahresplan Maßnahmen vor, den Einsatz des anmeldepflichtigen jüdischen Vermögens im Interesse der Wirtschaft des deutschen Volkes zu sichern. ...

Jeder Nationalsozialist betrachtet diese Verordnung des Pg. Göring als Frucht auch seines Kampfes gegen das Judentum. Wir schauen noch einmal zurück auf das, was der Nationalsozialismus in der Brechung der jüdischen Vormachtstellung geleistet hat. Auch hier ist in kaum fünf Jahren das Unmögliche möglich gemacht worden; sogar auf wirtschaftlichem Gebiet, wo der Einfluß des Judentums so unheilvoll stark war, ist jetzt die Macht des Judentums endgültig erledigt."

Düsseldorfer Nachrichten 14.1.39, 25

„Zur Vermögenserklärung der Juden – Auch die arische Ehefrau eines Juden ist angabepflichtig

Vor dem Schöffengericht hatten sich der 39jährige Jude Walter Gans und seine 47jährige arische Ehefrau wegen Nichtanmeldung von Vermögensteilen zu verantworten. Der Angeklagte hatte, als den Juden in Deutschland auferlegt wurde, ihr Vermögen nach dem Stande vom 27. April 1938 anzugeben, zwar sein eigenes Vermögen in Höhe von rund 50 000 RM. angegeben, nicht aber die Bankguthaben seiner arischen Ehefrau in Höhe von rund 13 000 RM. Beide Angeklagte – die Ehefrau war mit der Nichtanmeldung einverstanden gewesen – erklärten, sie seien der Meinung gewesen, die Bestimmungen bezögen sich nur auf das Vermögen von Juden oder Jüdinnen. Der Vorsitzende stellt fest, daß die Angeklagten damals in Gütergemeinschaft lebten, daß allein schon deshalb die Anmeldung auch des Vermögens der arischen Frau notwendig gewesen wäre. Darüber hinaus wurde festgestellt, daß das Vermögenserklärungsformular ausdrücklich den Vermerk enthielt, daß auch das Vermögen der arischen Ehefrau eines Juden angegeben werden müsse. Die

Angeklagten beriefen sich nun darauf, sie hätten sich bei Bankleuten erkundigt, die sie falsch unterrichtet hätten. *Und warum erkundigten Sie sich nicht lieber beim Finanzamt selbst?* fragte der Vorsitzende. – Der Staatsanwalt beantragte gegen den Angeklagten wegen wissentlicher Nichtanmeldung eine Geldstrafe von 500 RM., gegen die Frau wegen fahrlässiger Nichtanmeldung eine Geldstrafe von 300 RM. – Das Gericht nahm, da immerhin die Möglichkeit vorlag, daß die Angeklagten falsch unterrichtet wurden, bei beiden nur Fahrlässigkeit an und erkannte auf Geldstrafen von 300 bzw. 200 RM. Das Urteil wurde von den Angeklagten anerkannt."

2.8.2. Die Erfassung jüdischer Gewerbebetriebe

Düsseldorfer Nachrichten 17.6.38, 301

„Die jüdischen Gewerbebetriebe – Eine wichtige Verordnung zum Reichsbürgergesetz
Berlin, 16. Juni. Das Reichsgesetzblatt vom 15. Juni bringt die vom 14. d. M. datierte dritte Verordnung zum Reichsbürgergesetz, die außerordentlich wichtige Bestimmungen enthält, die den Begriff eines *Jüdischen Gewerbebetriebes* festlegen. …
Der Artikel I der Verordnung behandelt den Begriff des jüdischen Einflusses, der bei einem Betrieb eines einzelnen Kaufmanns oder Handwerkers einfach dadurch gegeben ist, daß klargestellt wird, ob der Inhaber Jude ist oder nicht. Schwieriger ist die Feststellung aber bei den Gesellschaften. Hier bestimmt die Verordnung, daß eine Aktiengesellschaft bereits dann als jüdisch anzusehen ist, wenn im Vorstand oder Aufsichtsrat auch nur ein Jude vertreten ist. Außerdem ist die Verordnung aber auch auf die Kapitalverteilung abgestellt. Ein Betrieb gilt dann bereits als jüdisch, wenn ein Viertel des Kapitals Juden gehört. Da das Aktienkapital nicht immer mit der Verteilung des Stimmrechts übereinstimmt, ist weiter vorgesehen, wie in solchen Fällen zu entscheiden ist. Auch bei Aktien mit Vorzugsstimmrecht ist die Bestimmung getroffen, daß die jüdische Stimmzahl nie die Hälfte der Gesamtstimmen erreichen darf, damit die Beschlüsse einer Aktiengesellschaft nicht von jüdischer Seite herbeigeführt oder verhindert werden können.
Bei solchen Aktiengesellschaften, deren Aktien an der Börse gehandelt werden, und die in der Regel nicht in der Lage sind, über den Aktienbesitz Feststellungen zu treffen, gibt der Paragraph 2 die Möglichkeit der *Vermutung*, d. h. sind im Vorstand oder Aufsichtsrat dieser Gesellschaft Juden ver-

treten, so wird vermutet, daß auch der Aktienbesitz sich zum größten Teil in jüdischem Besitz befindet. Der Paragraph 3 endlich sieht noch eine General-klausel vor, die es ermöglicht, alle die Fälle, in denen sich die Juden hinter die Möglichkeit des bürgerlichen Rechts verschanzen oder ihren Betrieb nach außen hin getarnt haben, zu erfassen.

Der Artikel II der Verordnung behandelt die Verfahrensvorschriften. Da-nach ist die entscheidende Stelle eine höhere Verwaltungsbehörde unter Ein-schaltung der Parteidienststellen. Der Paragraph 14 sieht vor, daß der Gaulei-ter jederzeit das Recht hat, die Nachprüfung einer Entscheidung herbeizufüh-ren, auch wenn diese bereits rechtskräftig geworden ist.

Die jüdischen Gewerbebetriebe werden in Listen zusammengefaßt und diese zur Einsichtnahme für jedermann offen ausgelegt. Damit jeder Volks-genosse die Möglichkeit hat, sich darüber zu unterrichten, ob ein Geschäft jü-disch ist oder nicht, werden voraussichtlich die unteren Verwaltungsbehörden mit der Auslegung der Listen betraut. Die bisher im Umlauf befindlichen Li-sten fallen nach der Aufstellung der gesetzmäßigen Listen fort.

Der Artikel III bestimmt, daß diejenigen jüdischen Geschäfte, die sich nicht arisieren, in absehbarer Zeit ein besonderes Kennzeichen führen müs-sen."

Völkischer Beobachter 21.7.38, 202

„Verzeichnis der jüdischen Betriebe Durchführungsbestimmungen des Reichsinnenministers
Berlin, 20. Juli. Der Reichsinnenminister hat im Einvernehmen mit dem Reichswirtschaftsminister Durchführungsbestimmungen zur Verordnung über die jüdischen Verzeichnisse der jüdischen Gewerbebetriebe erlassen. Die Verzeichnisse werden bei den Behörden geführt, bei denen die Gewerbebe-triebe nach der Gewerbeordnung anzumelden sind. In Österreich werden die Verzeichnisse bei den Gewerbebehörden erster Instanz geführt. Die jüdischen Gewerbebetriebe sollen nach der Buchstabenfolge eingetragen werden. So-weit ein örtliches Bedürfnis besteht, können die Verzeichnisse auch nach Ge-schäftszweigen eingeteilt werden. Die Eintragung soll den Gegenstand des Gewerbes möglichst genau ersehen lassen. In das Verzeichnis ist auch eine Bemerkung über die Tatsachen aufzunehmen, die zur Eintragung geführt ha-ben, beispielsweise die Namen der jüdischen Gesellschafter oder der jüdi-schen Mitglieder des Vorstandes und des Aufsichtsrats. Ebenso sind Angaben über Größe und Umfang des Betriebes zu machen. Die Verzeichnisse werden in vierfacher Ausfertigung hergestellt, je ein Stück zum innerdienstlichen

Verkehr der Behörde, zur Einsichtnahme, für die höhere Verwaltungsbehörde und für den zuständigen Gauleiter.

Die Behörden, denen die Führung der Verzeichnisse obliegt, müssen sich jetzt zunächst die notwendigen Unterlagen verschaffen. Zu diesem Zweck setzen sie sich mit den zuständigen Industrie- und Handelskammern, Handwerkskammern, Parteidienststellen, Finanzbehörden und sonstigen Stellen in Verbindung, die über Unterlagen verfügen. Außerdem sind von Amts wegen alle sonstigen Maßnahmen zur Erfassung aller jüdischen Gewerbebetriebe zu treffen. In die Ermittlungen sind auch diejenigen Betriebe einzubeziehen, bei denen eine Tarnung vermutet wird. Bei der Anwendung der Verordnung ist zu beachten, daß der Begriff des jüdischen Gewerbebetriebs die Beteiligung von Juden voraussetzt. Die Beteiligung jüdischer Mischlinge und jüdisch Versippter bleibt außer Betracht. Dies schließt nicht aus, daß die Verordnung zur Anwendung kommt, wenn bei Mischlingen jüdische Verwandte, bei Versippten jüdische Ehegatten oder Verschwägerte beherrschenden Einfluß auf den Gewerbebetrieb ausüben. Die Anlegung der Verzeichnisse soll mit möglichster Beschleunigung durchgeführt werden."

2.8.3. Gegen die Tarnung jüdischer Betriebe

Völkischer Beobachter 24.4.38, 116

„Jüdische Täuschungsmanöver unterbunden – Verordnung gegen die Unterstützung der Tarnung jüdischer Gewerbebetriebe
Berlin, 25. April. Auf Grund der Verordnung zur Durchführung des Vierjahresplanes vom 18. Oktober 1936 ordnet der Beauftragte für den Vierjahresplan, Generalfeldmarschall Göring, folgendes an:
Ein deutscher Staatsangehöriger, der aus eigennützigen Beweggründen dabei mitwirkt, den jüdischen Charakter eines Gewerbebetriebes zur Irreführung der Bevölkerung oder der Behörden bewußt zu verschleiern, wird mit Zuchthaus, in weniger schweren Fällen mit Gefängnis, jedoch nicht unter einem Jahr, und mit Geldstrafe bestraft. Ebenso wird bestraft, wer für einen Juden ein Rechtsgeschäft schließt und dabei unter Irreführung des anderen Teils die Tatsache, daß er für einen Juden tätig ist, verschweigt.
Diese Verordnung tritt mit dem Tage ihrer Verkündung in Kraft."

„Strafbare Tarnung jüdischer Firma – Jüdischer Prokurist und seine arische Frau verurteilt

Im Rahmen des Vierjahresplanes wird durch die Verordnung gegen die Unterstützung der Tarnung jüdischer Gewerbebetriebe jeder deutsche Staatsbürger, der aus Eigennutz dabei mitwirkt, ...

Wegen Vergehens gegen diese Verordnung hatte sich der 44jährige Jude Walter Israel Herzfeld vor der Strafkammer zu verantworten. Mitangeklagt war seine 36jährige arische Ehefrau. Herzfeld war früher Prokurist in einer jüdischen Firma der Eisenbranche. Nachdem der jüdische Inhaber der Firma ausgewandert war, sollte Herzfeld den Geschäftsbetrieb bis zur Liquidierung der Judenfirma weiterführen. Statt dessen kaufte und verkaufte Herzfeld munter weiter und führte schließlich ohne jede Meldung den Betrieb unter dem Namen seiner völlig geschäftsunkundigen arischen Ehefrau weiter. Er erreichte es dadurch, daß zuletzt sowohl die Lieferanten wie auch die Kunden der Überzeugung waren, mit einer arischen Firma zu tun zu haben. Vor Gericht gab Herzfeld den Sachverhalt zu, behauptete aber, *er habe geglaubt, zur Weiterführung des Geschäfts berechtigt zu sein, weil er sich habe taufen lassen.* Diese Einlassung war nicht nur unglaubhaft angesichts der eingehenden Aufklärung der Allgemeinheit über den Begriff des Judentums; sie war zugleich widerlegt durch den Tatbestand: glaubte Herzfeld nämlich, selbst zur Weiterführung des Geschäftes berechtigt zu sein, so brauchte er die Firma nicht unter dem Namen seiner Frau weiterzuführen. Das Gericht verurteilte den Juden im Sinne der Anklage zu einem Jahr drei Monaten Gefängnis, seine arische Frau zur Mindeststrafe, einem Jahr Gefängnis und 100 RM. Geldstrafe."

3. Die staatsbürgerlich-rassistische Ausgrenzung der deutschen Juden bis November 1938

3.1. Diskriminierende Vorboten der Rassengesetze

3.1.1. Arisch-jüdische Mischehen

Völkischer Beobachter 13./14.5.34, 133/34

„Eheanfechtung wegen Irrtums über die Bedeutung der Rasse
(Eine grundsätzliche Entscheidung des Oberlandesgerichts Karlsruhe)
Die krasse Unkenntnis über Wesen und Bedeutung der Rasse, die vor der nationalsozialistischen Revolution in weiten Kreisen des deutschen Volkes bestand, war die Ursache für die große Häufigkeit arisch-jüdischer Mischehen.

Als der Nationalsozialismus die Erkenntnis des Wesens der Rasse verbreitete und vertiefte, haben Deutsche, die eine solche Mischehe eingegangen waren, vielfach versucht, sie wegen Irrtums anzufechten und für nichtig erklären zu lassen, da sie bei Kenntnis des Wesens und der Bedeutung der Rasse für die Ehe selbst, ihre Nachkommenschaft und das deutsche Volkstum die Ehe nicht geschlossen haben würden.

Bisher haben die Gerichte, insbesondere das Kammergericht in Berlin, solche Klagen abgewiesen, da durch die nationalsozialistische Revolution lediglich eine Änderung in der Bewertung und der staatsrechtlichen Stellung der Juden eingetreten sei, die zur Anfechtung nicht berechtige.

Ein solcher Prozeß hat nun das Oberlandesgericht Karlsruhe beschäftigt.

Der Kläger, ein Mediziner aus Württemberg, hatte während seiner Studienzeit in Wien eine Jüdin kennengelernt und sie im August 1930 gegen den Widerstand seiner Verwandten geheiratet.

Er focht diese Ehe durch Klage beim Landgericht Heidelberg an, weil er sich bei Eingehung der Ehe im Irrtum befunden habe, er habe zwar gewußt, daß die Beklagte Jüdin sei, habe aber Wesen und Bedeutung der Rasse nicht erkannt gehabt. Er würde sonst die Ehe nicht geschlossen haben.

Das Landgericht Heidelberg hat die Klage abgewiesen. ...

Das Oberlandesgericht Karlsruhe hat ... der Anfechtung stattgegeben und die Ehe des Klägers wegen Irrtum über das Wesen und Bedeutung der Rasse für nichtig erklärt.

Es hat damit als erstes deutsches Obergericht die Anfechtung einer arisch-jüdischen Mischehe wegen Irrtum über die Bedeutung der Rasse zugelassen. ...

Sie (die Entscheidung – der Verf.) bringt als erste den Rassegedanken im Eherecht zur Geltung und beweist, daß die Gerichte auch nach dem gegenwärtig noch geltenden Recht bei richtiger Rechtsanwendung der nationalsozialistischen Weltanschauung zum Durchbruch verhelfen können."

Düsseldorfer Nachrichten 27.3.34, 156

„Sind rassische Ehen anfechtbar? – Die Auffassung des preußischen Justizministeriums
Berlin, 26. März In der letzten Zeit ist in der Öffentlichkeit die Frage der Anfechtung von rassischen Mischehen mehrfach behandelt worden, und zwar in erster Linie im Anschluß an ein Urteil des Oberlandesgerichts Karlsruhe, das einer Anfechtungsklage stattgegeben hatte. Die Auffassung, die das Preußische Justizministerium in dieser Frage einnimmt, kommt in einer Auslassung in der *Deutschen Justiz* zum Ausdruck. Es sei zweifellos richtig, so heißt es dort, daß nach den Anschauungen des Nationalsozialismus eine rassische Mischehe unerwünscht sei und nach der allgemeinen Volksmeinung nicht gebilligt werden könne. Weil diese Ansicht aber inzwischen Allgemeingut geworden sei, können Anfechtungen von Mischehen, die nach der nationalsozialistischen Revolution und der durch sie erfolgten Aufklärung über die Rassenfragen geschlossen wurden, nicht mehr in Frage kommen, da derjenige, der in dieser Zeit trotzdem eine Mischehe eingegangen sei, sich bewußt gegen die allgemeine Auffassung des Volkes gestellt habe und deshalb auch die Konsequenzen, die sich daraus ergäben, auf sich nehmen müsse.

Für die vorhergehende Zeit sei grundsätzlich eine Anfechtung für möglich zu erachten, sie unterliege aber der für die Anfechtung vorgesehenen Verjährungsfrist von sechs Monaten. Da der Lauf dieser sechs Monate mit der nationalsozialistischen Revolution oder jedenfalls den ersten Monaten nach der Revolution begonnen habe, könne jetzt eine solche Anfechtung nicht mehr in Frage kommen."

Frankfurter Zeitung 13.7.34, 350/51

„Arisch-jüdische Mischehen – Das Reichsgericht hebt das Karlsruher Urteil auf. Die Anfechtung von Mischehen nur ausnahmsweise möglich
Leipzig, 12. Juli Der Vierte Zivilsenat des Reichsgerichts hat heute in der Frage der Anfechtbarkeit arisch-jüdischer Mischehen eine Entscheidung ver-

kündet, der grundsätzliche Bedeutung zukommt. Es handelte sich, wie berichtet, um den Fall einer Anfechtungsklage eines früheren Pfarrers und jetzigen Mediziners, der die Ehe in Kenntnis der jüdischen Abstammung seiner Ehefrau geschlossen hatte, und der nunmehr die Ehe mit der Begründung anfocht, er habe sich im Irrtum über die Bedeutung des Rasseprinzips und der Rasse-Verschiedenheit befunden und hinreichende Kenntnis davon erst durch die nationalsozialistische Revolution erhalten. Die Rassezugehörigkeit war dem Kläger also an sich bekannt gewesen; in der behaupteten Unkenntnis der Bedeutung dieser Rassezugehörigkeit sah er aber einen Irrtum im Sinne des § 1333 BGB, der ihn zur Anfechtung der Ehe berechtige.

Das Landgericht Heidelberg hatte die Klage abgewiesen. Das Oberlandesgericht Karlsruhe hatte jedoch ... der Klage stattgegeben. Das Reichsgericht hat sich der Auffassung des Oberlandesgerichts nicht angeschlossen. Es hat sich im wesentlichen auf den Standpunkt gestellt, daß eine Anfechtung von arisch-jüdischen Mischehen wegen Irrtums über die Bedeutung der Rassezugehörigkeit in der Regel zu verneinen sei, und daß nur in seltenen Ausnahmefällen und unter ganz besonderen Umständen auch ein Irrtum über die Bedeutung des Rasseprinzips einen Anfechtungsgrund bilde. In der Hauptsache ist danach eine arisch-jüdische Mischehe nur dann anfechtbar, wenn bei Abschluß der Ehe dem einen Teil die Zugehörigkeit des anderen Teils zur jüdischen Rasse nicht bekannt war. Das Urteil des Oberlandesgerichts Karlsruhe wurde daher im vorliegenden Falle aufgehoben und die Entscheidung des Landgerichts Heidelberg wieder hergestellt. ...

Da der arische Ehegatte bei der Eheschließung Kenntnis von der jüdischen Abstammung seiner Frau gehabt habe, sei vom Standpunkt des geltenden Rechts aus die Anfechtung wegen Irrtum ausgeschlossen."

Frankfurter Zeitung 19.5.34, 250/51

„Anfechtung von arisch-jüdischen Mischehen
Breslau, 18. Mai Das *Deutsche Nachrichtenbüro* meldet: Die 2. Zivilkammer des Landgerichts Breslau fällte ein bedeutsames Urteil in Bezug auf arisch-jüdische Mischehen. Ein Militäranwärter hat 1927 eine Frau geheiratet, die bei der Eheschließung ihre Geburtsurkunde persönlich dem Standesamt eingereicht hatte, so daß der Mann erst im November 1933, als er für seine Behörde die Standesurkunden für sich und seine Frau beschaffen mußte, davon Kenntnis erhielt, daß seine Frau jüdischer Abstammung war. Er focht jetzt im Klagewege die Ehe an. Die Zivilkammer erklärte die Ehe für nichtig. In den Gründen wurde u. a. ausgeführt, daß nach der heute herrschenden Ansicht die Rassenzugehörigkeit eines Menschen eine persönliche Eigenschaft von we-

sentlicher Bedeutung sei. Der Charakter, die Wesensart und die Lebensanschauung der Persönlichkeit beruhten im erheblichen Grade mit auf Blut und Rasse. Diese Eigentümlichkeit vererbe sich auf die Nachkommen. Die Blutmischung zwischen arischen und nichtarischen Rassenangehörigen führe zu einer Nachkommenschaft, die als Mischrasse als minderwertig anzusehen sei"

Frankfurter Zeitung 13.7.35, 352/53

„Abermals Ablehnung einer Mischehe durch ein Amtsgericht
Berlin, 12. Juli Ein mecklenburgisches Amtsgericht hat, wie die *Nationalsozialistische Parteikorrenspondenz* berichtet, durch Beschluß die Beschwerde eines jüdischen Kaufmanns über einen Standesbeamten abgewiesen, der sich geweigert hatte, das Aufgebot einer Eheschließung zwischen ihm und einer Arierin entgegenzunehmen. In der Begründung der Entscheidung heißt es, daß zwar rein formalgesetzlich ein Verbot der Eheschließung zwischen Ariern und Nichtariern noch nicht bestehe, trotzdem aber ein Standesbeamter nicht gezwungen werden könne, die Eheschließung zwischen Ariern und Nichtariern vorzunehmen, da durch eine solche arisches Blut vermischt und für alle Zukunft vom völkischen Standpunkt aus betrachtet, unbrauchbar gemacht werde. Eine derartige Ehe verstoße gegen die wichtigsten Gesetze des Staates, die in der Reinhaltung und Pflege des deutschblütigen Volkes bestünden, und sei daher durch und durch unsittlich. Es könne von einem Beamten nicht verlangt werden, daß er zu einer solchen Handlung seine Hand biete."

3.1.2. Die „Rassenschande"

Aller Zeitung 18.7.35, 165

„Rassenschänder am Werk – Verhaftung wegen rassenschänderischer Beziehungen zu Juden
Dresden, 18. Juli Wie jetzt bekannt wird, sind seit Ende 1934 in Sachsen auf Anordnung des sächsischen Innenministers 14 Frauen und ein Mann wegen rassenschänderischer Beziehungen mit Juden in Schutzhaft genommen worden. Die jüdischen Partner wurden, soweit es sich um Ausländer handelt, des Reiches verwiesen. Die übrigen sind einem Konzentrationslager zugeführt worden.
    Das ist nun schon der zweite Fall, in dem ehrvergessene, jeden Gefühls für Anstand und Stolz bare Menschen darüber belehrt werden mußten, daß sie

nicht ungestraft die Anschauungen des deutschen Volkes mit Füßen treten dürfen. ...

Wenn aber deutsche Mädchen sich soweit vergessen, *Liebesverhältnisse* mit Juden einzugehen, so muß solch ehrloses und pflichtvergessenes Verhalten mitleidlos bestraft werden, um damit zugleich abschreckend auch auf diejenigen zu wirken, die das Gebot der Stunde immer noch nicht verstanden zu haben glauben.

In Breslau wurden sieben Mädchen die *Verhältnisse* mit Juden unterhielten, in Schutzhaft genommen."

Düsseldorfer Nachrichten 21.7.35, 362

„Wegen Rassenschande verhaftet – 13 Fälle nachgewiesen
Hannover, 20. Juli. Der Jude Julius Cohn aus Hannover, wohnhaft in einer Villa ..., Inhaber einer Woll- und Getreidemaklerfirma, wurde wegen fortgesetzter Rassenschändung, begangen an deutschen Frauen, in bisher dreizehn nachgewiesenen und zugegebenen Fällen, und wegen betrügerischen Geschäftsgebarens verhaftet und dem Konzentrationslager Esterwegen im Kreise Hümmeling zugeführt. Cohn hat die wirtschaftliche Not der Frauen und Mädchen ausgenutzt und ihnen ansehnliche Darlehen gegeben, um sie gefügig zu machen."

Frankfurter Zeitung 6.9.35, 434/35

„Verkehr mit Juden
Eine Entscheidung des Amtsgerichts Breslau
Unter der Ueberschrift: *Jeder Verkehr mit Juden ist Rassenschande* berichtet die *Nationalsozialistische Parteikorrespondenz* ausführlich von einer Entscheidung des Amtsgerichts in Breslau.

In Breslau sei eine Frau wegen Rassenschande angeprangert worden. Sie habe deswegen bei Gericht gegen die SA-Führer als Urheber dieser Veröffentlichung eine einstweilige Verfügung beantragt. Die Frau habe behauptet, daß sie gar nicht in intimen Beziehungen zu dem Juden gestanden habe. Das Gericht habe es aber auf den Beweis darüber gar nicht ankommen lassen. Es habe festgestellt, daß Rassenschande nicht nur bei intimen Verkehr, sondern auch schon in allen Fällen vorliege, wo ein freundschaftlicher Verkehr mit einem Rassefremden, insbesondere einem Juden, nachgewiesen werden könne.

In den Entscheidungsgründen heißt es u. a., daß die Antragstellerin mit einem Juden anderthalb Jahre nach der Machtübernahme zehn Tage nach Swinemünde ins Bad gefahren sei und mit ihm in diesem Jahr auch eine zweitägige Autotour unternommen habe. ...

Wörtlich heißt es dann weiter: Ob sie dabei noch geschäftliche Dinge erledigt hat oder nicht, spielt keine Rolle, da die Antragstellerin als Deutsche und besonders als Ehefrau eines SA-Mannes die Pflicht hat, sich nicht mit Juden in der Oeffentlichkeit allein sehen zu lassen, und den Verdacht intimer Beziehungen zu diesem in der Oeffentlichkeit zu erregen. Abgesehen davon, daß der dringende Verdacht besteht, daß die Antragstellerin zu Spanier in intime Beziehungen getreten ist, ist unter dem Begriff der Rassenschande nicht nur die geschlechtliche Vereinigung einer Arierin mit einem Nichtarier und umgekehrt, sondern auch jeder andere freundschaftliche Verkehr, soweit er über den Rahmen des rein Geschäftlichen hinausgeht, zu verstehen, wie auch der Kerrlsche Strafrechtsentwurf von 1933 z. B. das Tanzen zwischen Arier und Nichtarierin als Rassenschande bezeichnet und bestraft"

3.1.3. Kurorte und Städte

Frankfurter Zeitung 1.8.35, 387/88

„Westerland gegen jüdische Kurgäste
Anläßlich von Turnvorführungen der Kieler Städtemannschaft am Strand von Westerland hielt Bürgermeister Schuldt eine Ansprache, in der er nach dem Bericht der *Sylter Zeitung* sich dagegen wandte, daß in letzter Zeit wieder jüdische Kurgäste nach Westerland gekommen seien. In Westerland seien Juden nach wie vor in höchstem Grade unerwünscht. Es sei zu hoffen, erklärte der Bürgermeister, daß es nicht erst zu dem Ultimatum kommen müsse: Juda, wir geben dir 24 Stunden Zeit, aus Westerland zu verschwinden."

Frankfurter Zeitung 26.5.35, 266/67

„Eine Kundgebung auf dem judenfreien Markt in Lang-Göns
Gießen, 25. Mai Am Donnerstag fand – wie der Landespressedienst des DNB mitteilt – in Lang-Göns der zweite juden-freie Markt statt. Seine besondere Bedeutung bekam der Markt dadurch, daß auch der Reichsstatthalter Gauleiter Sprenger in Begleitung des Landesbauernführers Dr. Wagner ... teilnahm."

Frankfurter Zeitung 20.7.35, 365/66

„Die Neustrelitzer Hoteliers und Gaststätteninhaber haben sich durch Vermittlung des Städtischen Verkehrsamtes zu einer Gemeinschaftsaktion vereinigt, wonach überall Schilder mit der Inschrift *Der Zutritt von Juden ist unerwünscht* zum Aushang gebracht werden.

Der Gemeinderat von Osann, einem Winzerdorf in einem Seitental der Mosel, hat den Beschluß gefaßt, daß kein Jude und keine Jüdin in Osann zuziehen darf, kein Jude ein Haus oder ein Grundstück erwerben darf, kein Handwerker, Geschäftsmann oder sonstiger Volksgenosse eine Gemeindearbeit oder Gemeindelieferung erhält, der noch mit Juden Verkehr pflegt oder diese in ihrem Handeln unterstützt. Das Kaufen bei Juden wird als Verrat am Volke und an der Nation bezeichnet."

Frankfurter Zeitung 5.8.35, 395

„Beschlüsse Gladbecks gegenüber Juden
Essen, 3. Aug. In Gladbeck, einer Stadt von (1925) 60 175 Einwohnern, werden laut Mitteilung der Stadtverwaltung eine Reihe von Maßnahmen gegen die Juden durchgeführt. U. a. ist ihnen die Benutzung der städtischen Bäder, Sport- und Tennisplätze untersagt, außerdem dürfen Juden keine Grundstücke und Häuser erwerben, jüdische Kinder nicht gemeinsam mit deutschen die Schule besuchen. Außerdem sollen die Gladbecker Wochenmärkte nicht mehr von jüdischen Händlern beschickt werden."

Frankfurter Zeitung 28.8.35, 437/38

„Maßnahmen gegen Juden in Wertheim
Der Bürgermeister, der Kreisleiter der NSDAP, der Kreiswalter der DAF und der Verkehrsverein in Wertheim erlassen folgenden Aufruf:
Das anmaßende und volksschädigende Verhalten der Juden zwingt uns, Abwehrmaßnahmen zu ergreifen. Dazu ist es erforderlich, eine klare Scheidung zwischen den dieses Treiben verurteilenden Volksgenossen und den Juden und ihren Judengenossen zu schaffen. Wir erwarten daher von allen Geschäftsinhabern und Inhabern von Gaststätten, daß sie an ihren Betrieben von außen gut sichtbar, eine Erklärung anbringen, wonach in ihren Betrieben Juden unerwünscht sind. Damit geben die Betriebsinhaber den Volksgenossen zu erkennen, daß sie gewillt sind, sich in die Abwehrfront gegen die Juden einzureihen. Sie geben damit allen Volksgenossen die Gewißheit, daß sie in diesen Betrieben nicht mit Juden zusammentreffen, während bei allen Betrie-

ben, welche diese Erklärung nicht anbringen, mit einem Zusammentreffen mit Juden gerechnet werden muß."

3.1.4. Beispiele weiterer Diskriminierungen

Frankfurter Zeitung 10.6.34, 289/90

„Nichtarier zur Landhilfe nicht zugelassen
Berlin, 9. Juni. Zur Durchführung der Landhilfe hat der Präsident der Reichsanstalt für Arbeitsvermittlung und Arbeitslosenversicherung weitere Bestimmungen erlassen. Darin wird betont, daß die Landhilfe vor allem auch zur Unterbringung der noch nicht in Lehr- oder Arbeitsstellen vermittelten städtischen Schulentlassenen eingesetzt werden müsse. Personen nichtarischer Abstammung seien zur Landhilfe nicht zugelassen. Die Arbeitssuchenden hätten die Erklärung abzugeben, daß ihnen trotz sorgfältiger Prüfung keine Umstände bekannt seien, die die Annahme rechtfertigen könnten, daß sie nicht arischer Abstammung seien."

Aller Zeitung 29.4.35, 99

„Flaggenverbot für Juden – Keine Reichsfahnen an jüdischen Häusern
Hissung der Reichsfahnen durch jüdische Geschäfte und Privathäuser hat wiederholt zu Störungen der öffentlichen Ruhe und Ordnung geführt. Um derartige Zwischenfälle für die Zukunft zu vermeiden, hat der Reichsminister des Innern bestimmt: Die Hissung der Reichsfahnen, insbesondere der Hakenkreuzfahne, durch Juden hat zu unterbleiben. In Zweifelsfällen trifft die örtliche Polizei die erforderlichen Anordnungen."

Frankfurter Zeitung 6.9.35, 434/35

„Gefängnis wegen Beleidigung – Unter der Anklage versuchter Notzucht an einer arischen Hausangestellten
Frankfurt, 5. Sept. Vor der großen Strafkammer in Frankfurt hatte sich in zweitägiger Sitzung der 47jährige Edmund W. wegen versuchter Notzucht und fortgesetzter wörtlicher und tätlicher Beleidigung zu verantworten. Der Angeklagte sollte in der Zeit vom 20. September 1934 bis 23. März 1935 versucht haben, seine neunzehnjährige Hausangestellte zum Beischlaf zu nötigen; von ihm wird das bestritten.

Der Angeklagte, der Jude ist, wurde von der als Zeugin erschienenen arischen Hausangestellten belastet. Sie befand sich bei dem verheirateten Beschuldigten mehrere Monate in Stellung und hatte nachher Schwierigkeiten, ihre Invalidenkarte zu erhalten. Der Angeklagte wollte die Karte nicht herausgeben, weil noch Marken zu kleben waren. Darauf wandte sich das Mädchen an die Arbeitsfront und hier kam das Verhalten des Angeklagten zur Sprache, der Anfang Juli in Untersuchungshaft genommen wurde. ...

Der Staatsanwalt beantragte eine Zuchthausstrafe von einem Jahr, wenn das Gericht versuchte Notzucht annähme. Sollte das Gericht zu der Annahme gelangen, daß nur tätliche Beleidigung vorliege, so halte er eine Strafe von einem Jahr Gefängnis für angebracht.

Das Gericht verurteilt den Angeklagten wegen fortgesetzter teils wörtlicher, teils tätlicher Beleidigung (§ 185 StGB) zu neun Monaten Gefängnis. Die Untersuchungshaft wurde nicht angerechnet. Die Aussage der Hausangestellten sei in der Hauptsache als glaubwürdig angesehen worden. Der Angeklagte habe in seinem jüdischen Haushalt dem 19jährigen Mädchen nachgestellt und es wiederholt durch Worte beleidigt und unsittlich angefaßt. Es habe sich aber nicht zur Genüge feststellen lassen, daß sich der Angeklagte der versuchten Notzucht oder Vornahme unzüchtiger Handlungen mit Gewalt schuldig gemacht habe. Die Zeugin habe gesagt, wenn sie sich gewehrt habe, dann habe er es gelassen. Das Vorgehen des Angeklagten bilde einen Angriff auf die Ehre eines deutschen Mädchens, der von ihr nicht gewollt gewesen sei. ... Der Angeklagte habe verabscheuungswürdig gehandelt, weil er eine Rasseschändung vornehmen wollte. Er habe sich besonders nach dem Umschwung sagen müssen, daß er als Jude einem arischen Mädchen nicht zu nahe treten dürfe. Bei der Strafzumessung komme in Betracht, daß der Angeklagte sich vor Jahren in häßlicher Form seines Vorgehens gegenüber arischen Mädchen rühmte."

3.2. Der Nürnberger Reichsparteitag und die Rassengesetze vom 15. September 1935

3.2.1. Das „Reichsbürgergesetz" und das „Blutschutzgesetz"

Frankfurter Zeitung 17.9.35, 474/75

„Reichsbürgergesetz vom 15. September 1935
Nürnberg, 15. September (DNB) Der Reichstag hat einstimmig das folgende Gesetz beschlossen, das hiermit verkündet wird:

§ 1

1. Staatsangehöriger ist, wer dem Schutzverband des Deutschen Reiches angehört und ihm dafür besonders verpflichtet ist.

2. Die Staatsangehörigkeit wird nach den Vorschriften des Reichs- und Staatsangehörigkeitsgesetzes erworben.

§ 2

1. Reichsbürger ist nur der Staatsangehörige deutschen oder artverwandten Blutes, der durch sein Verhalten beweist, daß er gewillt und geeignet ist, in Treue dem deutschen Volk und Reich zu dienen.

2. Das Reichsbürgerrecht wird durch Verleihung des Reichsbürgerbriefes erworben.

3. Der Reichsbürger ist der alleinige Träger der vollen politischen Rechte nach Maßgabe der Gesetze.

§ 3

Der Reichsminister des Innern erläßt im Einvernehmen mit dem Stellvertreter des Führers die zur Durchführung und Ergänzung des Gesetzes erforderlichen Rechts- und Verwaltungsvorschriften.

Nürnberg, 15. September 1935

Der Führer und Reichskanzler.

Der Reichsminister des Innern.

Gesetz zum Schutze des deutschen Blutes und der deutschen Ehre vom 15. September 1935

Nürnberg, 15. September (DNB) Durchdrungen von der Erkenntnis, daß die Reinheit des deutschen Blutes die Voraussetzung für den Fortbestand des deutschen Volkes ist, und beseelt von dem unbeugsamen Willen, die deutsche Nation für alle Zukunft zu sichern, hat der Reichstag einstimmig das folgende Gesetz beschlossen, das hiermit verkündet wird:

§ 1

1. Eheschließungen zwischen Juden und Staatsangehörigen deutschen oder artverwandten Blutes sind verboten. Trotzdem geschlossene Ehen sind nichtig, auch wenn sie zur Umgehung dieses Gesetzes im Ausland geschlossen sind.

2. Die Nichtigkeitsklage kann nur der Staatsanwalt erheben.

§ 2

Außerehelicher Verkehr zwischen Juden und Staatsangehörigen deutschen oder artverwandten Blutes ist verboten.

§ 3

Juden dürfen weibliche Staatsangehörige deutschen oder artverwandten Blutes unter 45 Jahren nicht in ihrem Haushalt beschäftigen.

§ 4

1. Juden ist das Hissen der Reichs- und Nationalflagge und das Zeigen der Reichsfarben verboten.

2. Dagegen ist ihnen das Zeigen der jüdischen Farben gestattet. Die Ausübung dieser Befugnis steht unter staatlichem Schutz

§ 5

1. Wer dem Verbot des § 1 zuwiderhandelt, wird mit Zuchthaus bestraft.

2. Der Mann, der dem Verbot des § 2 zuwiderhandelt, wird mit Gefängnis oder mit Zuchthaus bestraft.

3. Wer den Bestimmungen der §§ 3 oder 4 zuwiderhandelt, wird mit Gefängnis bis zu einem Jahr und mit Geldstrafe oder mit einer dieser Strafen bestraft.

§ 6

Der Reichsminister des Innern erläßt im Einvernehmen mit dem Stellvertreter des Führers und dem Reichsminister der Justiz die zur Durchführung und Ergänzung des Gesetzes erforderlichen Rechts- und Verwaltungsvorschriften.

§ 7

Das Gesetz tritt am Tage nach der Verkündung, § 3 jedoch erst am 1. Januar 1936 in Kraft.

Nürnberg, 15. September 1935
Der Führer und Reichskanzler.
Der Reichsminister des Innern.
Der Reichsminister der Justiz.
Der Stellvertreter des Führers."

Düsseldorfer Nachrichten 17.9.35, 465

„Die Nürnberger Entscheidungen
Berlin, 16. September. Es war nach den Ereignissen der letzten Monate zu erwarten, daß der Führer in klarer und unmißverständlicher Weise alle etwa vorhandenen Fragen klären würde. Wie jede Klärung gleichzeitig Entspannung bedeutet, so hat die Nürnberger Entscheidung die Atmosphäre gereinigt. Besonders können jetzt über das Verhältnis zwischen Deutschtum und Judentum keinerlei Unklarheiten mehr bestehen.

In diesem Punkte ist bemerkenswert, was im *Deutschen Dienst* der Hauptschriftleiter des Deutschen Nachrichtenbüros, Alfred-Ingemar Berndt, zu den neuen Reichstagsgesetzen u. a. noch schreibt:

Soeben tagte in der Schweiz der Internationale Zionistenkongreß, ein Kongreß, auf dem ebenfalls in aller Deutlichkeit mit dem Gerede ein Ende gemacht wurde, als handele es sich beim Judentum nur um eine Religion. Die Redner auf dem Zionistenkongreß haben festgestellt, daß die Juden ein eigenes Volk sind und die völkischen Ansprüche des Judentums erneut angemeldet. Deutschland hat nur die praktischen Folgerungen daraus gezogen und kommt den Forderungen des Internationalen Zionistenkongresses entgegen, wenn es heute die in Deutschland lebenden Juden zur nationalen Minderheit macht. Dadurch, daß das Judentum zu einer nationalen Minderheit gestempelt wird, ist es überhaupt wieder möglich, normale Beziehungen zwischen Deutschtum und Judentum herzustellen. Die jüdische Minderheit in Deutschland erhält durch die neuen Gesetze ihr eigenes Kulturleben, ein eigenes völkisches Leben, sie kann sich eigene Schulen, eigene Theater, eigene Sportverbände schaffen, kurzum auf allen Gebieten des völkischen Lebens sich ihre Zukunft selbst gestalten. Zum andern aber ist es selbstverständlich, daß jede Einmischung in die völkischen Belange der deutschen Nation von nun an für alle Zukunft unterbleiben muß. Das deutsche Volk ist überzeugt davon, daß es mit diesen Gesetzen eine auch für das Judentum in Deutschland selbst heilsame und nützliche Tat vollbracht hat. Indem Deutschland der jüdischen Minderheit Gelegenheit gibt, sich selbst zu leben und diesem Eigenleben der jüdischen Minderheit den staatlichen Schutz gewährt, fördert es die Volkswerdung des Judentums und trägt dazu bei, das Verhältnis zwischen den beiden Nationen wieder erträglicher zu gestalten.

Daß in diesem Zusammenhang gleichzeitig die schon lange erörterte Frage des Reichsbürgerrechts und der Staatsangehörigkeit der endgültigen Lösung zugeführt wird, schafft auf dem Gebiete des Reichsreformwerkes klarere Verhältnisse. Partei und Staat, Frick und Heß, werden auch hierzu die näheren Ergänzungen und Bestimmungen erlassen."

3.2.2. Erste Verordnung und Durchführungsbestimmungen

Völkischer Beobachter 16.11.35, 320

„Verordnung zum Reichsbürger- und zum Blutschutzgesetz
Berlin, 15. November Die erste Verordnung zum Reichsbürgergesetz lautet:
Auf Grund des § 3 des Reichsbürgergesetzes vom 15. September 1935 (Reichsgesetzbl. I, S. 1146) wird folgendes verordnet:
§ 1
(1) Bis zum Erlaß weiterer Vorschriften über den Reichsbürgerbrief gelten vorläufig als Reichsbürger die Staatsangehörigen deutschen oder artverwandten Blutes, die beim Inkrafttreten des Reichsbürgergesetzes das Reichstags-

wahlrecht besessen haben, oder denen der Reichsminister des Innern ... das vorläufige Reichsbürgerrecht verleiht. ...

§ 2

(1) Die Vorschriften des § 1 gelten auch für die staatsangehörigen jüdischen Mischlinge.

(2) Jüdischer Mischling ist, wer von einem oder zwei der Rasse nach volljüdischen Großelternteilen abstammt, sofern er nicht nach § 5 Abs. 2 als Jude gilt. Als volljüdisch gilt ein Großelternteil ohne weiteres, wenn er der jüdischen Religionsgemeinschaft angehört hat.

§ 3

Nur der Reichsbürger kann als Träger der vollen politischen Rechte das Stimmrecht in politischen Angelegenheiten ausüben und ein öffentliches Amt bekleiden. ...

§ 4

(1) Ein Jude kann nicht Reichsbürger sein. Ihm steht ein Stimmrecht in politischen Angelegenheiten nicht zu; er kann ein öffentliches Amt nicht bekleiden. ...

§ 5

(1) Jude ist, wer von mindestens drei der Rasse nach volljüdischen Großeltern abstammt. ...

Berlin, den 14. November 1935

Die Erste Verordnung zur Ausführung des Gesetzes zum Schutze des deutschen Blutes und der deutschen Ehre lautet: ...

§ 2

Zu den nach § 1 des Gesetzes verbotenen Eheschließungen gehören auch die Eheschließungen zwischen Juden und staatsangehörigen jüdischen Mischlingen, die nur einen volljüdischen Großelternteil haben. ...

§ 4

Eine Ehe soll nicht geschlossen werden zwischen staatsangehörigen jüdischen Mischlingen, die nur einen volljüdischen Großelternteil haben. ...

§ 6

Eine Ehe soll ferner nicht geschlossen werden, wenn aus ihr eine die Reinerhaltung des deutschen Blutes gefährdende Nachkommenschaft zu erwarten ist.

§ 7

Vor der Eheschließung hat jeder Verlobte durch das Ehetauglichkeitszeugnis ... nachzuweisen, daß kein Ehehindernis im Sinne des § 6 dieser Verordnung vorliegt. Wird das Ehetauglichkeitszeugnis versagt, so ist nur die Dienstaufsichtsbeschwerde zulässig. ...

§ 11

Außerehelicher Verkehr im Sinne des § 2 des Gesetzes ist nur der Geschlechtsverkehr. Strafbar ... ist auch der außereheliche Verkehr zwischen Juden und staatsangehörigen jüdischen Mischlingen, die nur einen volljüdischen Großelternteil haben.

§ 12

(1) Ein Haushalt ist jüdisch ..., wenn ein jüdischer Mann Haushaltungsvorstand ist oder der Hausgemeinschaft angehört.

(2) In Haushalt beschäftigt ist, wer im Rahmen eines Arbeitsverhältnisses in die Hausgemeinschaft aufgenommen ist, oder wer mit alltäglichen Haushaltsarbeiten oder anderen alltäglichen, mit dem Haushalt in Verbindung stehenden Arbeiten beschäftigt ist.

(3) Weibliche Staatsangehörige deutschen oder artverwandten Blutes, die beim Erlaß des Gesetzes in einem jüdischen Haushalt beschäftigt waren, können in diesem Haushalt in ihrem bisherigen Arbeitsverhältnis bleiben, wenn sie bis zum 31. Dezember 1935 das 35. Lebensjahr vollendet haben. ...

Berlin, den 14. November 1935."

Völkischer Beobachter 16.11.35, 320

„Die Durchführung der Nürnberger Gesetze – Staatssekretär Stuckart erläutert die Verordnung zum Reichsbürger- und Blutschutzgesetz
Berlin, 15. November ... Dadurch sind die Juden ohne weiteres vom Erwerb des Reichsbürgerrechts ausgeschlossen. Nur der Reichsbürger kann als der alleinige Träger der staatlichen und politischen Rechte und Pflichten in Zukunft zum Reichstag wählen und gewählt werden, sich an Volksabstimmungen beteiligen, Ehrenämter in Staat und Gemeinden ausüben und zu Berufs- und Ehrenbeamten ernannt werden. Es kann also in Zukunft kein Jude ein solches offizielles Amt mehr ausüben. ...

Die Verordnung zum Reichsbürgergesetz bringt in § 5 die endgültige Festlegung des Judenbegriffs. Die Begriffsbestimmung des Juden ist nach objektiven Anhalten getroffen. Ob jemand Jude ist oder nicht, entscheidet die überwiegende Menge Erbmasse einer Person oder das auf bestimmte Lebensvorgänge und freien Entschluß beruhende Bekenntnis zum Judentum.

Jude ist nach diesem § 5, wer drei Viertel oder mehr jüdische Erbmasse hat. Maßgebend ist die Abstammung von drei oder vier Großelternteilen, die der Rasse nach Volljuden sind oder gewesen sind. Als Juden werden ferner Staatsangehörige mit zwei volljüdischen Großeltern, also mit zur Hälfte jüdischer Erbmasse behandelt, die ein Bekenntnis zum Judentum dadurch abgelegt haben, daß sie der jüdischen Religionsgemeinschaft angehören oder künftig in sie aufgenommen werden oder einen jüdischen Ehegatten gewählt haben oder welche im Sinne des Absatzes 1 nach dem Inkrafttreten des Gesetzes zum Schutze des deutschen Blutes und der deutschen Ehre Juden sind, schließlich auch Juden, die aus einer Ehe oder außerehelichen Verbindung stammen, die seit dem 15. September 1935 verboten ist. Dies ist der klare und endgültige Judenbegriff."

Düsseldorfer Nachrichten 4.12.,35, 608

„Ein Erlaß zum Mischehen-Verbot – Anweisungen des Reichsinnenministers für die praktische Anwendung
Berlin, 3. Dezember. Reichsinnenminister Dr. Frick gibt jetzt durch Erlaß an die Landesregierungen Einzelanweisungen zur praktischen Anwendung der gesetzlichen Bestimmungen über die Reinerhaltung des deutschen Blutes.
Er erklärte u. a., daß im Geschäftsverkehr künftig in der Regel folgende Bezeichnungen zu verwenden sind: für einen jüdischen Mischling mit zwei jüdischen Großeltern Mischling ersten Grades, für einen jüdischen Mischling mit einem volljüdischen Großelternteil Mischling zweiten Grades, für eine Person deutschen oder artverwandten Blutes Deutschblütiger. Das Verfahren für die Einholung der Genehmigung zu Ausnahmen von allgemeinen Eheverboten wird noch besonders geregelt werden. Einstweilen bestimmt der Minister, daß – von deutsch-jüdischen Rassemischlingen abgesehen – auch Rassemischehen von Staatsangehörigen deutschen oder artverwandten Blutes (und ebenso von Mischlingen mit nur einem jüdischen Großelternteil) mit Angehörigen anderer fremder Rassen dann verboten sind, wenn daraus eine die Reinerhaltung des deutschen Blutes gefährdende Nachkommenschaft zu erwarten ist. Der entsprechende Nachweis wird von einem noch zu bestimmenden Zeitpunkt ab durch das Ehetauglichkeitszeugnis erbracht. Bis dahin hat der Standesbeamte nur in solchen Fällen das Ehetauglichkeitszeugnis zu verlangen, in denen er wegen Zugehörigkeit der Verlobten zu verschiedenen Rassen eine für das deutsche Blut ungünstige Nachkommenschaft befürchtet (z. B. bei einer Eheschließung von deutschblütigen Personen mit Zigeunern, Negern oder ihren Bastarden).
In Zukunft hat nach dem Erlaß jeder Verlobte vor der Eheschließung dem Standesbeamten den Nachweis seiner Abstammung zu erbringen."

Frankfurter Zeitung 11.12.35, 631/32

„Befreiungen von den Vorschriften des *Reichsbürgergesetzes* und des *Blutschutzgesetzes*

Berlin, 10. Dez. Der *Amtliche Preußische Pressedienst* teilt mit:

Wie der Reichs- und preußische Minister des Innern in einem Runderlaß mitteilt, sind Gesuche um Bewilligung von Befreiungen von den Vorschriften des Reichsbürgergesetzes und des Blutschutzgesetzes durch den Führer und Reichskanzler bei der für den Wohnsitz oder gewöhnlichen Aufenthalt des Gesuchstellers zuständigen höheren Verwaltungsbehörde zu stellen. Anträge von Personen, die nicht Reichsbürger sind, auf Belassung in dem von ihnen bisher bekleideten öffentlichen Amt sind auf dem Dienstwege dem zuständigen Reichsminister einzureichen. ...

Die Bewilligung einer Befreiung soll nur in ganz besonders liegenden Ausnahmefällen befürwortet werden, in denen schwerwiegende Gründe vom Gesichtspunkt der Allgemeinheit eine Abweichung von den Nürnberger Gesetzen nötig machen. Liegt ein solcher Ausnahmefall nicht vor, so ist das Gesuch unter Hinweis hierauf ohne weitere Vorbereitung dem Reichs- und preußischen Minister des Innern vorzulegen.

In den Fällen, die nicht von vornherein zur Ablehnung reif erscheinen, stellt die höhere Verwaltungsbehörde die erforderlichen Ermittlungen an. Sie trifft Feststellungen über die persönlichen, insbesondere die rassischen, seelischen und charakterlichen Eigenschaften des Gesuchstellers, seine Teilnahme am Weltkrieg und seine politische Zuverlässigkeit. ... Betrifft das Gesuch die Befreiung von einem Ehehindernis, so hat die höhere Verwaltungsbehörde etwaige bereits bei den Standesbeamten entstandenen Vorgänge einzufordern und dem Gesuchsteller aufzugeben, ein Gutachten des für seinen Wohnsitz zuständigen Gesundheitsamtes beizubringen, das sich insbesondere auf die rassischen Merkmale des Gesuchstellers erstreckt."

3.2.3. Die Mischlinge

Frankfurter Zeitung 1.12.35, 613/14

„Dr. Frick über die Nürnberger Gesetze – Die Stellung der Mischlinge

Reichsinnenminister Dr. Frick äußert sich ... zur Nürnbergergesetzgebung. Ueber den Inhalt seiner Darlegungen teilt das *Deutsche Nachrichten-Büro* u. a. mit: ... Bei der Beurteilung, ob jemand Jude oder Mischling ist, ist grundsätzlich seine Blutszusammensetzung maßgebend. Dabei wird auf die Rasse der Großeltern abgestellt. ...

Die Mischlinge erfahren grundsätzlich eine besondere Behandlung. Da sie nicht Juden sind, können sie nicht den Juden, da sie nicht Deutsche sind, können sie nicht den Deutschen gleichgestellt werden. Sie haben daher zwar grundsätzlich die Möglichkeit, das Reichsbürgerrecht zu erwerben, wie schon die Ausdehnung des vorläufigen Reichsbürgerrechts auf die Mischlinge dartut. Dagegen bleiben sie den Beschränkungen unterworfen, die in der bisherigen Gesetzgebung und den Anordnungen der NSDAP und ihrer Gliederungen ausgesprochen sind. Ihnen ist daher auch in Zukunft weder der Zugang zum Beamtentum und verschiedenen anderen Berufen eröffnet, noch können sie Mitglied der NSDAP oder ihrer Gliederungen sein. In wirtschaftlicher Hinsicht sind sie dagegen den deutschblütigen Personen vollständig gleichgestellt. ...

Im übrigen mußte dafür Sorge getragen werden, die Mischlinge als eine zwischen den Rassen stehende Mischrasse möglichst bald zum Verschwinden zu bringen. Dies ist einmal dadurch erricht, daß man die überwiegend zum Judentum tendierenden Mischlinge dem Judentum zugeschlagen hat. Es ist auf der anderen Seite dadurch erreicht, daß man den Mischlingen mit zwei volljüdischen Großeltern die Eheschließung mit deutschblütigen Personen nur mit Genehmigung gestattet. ... Den Mischlingen mit nur einem jüdischen Großelternteil wird dagegen durch die ohne weiteres zulässige Eheschließung mit deutschblütigen Personen das Aufgehen im Deutschtum erleichtert."

Völkischer Beobachter 25.11.38, 329

„Das Recht der jüdischen Mischlinge
Berlin, 24. November ... Als Apotheker sind jüdische Mischlinge ersten und zweiten Grades zugelassen. Dagegen können sie in Zukunft auch nicht Rechtsanwälte werden. ... Jüdische Mischlinge können ferner nicht Schriftleiter und auch nicht Zeitungsverleger werden. In der Reichskulturkammer können jüdische Mischlinge ausnahmsweise unter Umständen Mitglieder sein.

Jüdische Mischlinge ersten und zweiten Grades haben ihre Arbeitsdienstpflicht zu erfüllen. Sie können jedoch nicht Vorgesetzte im Reichsarbeitsdienst werden. Die gleiche Regelung gilt für die Erfüllung der Dienstpflicht in der Wehrmacht und der Luftschutzpflicht. ... Auch deutsche Hochschulen können jüdische Mischlinge ersten und zweiten Grades besuchen. Ebenso sind sie beim Besuch aller anderen Schulen keinen Beschränkungen unterworfen."

„Die Erziehung von Mischlingen – Eine Kammergerichtsentscheidung
Berlin, 14. Febr. Eine staatenlose Jüdin hatte das uneheliche Kind, das sie
von einem arischen städtischen Beamten hatte, bei einer arischen Familie in
Pflege gegeben. Die Vormundschaft über das jetzt elfjährige Kind, die zunächst nach dem Gesetz vom Jugendamt durchgeführt wurde, wurde diesem
auf seinen Antrag abgenommen und der Mutter des Kindes übertragen. Ein
Protest der Pflegeeltern blieb fruchtlos; dabei stellte sich heraus, daß die leib-
liche Mutter nach ihrem russischen Heimatrecht ohne weiteres die elterliche
Gewalt über ihr uneheliches Kind hatte. Als diese nun das Kind von den Pflegeeltern weg zu sich nehmen wollte, stellten die Pflegeeltern den Antrag, der
Mutter das Sorgerecht für das Kind zu entziehen. Sie wurden in drei Instan-
zen abgewiesen, vom Kammergericht mit der folgenden Begründung: Es sei
zwar anerkannten Rechts, daß es einen die Entziehung des Sorgerechts recht-
fertigenden Mißbrauch der Elternrechte darstellte, wenn der Erziehungsbe-
rechtigte einen bewußt schroffen Wechsel in der Erziehung des Kindes beab-
sichtige und dieses aus einem ihm liebgewordenen Kreise herausreißen und in
eine fremde Umgebung versetzen wolle. Hier habe die Mutter jedoch triftige
Gründe für ihren Entschluß. Das Kind sei ihr bei den Pflegeeltern völlig ent-
fremdet, ja in einen Kampf der Pflegeeltern gegen die Mutter hineingezogen
worden. Bliebe das Kind weiter bei den Pflegeeltern, so würde das Familien-
band zu der natürlichen Mutter für alle Zeiten zerschnitten bleiben. Das würde aber (so heißt es dann in der Entscheidung) *für das Kind sich umso nach-
haltiger auswirken, als es nichtarisch ist und infolgedessen, was auch vom
nationalsozialistischen Standpunkt unerwünscht wäre, bei den arischen Pflegeeltern in einer Umgebung aufwächst, in die es rassemäßig nicht gehört.
Deshalb kann der Mutter nicht zum Vorwurf gemacht werden, wenn sie be-
strebt ist, das Kind rechtzeitig in den Kreis seiner Artgenossen zurückzuführen und in der jüdischen Religion zu erziehen, die seiner Rasse entspricht.*"

„Die Erziehung von Kindern aus Mischehen
Die Dresdner Entscheidung vom Oberlandesgericht bestätigt
Das Landgericht Dresden hat ... vor einiger Zeit eine vielbeachtete Entscheidung über das Sorgerecht an den Kindern aus geschiedenen Mischehen gefällt, die jetzt vom Oberlandesgericht Dresden bestätigt worden ist. Die Be-
sonderheit des Falles lag darin, daß der Vater Dreivierteljude, die Mutter jedoch rein arisch war und daß also das Kind drei Achtel jüdischen Blutes, aber

nur einen volljüdischen Großelternteil hatte. Nach dem Inhalt des Scheidungsurteils stand das Sorgerecht für das Kind der Mutter zu, der Vater hatte jedoch in seiner Klage beantragt, es auf ihn zu übertragen. In diesem Prozeß hatte das Landgericht die Klage aus rassischen Gründen abgewiesen, weil er nach den Nürnberger Gesetzen als Jude gilt. Das Oberlandesgericht billigt diese Entscheidung und führt dazu aus:

Es sei unerheblich, ob der Vater im christlichen Glauben aufgewachsen sei und sich bereit erklärt habe, das Kind in einer christlichen Anstalt erziehen zu lassen. Denn die christliche Erziehung des Vaters könne die durch seine Rasse bedingte Art des Denkens und Empfindens nichts ändern, und seine Bereitschaft, das Kind in einer christlichen Anstalt erziehen zu lassen, gewährleiste nicht hinreichend die Ausschaltung seines jüdischen Einflusses, weil sie jederzeit widerrufen werden könne."

3.3. Formen staatsbürgerlicher Ausgrenzung

3.3.1. Die Reichsbürgerschaft

Düsseldorfer Nachrichten 23.12.35, 644

„Wer wird Reichsbürger? – Staatssekretär Stuckart über das Reichsbürgergesetz
Berlin, 23. Dezember. Der Staatssekretär im Reichsinnenministerium, Dr. Stuckart, veröffentlicht im *Deutschen Recht* eine ausführliche Betrachtung zum neuen Reichsbürgergesetz.

Stuckart stellt fest, daß die subjektive Voraussetzung des Reichsbürgerrechts, nämlich der Wille, dem deutschen Volk und Reich zu dienen, grundsätzlich bis zum Beweise des Gegenteils als vorliegend angenommen werden könne. Das Reichsbürgerrecht bezwecke keineswegs, die Ausübung der politischen Rechte auf einen kleinen Bruchteil des Volkes zu beschränken. Es sei aber Sinn und Aufgabe des Gesetzes, nicht wahllos jedem Angehörigen des Staatsverbandes mit der Erreichung eines bestimmten Alters die Staatsbürgerrechte zufallen zu lassen, sondern sie ihm nach Prüfung seiner Würdigkeit durch einen staatlichen Hoheitsakt, die Verleihung des Reichsbürgerbriefes, zu erteilen. Das Reichsbürgerrecht werde demgemäß dem weitaus größten Teil aller Staatsangehörigen bei der Erreichung eines bestimmten Lebensalters verliehen werden. Nur Ungeeignete, der offenbare Staatsfeind, der Verbrecher usw. würden ausgeschieden.

Während bisher der junge Deutsche nur das Alter von 20 Jahren erreicht zu haben brauchte, um als Reichstagswähler über Wohl und Wehe des Reiches mitbestimmen zu können, werde das Reichsbürgerrecht in Zukunft in einem späteren Lebensalter verliehen werden, nachdem der junge Deutsche vorher Gelegenheit gehabt habe, sich im Ehrendienst am Volke (Wehrdienst, Arbeitsdienst), im Dienste der Partei, des Staates oder in beruflicher Tätigkeit zu bewähren. Staatsfeindliche Betätigung oder der erkennbar gewordene Wille zu feindlicher Haltung gegenüber dem neuen Reich, Verletzung der staatsbürgerlichen Pflichten, wie z. B. Nichterfüllung der Wehrpflicht, würde den betreffenden Staatsangehörigen vom Reichsbürgerrecht ausschließen.

Der Staatssekretär betont ausdrücklich, daß die Reichsbürgerschaft auch den in Deutschland lebenden artverwandten Volksgruppen, wie Polen, Dänen usw., offenstehe. Die Eignung eines Angehörigen einer Minderheit zum Dienst im Deutschen Reiche liege dann vor, wenn er ohne Preisgabe seiner Volksgruppenzugehörigkeit in Treue zum Reich seine staatsbürgerlichen Pflichten, wie Wehrdienst usw., erfülle. Dagegen müsse art- und blutsfremden Staatsangehörigen, also den Juden, die Reichsbürgerschaft versagt bleiben. Der Reichsbürger sei der alleinige Träger der staatspolitischen Rechte nach Maßgabe der Gesetze. Nur er könne zum Reichstag wählen oder gewählt werden, sich an Volksabstimmungen beteiligen, Ehrenämter ausüben oder zum Berufs- oder Ehrenbeamten ernannt werden. Kein Jude könne daher in Zukunft ein solches öffentliches Amt ausüben.

Der Staatssekretär hält es für notwendig, daß der Begriff des öffentlichen Amtes eine gewisse Ausweitung erfährt. Man werde ihn dahin bestimmen können, daß ohne Beamter zu sein, auch derjenige ein öffentliches Amt bekleide, der obrigkeitliche oder hoheitliche Aufgaben erfülle, beispielsweise Notare, Handelsrichter, Schöffen, Geschworene, Konkursverwalter, Zwangsverwalter usw."

Frankfurter Zeitung 19.10.35, 534/35

„Reichsbürger – Gemeindebürger
„Das Gemeindebürgerrecht habe nach der Bestimmung der Gemeindeordnung das Reichsbürgerrecht zur Voraussetzung. Bürger der Gemeinde könne also künftig nur sein, wer das Reichsbürgerrecht nach dem Reichsbürgergesetz und den zu erwartenden Durchführungsbestimmungen erworben habe."

Frankfurter Zeitung 9.4.37, 179/80

„Juden sind nicht mehr Gemeindebürger
In einem Runderlaß gibt der Reichsminister des Innern weitere Ausführungsbestimmungen zur Durchführung der Deutschen Gemeindeordnung. Darin
zieht er nun auch in diesem verwaltungsrechtlichen Rahmen die Folgerungen
aus den Nürnberger Gesetzen. Bisher war Bürger der Gemeinde jeder deutsche Staatsangehörige, der die sonstigen Voraussetzungen des § 19 der Deutschen Gemeindeordnung erfüllte. Nunmehr ist Bürger der Gemeinde jeder
Staatsangehörige deutschen oder artverwandten Blutes, der am 30. September
1935 das Reichstagswahlrecht besessen hat oder dem das vorläufige Reichsbürgerrecht verliehen wurde. Die sonstigen Voraussetzungen sind unverän-
dert geblieben. Hiernach sind, wie der Minister feststellt, Juden nicht mehr
Gemeindebürger."

3.3.2. Das Wahlrecht

Aller Zeitung 13.3.36, 62

„Juden nicht wahlberechtigt – Die Bestimmungen über das Wahlrecht
Nach dem Gesetz über das Reichstagswahlrecht vom 7. März 1936 sind zum
Reichstag wahlberechtigt sämtliche deutschen Staatsangehörigen deutschen
oder artverwandten Blutes, die bis zum Wahltage das 20. Lebensjahr vollendet haben, sofern sie nicht nach den allgemeinen Bestimmungen (Entmündi-
gung oder Verlust der bürgerlichen Ehrenrechte) vom Wahlrecht ausgeschlossen sind oder sofern nicht ihr Wahlrecht ruht.
    Nicht wahlberechtigt sind also Juden, d. h. solche Männer und Frauen, die
von mindestens drei der Rasse nach volljüdischen Großeltern abstammen.
Ferner sind nicht wahlberechtigt die von zwei volljüdischen Großeltern abstammenden jüdischen Mischlinge (Männer und Frauen), die am 30. September 1935 der jüdischen Religionsgemeinschaft angehört haben oder nach
dem 30. September 1935 in sie aufgenommen sind, oder die am 30. September 1935 mit einem Juden verheiratet waren oder sich nach dem
30. September 1935 mit einem Juden verheiratet haben.
    Juden, sowie diejenigen jüdischen Mischlinge, auf die die vorgenannten
Voraussetzungen zutreffen, haben sonach der Wahlurne fernzubleiben, auch
dann, wenn sie versehentlich in die Wahllisten eingetragen sind. Geben sie
dennoch eine Stimme ab, so machen sie sich nach Paragraph 2 des Gesetzes
über das Reichstagswahlrecht strafbar."

3.3.3. Pass und Kennkarte

Frankfurter Zeitung 9.10.38, 515/16

„Verordnung über Reisepässe von Juden
Berlin, 8. Oktober. Im Reichsgesetzblatt vom 7. Oktober wird eine Verordnung des Reichsministers des Innern über Reisepässe von Juden veröffentlicht.

Nach dieser Verordnung, die mit ihrer Verkündung in Kraft getreten ist, werden alle deutschen Reisepässe von Juden deutscher Staatsangehörigkeit, die sich im Inlande aufhalten, ungültig. Die Paßinhaber sind verpflichtet, die Pässe der Paßbehörde im Inland, in deren Bezirk der einzelne Paßinhaber seinen Wohnsitz oder mangels eines Wohnsitzes seinen Aufenthalt hat, innerhalb von zwei Wochen nach Inkrafttreten der Verordnung einzureichen. Für Juden deutscher Staatsangehörigkeit, die sich beim Inkrafttreten dieser Verordnung im Ausland aufhalten beginnt die Frist von zwei Wochen für die Einreichung der Pässe mit dem Tage der Einreise in das Reichsgebiet. Wer seinen Paß nicht oder nicht rechtzeitig einreicht, macht sich strafbar.

Die mit Geltung für das Ausland ausgestellten Reisepässe von Juden werden wieder gültig, wenn sie von der Paßbehörde mit einem vom Reichsminister des Innern bestimmten Merkmal versehen werden. An die Stelle der ungültig gewordenen Inlandspässe von Juden treten die Kennkarten, die durch die seit dem 1. Oktober 1938 geltende Verordnung des Reichsministers des Innern über Kennkarten vom 22. Juli 1938 eingeführt worden sind."

„Das Polizeipräsidium Frankfurt teilt dazu ergänzend mit: Die Einreichung der Pässe hat in der Regel bei dem zuständigen Polizeirevier mit einem dort zu erhaltenden Vordruck zu erfolgen. Der Vordruck dient gleichzeitig als Antrag auf Weiterbelassung des Auslandspasses. Die Vordrucke werden vom 8. Oktober an auf den Revieren ausgegeben."

Düsseldorfer Nachrichten 13.10.38, 520

„Juden müssen ihre Pässe abgeben
Auf Anordnung des Herrn Reichsministers des Innern sind alle deutschen Reisepässe von Juden beiderlei Geschlechts für ungültig erklärt. Die Paßinhaber haben die Pässe bis zum 20. Oktober 1938 abzugeben. Die Annahme erfolgt im Polizeipräsidium, Mackensenplatz, Zimmer 150. Juden, die sich im Ausland aufhalten, haben die Pässe innerhalb von zwei Wochen, vom Tage der Einreise ab gerechnet, einzureichen. Wer vorsätzlich oder fahrlässig die

Abgabe der Pässe unterläßt, wird mit Haft und mit Geldstrafe bis zu 150 RM. oder mit einer dieser Strafen bestraft."

Frankfurter Zeitung 28.7.38, 379/80

„Die *Kennkarte* – Ein neuer deutscher Personalausweis für das Inland
Berlin, 27. Juli. Von zuständiger Stelle wird mitgeteilt: *Im Reichsgesetzblatt, Teil I, ist in diesen Tagen eine Verordnung über Kennkarten erschienen. Nach dieser Verordnung wird mit Wirkung vom 1. Oktober 1938 an als allgemeiner polizeilicher Inlandsausweis die sogenannte Kennkarte eingeführt.* ...
Juden müssen, sofern sie deutsche Staatsangehörige sind, unter Hinweis auf ihre Eigenschaft als Jude bis zum 31. Dezember bei der zuständigen Polizeibehörde eine Kennkarte beantragen. Sie haben, sobald sie eine Kennkarte erhalten haben, bei Anträgen, die sie an amtliche oder parteiamtliche Dienststellen richten, unaufgefordert auf ihre Eigenschaft als Jude hinzuweisen; sie müssen außerdem Kennort und Kennummer ihrer Kennkarte angeben. Das gleiche gilt für jede Art von Anfragen und Eingaben, die Juden an amtliche und parteiamtliche Dienststellen richten, und bei der polizeilichen Meldung."

Düsseldorfer Nachrichten 25.10.38, 542

„Wer braucht eine Kennkarte? – Zwang für 17jährige und für alle Juden
Der Polizeipräsident teilt mit:
Es wird nochmals auf die vom 1. Oktober an eingeführte Kennkarte hingewiesen. Ein Zwang zur Beschaffung der Kennkarte besteht grundsätzlich nicht. Indes ist Zwang zur Erlangung der Kennkarte vorgesehen für männliche deutsche Staatsangehörige, die in der Zeit vom 1. Oktober 1920 bis 30. September 1921 geboren sind. Die Anträge müssen bis 31. Dezember 1938 gestellt sein. Außerdem haben männliche deutsche Staatsangehörige innerhalb der letzten drei Monate vor Vollendung ihres 18. Lebensjahres die Kennkarte zu beantragen. Dem Kennkartenzwang unterliegen ferner Juden beiderlei Geschlechts ohne Rücksicht auf das Alter, die deutsche Staatsangehörige sind. Die Anträge sind bis 31. Dezember 1938 einzureichen.
Der Kennkartenbewerber hat sich durch Urkunden (Geburtsurkunde, Staatsangehörigkeitsausweis, Heimatschein usw.) über seine Person und seine deutsche Staatsangehörigkeit auszuweisen. Ferner ist die erforderliche Anzahl von Lichtbildern (4), bei Juden 5, Größe 52 mal 74 Millimeter, Kopfgröße 30 bis 35 Millimeter vorzulegen. Das Lichtbild muß die dargestellte Person ohne

Kopfbedeckung im Halbprofil nach rechts zeigen, so daß das linke Ohr mit seinen Erkennungsmerkmalen sichtbar ist. ...

Wer den Antrag auf Ausstellung einer Kennkarte absichtlich oder fahrlässig unterläßt, wird mit Haft und mit Geldstrafe bis zu 150 RM. oder mit einer dieser Strafen bestraft. In besonders schweren Fällen kann auf Gefängnis bis zu einem Jahr und auf Geldstrafe oder auf einer dieser Strafen erkannt werden."

3.3.4. Die Vornamen

Düsseldorfer Nachrichten 24.8.38, 427

„Jüdische Vornamen für Juden – Juden mit deutschen Vornamen müssen vom 1. Januar 1939 ab einen weiteren jüdischen Vornamen annehmen
Berlin, 23. August. Im Reichsgesetzblatt I 1938 Nr. 130 ist die Zweite Verordnung zur Durchführung des Gesetzes über die Änderung von Familiennamen und Vornamen erschienen, die die Führung von Vornamen durch Juden regelt. Sie bestimmt, daß den Juden, die deutsche Staatsangehörige oder staatenlos sind, in Zukunft nur solche Vornamen beigelegt werden dürfen, die den vom Reichsminister des Innern herausgegebenen Richtlinien entsprechen. ...

Soweit Juden zur Zeit Vornamen führen, die nicht in den Richtlinien verzeichnet sind, müssen sie vom 1. Januar 1939 ab zusätzlich einen weiteren Vornamen annehmen, und zwar männliche Personen den Vornamen I s r a - e l, weibliche Personen den Vornamen S a r a. Sie müssen hiervon bis zum 31. Januar 1939 den Standesbeamten, die ihre Geburt und ihre Heirat beurkundet haben, sowie der für ihren Wohnsitz oder gewöhnlichen Aufenthalt zuständigen Ortspolizeibehörde schriftlich Anzeige erstatten. ... Bei Zuwiderhandlungen gegen diese Vorschriften sind Gefängnis oder Geldstrafen angedroht."

Frankfurter Zeitung 2.2.38,58/59

„Keine deutschen Vornamen für jüdische Kinder
Zu dem Gesetz über die Aenderung von Familien- und Vornamen, das am 1. Januar 1938 in Kraft getreten ist, und eine Vereinheitlichung des Namenrechts in Deutschland bringt, gibt Oberregierungsrat Dr. Globke vom Reichs- und Preußischen Ministeriums des Innern in dem Organ des NS-Rechtswahrerbundes, *Deutsche Verwaltung*, Erläuterungen. ...

Den zahlreichen Anträgen auf Aenderung eines jüdischen Namens werde regelmäßig entsprochen, wenn kein jüdischer Bluteinschlag vorliege. Allerdings lehnten es auch viele deutschblütige Träger jüdischer Namen ab, den von ihren Vorfahren seit Jahrhunderten in Ehren getragenen Namen abzulegen. Ein amtlicher Widerruf von Namen werde regelmäßig dann vorgenommen, wenn ein Jude zur Verschleierung seiner Abstammung seinen jüdischen Namen in einen deutschen habe ändern lassen. Er müsse dann wieder seinen früheren jüdischen Namen führen. Der Reichsminister des Innern sei ferner ermächtigt, auch Richtlinien über die Führung von Vornamen zu erlassen. Es könne damit gerechnet werden, daß jüdische Kinder in Zukunft keine deutschen Vornamen mehr erhalten dürfen. Auch hier gebe es die Aenderung von Amts wegen bei Vornamen, die den ministeriellen Richtlinien nicht entsprächen. Ein Widerruf von Vornamensänderungen werde regelmäßig nur in Frage kommen, wenn ein jüdischer Vorname in einen deutschen geändert worden sei."

3.4. Die arisch-jüdischen Mischehen

3.4.1. „Blutschutzgesetz" und bestehende Mischehen

Frankfurter Zeitung 24.1.36, 43/44

„Mischehen vor dem Kammergericht – Keine Analogie der Nürnberger Gesetze
Berlin, 23. Jan. Das Landgericht Berlin hatte ... vor kurzem in einem Eheprozeß ein Urteil gefällt, das einer analogen Anwendung der Nürnberger Gesetze auf schon bestehende Mischehen Raum gab. Ein nichtarischer Ehemann hatte gegen seine arische, seit einem Jahr von ihm getrennt lebende Frau die Klage auf Herstellung des ehelichen Lebens erhoben, war aber vom Landgericht abgewiesen worden mit der Begründung, es sei ein Mißbrauch seines Rechts, wenn er in Kenntnis des völkischen Empfindens seiner Frau von ihr die Rückkehr zu ihm verlange. Auch komme die Herstellung einer Ehe zwischen seit längerer Zeit getrennt lebenden Gatten einer neuen Eheschließung gleich und sei deshalb im Sinne der Nürnberger Gesetze zu mißbilligen. – In einem zweiten parallelen Fall hatte das Landgericht eine jüdische Frau, die zur Herstellungsklage gegen ihren Mann das Armenrecht beantragte, mit ihrem Antrag zurückgewiesen.
Zu beiden Fällen hat nun auch das Kammergericht Stellung genommen. Der 25. Zivilsenat hat in dem zweiten Fall durch Beschluß vom 2. Dezember

1935 unter Aufhebung des Landgerichtsbeschlusses der Antragstellerin das Armenrecht bewilligt und dabei zum Ausdruck gebracht, daß er die grundsätzliche Rechtsauffassung des Landgerichts nicht teilen und deshalb auch der Klage der Frau die Aussicht auf Erfolg nicht abstreiten könne. Im ersten der beiden Fälle hat dagegen der 20. Zivilsenat durch Beschluß vom 11. Januar zwar aus besonderen Gründen dem abgewiesenen Kläger für die Berufungsinstanz das Armenrecht versagt, zugleich jedoch hervorgehoben, daß der vom Landgericht herangezogene weltanschauliche Gesichtspunkt nicht durchgreifen würde. Der Begründung des Landgerichts, so heißt es in dem Beschluß des Kammergerichts, könne um deswegen nicht gefolgt werden, weil in tatsächlicher Hinsicht jeder Anhaltspunkt dafür fehle, daß die Frau etwa aus weltanschaulichen Gründen die Ehe nicht fortsetzen könne oder auch nur wolle. Die Ehe bestehe seit 1915. Die nationalsozialistische Umwandlung habe auf das Zusammenleben der Ehegatten nicht eingewirkt, insbesondere der Frau keine Veranlassung gegeben, etwa die Ehe anzufechten. Erst im August 1934 habe sie sich vom Kläger getrennt, und zwar nicht wegen einer durch rassemäßige Unterschiede bedingten Unmöglichkeit, sich zu verstehen. Selbst im heutigen Prozeß habe die Frau nichts anderes erklärt, als daß ihr Mann Jude sei und daß sie als Christin im Dritten Reich mit einem Juden nicht zusammenleben wolle. Danach habe weder die Frau ein völkisches Empfinden ausdrücklich bekundet, noch sei angesichts der angegebenen Umstände eine solche Bekundung ohne weiteres als ihrem wahren Empfinden entsprechend anzusehen."

Frankfurter Zeitung 26.3.36, 158/59

„Mischehen und Nürnberger Gesetze – Keine ausdehnende Auslegung zulässig
Aehnlich wie in dem jüngst erwähnten Urteil vom 30. Januar 1936 hat das Reichsgericht in einer neuen Entscheidung ausgesprochen, daß für bereits bestehende Mischehen irgendwelche Folgerungen aus dem Blutschutzgesetz vom 15. September 1935 nicht hergeleitet werden können. In der Begründung dieser Entscheidung heißt es u. a.: Nach dem Blutschutzgesetz sind Eheschließungen zwischen Juden und Staatsangehörigen deutschen Blutes nur für die Zukunft verboten. Die bereits bestehenden Mischehen werden in ihrem Bestande nicht getroffen. Daraus folgt, daß alle rechtlichen Beziehungen der Ehegatten zueinander bestehen bleiben. Für den ehelichen Verkehr in einer Mischehe sind mithin nur die bisherigen gesetzlichen Bestimmungen maßgebend. Solche Ehegatten sind daher wie alle Ehegatten überhaupt einander zur ehelichen Lebensgemeinschaft nach Maßgabe des § 1353 BGB verpflichtet.

Da die nationalsozialistische Weltanschauung im Blutschutzgesetz und der dazu ergangenen Ausführungsverordnung ihren vollständigen und abschließenden Ausdruck gefunden hat, ist für eine ausdehnende Auslegung dieser Vorschriften unter Berufung auf das Volksempfinden kein Raum."

Frankfurter Zeitung 2.5.36, 224

„Das Blutschutzgesetz – Ein Urteil des Reichsgerichts
Das Landgericht Berlin hat, wie wir vor einiger Zeit berichtet haben, die Klage eines nichtarischen Ehemanns gegen seine arische Ehefrau auf Herstellung des ehelichen Lebens mit der Begründung abgewiesen, daß die Wiederherstellung geschiedener Mischehen dem Abschluß neuer Mischehen gleichzustellen und in analoger Anwendung der Nürnberger Gesetze unzulässig sei. Das Kammergericht hat jedoch, wie wir gleichfalls gemeldet haben, diese Auffassung mißbilligt. Jetzt wird eine Entscheidung des Oberlandesgerichts Köln bekannt, die sich auf den gleichen Standpunkt wie das Landgericht Berlin stellte. Das Oberlandesgericht Köln führt dabei aus, daß *es nach der heutigen Auffassung dem sittlichen Wesen der Ehe widerspreche, wenn ein Jude gegenüber seiner arischen Ehefrau gegen deren Willen die Fortsetzung eines rasseschänderischen Verhältnisses verlange.* Auch die Tatsache, daß das Blutschutzgesetz nur für die Zukunft gelte, ändere daran nichts. Denn dieses Gesetz stelle nur die formelle Gültigkeit vorhandener Mischehen fest, ob aber bei solchen formell gültigen Ehen der nichtarische Teil von dem arischen die Erfüllung der sich aus der ehelichen Gemeinschaft ergebenden Pflichten verlangen könne, entscheide nicht das Blutschutzgesetz, sondern die geläuterte Auffassung des Volkes. Nach dieser aber stelle sich derjenige arische Partner einer Mischehe, dem das Empfinden für sein rasseschänderisches Verhalten abgehe, außerhalb der Volksgemeinschaft. Werde aber dem arischen Teil im Laufe der Zeit das Unverantwortliche seines Tuns bewußt, so widerspreche es der im Volk lebenden Rechtsauffassung, daß er durch staatlichen Machtspruch zur Fortsetzung der Rassenschande und damit zur Erzeugung von Mischlingen gezwungen werden könne.
Dieses Urteil des Oberlandesgerichts Köln hat das Reichsgericht aufgehoben. Es hebt hervor, daß von einem Zwang zur Fortsetzung des ehelichen Verkehrs schon deshalb nicht die Rede sein könne, weil Rechtspflichten so persönlicher Natur nicht erzwingbar seien. Im übrigen habe sich das Oberlandesgericht zu Unrecht über die Vorschriften des Blutschutzgesetzes hinweggesetzt. Das Blutschutzgesetz und die dazu ergangene Ausführungsverordnung hätten das Recht der Mischehe umfassend und erschöpfend geregelt. Für bestehende Mischehen blieben danach alle rechtlichen Beziehungen unter

Ehegatten bestehen. Solche Ehegatten seien daher wie alle Ehegatten überhaupt einander zur ehelichen Lebensgemeinschaft verpflichtet."

3.4.2. Die Anfechtung von Mischehen

Frankfurter Zeitung 16.11.35, 586/87

„Ein Mischeheurteil des Reichsgerichts
Berlin, 15. Nov. Mit der Anfechtung einer Mischehe hatte sich das Reichsgericht wiederum in einem Urteil vom 22. August zu beschäftigen ... Im Rahmen eines Scheidungsprozesses hatte die beklagte arische Frau widerklagend
die Ehe wegen Irrtums über die nichtarische Abstammung des Mannes angefochten; sie hatte beim Oberlandesgericht Düsseldorf Erfolg, weil dieses als
erwiesen ansah, daß die Frau die nichtarische Abstammung ihres Mannes bei
der Eheschließung und in den mehr als 20 Jahren ihrer Ehe nicht gekannt habe. Es handelte sich also um einen wirklichen Irrtum der Frau über eine persönliche Eigenschaft des Mannes (also nicht, wie in dem vielerörterten
Reichsgerichtsurteil vom 12. Juli 1934, darum, daß ein Ehegatte zwar von der
nichtarischen oder jüdischen Abstammung des anderen, aber nichts von der
Bedeutung des Rassenunterschieds gewußt hatte.) Das Oberlandesgericht
Düsseldorf stellt dann auch die Erheblichkeit jenes Irrtums fest und spricht
seine Ueberzeugung aus, daß die Frau bei Kenntnis der Sachlage den Mann
nicht geheiratet hätte, da *auch schon vor dem Kriege die Eheschließungen
zwischen arischen Frauen und jüdischen Männern zu den Seltenheiten gehört
hätten.* Auf die Revision des Mannes hat das Reichsgericht das Urteil aufgehoben, weil die Feststellung eines solchen nach der Lebenserfahrung unge-
wöhnlichen Irrtums verfahrensrechtlich nicht einwandfrei zustandegekommen
sei. Die Revision hatte weiter geltend gemacht, daß die Frau sich auch durch
die Kenntnis von der Abstammung des Mannes nicht an der Eheschließung
hätte hindern lassen; denn *in Künstler- und Theaterkreisen, zu denen die Ehe-
leute gehörten, habe man sich schon damals von mancher sonst noch beo-
bachteten Hemmung freigemacht.* Dieses Vorbringen wies das Reichsgericht
zurück, weil die damals angegriffene Feststellung des Oberlandesgerichts auf
tatsächlichen Gebiet liege und deshalb der Nachprüfung durch das Revisions-
gericht entzogen sei."

Frankfurter Zeitung 21.1.36, 37/38

„Die Anfechtung von Mischehen – Fristbeginn erst am 20. November 1935?
Berlin, 20. Jan. Die *Juristische Wochenschrift* bringt einen Aufsatz über die
Anfechtung von Mischehen, in dem an der bisherigen Rechtsprechung des
Reichsgerichts zu dieser Frage Kritik geübt wird. Das Reichsgericht hatte bekanntlich in gewissen Ausnahmefällen eine Irrtumsanfechtung auch dann für
möglich gehalten, wenn der arische Partner zwar die nichtarische Abstammung des anderen teils gekannt hatte, aber sich über die Bedeutung des Ras-
seunterschieds nicht klar gewesen war. Das Reichsgericht hatte aber angenommen, daß sich eine solche Klarheit infolge der Machtergreifung durch
den Nationalsozialismus spätestens bis zum 15. April 1933 allgemein durch-
gesetzt habe, so daß auch in den Ausnahmefällen, in denen eine Anfechtung
möglich gewesen wäre, die sechsmonatige Anfechtungsfrist spätestens am
15. Oktober 1933 abgelaufen sei. Der Verfasser des genannten Aufsatzes gibt
nun der Meinung Ausdruck (für die sich auch das Oberlandesgericht Celle
und das Kammergericht schon ausgesprochen haben), daß *nicht allen Volksgenossen bis zum 15. April 1933 ein klares Bild über die Bedeutung der
Rasse* vermittelt worden sei. Die Partei führe in dieser Hinsicht noch heute
einen Riesenaufklärungskampf. Erst das Gesetz zum Schutze des deutschen
Blutes habe die erforderliche Klarheit wirklich allen Volksgenossen gebracht.
Dieses Gesetz müsse daher eine weitergreifende Bedeutung auch hinsichtlich
der am 15. September 1935 bestehenden Mischehen haben. Da überdies die
Ausführungsverordnungen vom 14. November für diese Frage gleichfalls
höchst bedeutsam gewesen seien, und da erfahrungsgemäß immer einige Tage
vergingen, bis ein Gesetz allgemein bekannt werde, sei der 20. November als
der allgemeine Beginn der sechsmonatigen Anfechtungsfrist zu betrachten.
Der Zweck des Nürnberger Gesetzes sei die Reinerhaltung der Rasse. Was
diesem Zweck dienlich sei, wie die Anfechtungsmöglichkeit bestehender
Mischehen, dürfe nicht an formellen Vorschriften scheitern."

Frankfurter Zeitung 20.6.36, 311/12

„Irrtum über den Grad der Blutmischung – Anfechtung einer Mischehe
Kurz nach dem Inkrafttreten der Durchführungsverordnungen zu den Nürnberger Gesetzen hat das Oberlandesgericht München ein erst jetzt bekannt
gewordenes Urteil vom 30 November 1935 gefällt, das durch die Folgerung
bemerkenswert ist, die es aus der Regelung der Rechtstellung der Mischlinge
für die Frage der Anfechtbarkeit einer Mischehe zieht. Ein deutschblütiges
Mädchen hatte im Oktober 1934 einen nichtarischen Mann geheiratet in

Kenntnis der Tatsache, daß einer seiner Großeltern jüdisch war, aber ohne zu wissen, daß außer diesem noch ein zweiter Großelternteil gleichfalls jüdisch war. Die Frau hat dann die Ehe wegen Irrtums über die Rassezugehörigkeit ihres Mannes angefochten und das Oberlandesgericht hat der Anfechtungsklage stattgegeben.

In der Begründung wird u. a. gesagt, daß die Klägerin noch bei ihrer Heirat von der Bedeutung des Rassenunterschiedes keine rechte Vorstellung gehabt habe. Weiter wird u. a. ausgeführt, die Klägerin habe sich auch im Irrtum über eine Tatsache, nämlich den Grad der Beimischung jüdischen Blutes bei ihrem Verlobten, befunden. Sie habe nur von einem jüdischen Großelternteil gewußt, während beide mütterlichen Großeltern ihres Verlobten Jüdinnen gewesen seien. Das Wesen und die Bedeutung des jüdischen Mischlingstums sei erst durch die Nürnberger Gesetze und die beiden Durchführungsverordnungen klar und erschöpfend dargestellt worden. Nach der Nürnberger Gesetzgebung würden die Juden und gewisse Gruppen jüdischer Mischlinge grundlegend verschieden, hauptsächlich hinsichtlich der Eheschließung behandelt. Einem jüdischen Mischling mit nur einem Viertel jüdischer Erbmasse stehe es frei, eine Ehe mit einem Mädchen deutschen Blutes zu schließen, während ein Mischling ersten Grades mit zwei jüdischen Großeltern zu einer solchen Eheschließung einer Genehmigung bedürfe. Für die Eheschließung mit dem Beklagten hätte also die Klägerin jetzt die Genehmigung notwendig. Gerade dieses Viertel der jüdischen Erbmasse sei also für die Beurteilung der Rassezugehörigkeit des Beklagten bedeutungsvoll. Die Gefährlichkeit dieser stärkeren Beimischung jüdischen Blutes sei erst durch die Nürnberger Gesetze und die damit verbundene Aufklärungsarbeit für weite Volkskreise klar geworden. Die Klägerin sei sich bei ihrer Heirat dieser Gefahr nicht bewußt gewesen. Sie hätte aber im Bewußtsein dieser Gefahr die Ehe nicht eingegangen. Der Irrtum, in dem sie sich befunden habe, sei also ein Irrtum tatsächlicher Art über eine wesentliche Eigenschaft der Person des Verlobten, nicht bloß ein Irrtum über die Auffassung der NSDAP bezüglich der jüdischen Mischlinge. Ein deutsches Mädchen, das einen Mann mit dem jüdischen Erbgut des Beklagten heirate, habe sich unter Umständen in gewisser Beziehung außerhalb der deutschen Volksgemeinschaft gestellt, ein Mädchen dagegen, das einen Mann mit nur einem jüdischen Großelternteil eheliche, könne noch ohne weiteres als vollwertige und gleichberechtigte Volksgenossin betrachtet werden."

3.4.3. Die steuerliche Einordnung der Mischehen

Frankfurter Zeitung 19.2.41, 91/92

„Die steuerliche Einordnung von Mischehen
Berlin, 18. Februar. Bereits das Einkommensteuergesetz regelt die Einreihung
der Juden in die Steuergruppen anders als bei den anderen Steuerpflichtigen.
Juden fallen immer in die Steuergruppe I, die die höchsten Tarife hat. nunmehr ist auch die Frage der steuerlichen Einordnung der Mischehen entschieden worden. Der Reichsfinanzhof hat festgestellt, daß im Sinne der Vorschriften über die Haushaltsbesteuerung die Person des Haushaltsvorstandes, also
des Ehemannes, im Vordergrund steht. Werden Ehegatten steuerlich zusammen veranlagt, bilden sie also einkommensteuerpflichtig eine Einheit, so richtet sich die Einreihung des Ehepaares, von dem nur der eine Teil Jude ist,
nach der Rassenzugehörigkeit des Haushaltsvorstandes. Wenn der Ehemann
Jude ist, so kommt immer die Steuergruppe I in Betracht. Das gilt auch dann,
wenn Gütertrennung besteht und der Ehemann keine Einkünfte hat. Werden
Ehegatten nicht zusammen veranlagt, so kann dieser Grundsatz nicht angewendet werden."

3.5. Die außerehelichen Beziehungen zwischen Ariern und Juden

3.5.1. Ausführungen zum „Rassenschutz"

Frankfurter Zeitung16.12.36, 642/43

„Rassenschande nur mit Volksverrat vergleichbar
Ein Aufsatz Staatssekretär Freislers
Einen Ueberblick über die Auswirkungen der am 15. September 1935 erlassenen Blutschutzgesetze gibt Staatssekretär Dr. Freisler im *Deutschen Straf-
recht*. Wenn schon eine vergleichende Bewertung der Rassenschande mit anderen Straftatbeständen in Frage komme, sei dieser Vergleich nur mit den eigentlichen Verratsverbrechen, wie Volks- und Hochverrat und ähnlichen
möglich. Damit ergebe sich auch die Grundlage zur Beantwortung der Frage
nach der Anwendung der im Gesetz wahlweise gegebenen Strafarten, Gefängnis oder Zuchthaus. Die Gedankengänge, daß Fälle möglich seien, in denen die geringste zulässige Gefängnisstrafe angemessen sei, und daß etwa Gefängnis die Normalstrafe für Rassenschande sei, weil diese Strafart vor
Zuchthaus im Gesetz genannt werde, seien unrichtig. Der gesetzliche Straf-

rahmen müsse zwei nicht wesensgleiche Tatbestände decken: den der Schändung der deutschen Ehre durch den Verkehr des Deutschblütigen mit einer Jüdin und den der Schändung der deutschen Rasse durch die Schändung einer deutschen Frau durch einen Juden. Der Angriff auf die deutsche Frau als Hüterin der Reinheit des deutschen Blutes sei der weit gefährlichere Angriff. Eine entsprechende strafrechtliche Ahndung sei erforderlich. Aus den mitgeteilten Zahlen der rechtskräftigen, auf Rassenschande lautenden Urteile ergebe sich, daß in dem weitaus überwiegenden Teil dieser Fälle der Täter Jude gewesen sei und daß von einer Verminderung der Gefahr bisher jedenfalls nicht gesprochen werden könne."

Frankfurter Zeitung 12.8.37, 406/07

„Der Sinn der Nürnberger Gesetze – Eine Gerichtsentscheidung
Magdeburg, 11. August. Vor dem Einzelrichter hatte sich ein 22 Jahre alter jüdischer Angeklagter aus Magdeburg zu verantworten, der eines Tages, während er auf einen Bekannten wartete, ein junges Mädchen, das im Erdgeschoß des betreffenden Hauses die Fenster putzte, gefragt hatte, was es am Abend vorhabe und ob es nicht mit ihm ins Kino gehen wolle. Das Mädchen hatte die Frage unzweideutig verneint, und das es sich durch sie beleidigt fühlte, Strafantrag gestellt. Der Staatsanwalt erklärte in der Verhandlung, der Angeklagte unterliege als Angehöriger der jüdischen Rasse den Nürnberger Gesetzen, auch den sich aus ihnen ergebenen ungeschriebenen Gesetzen, denen jeder unterworfen sei, der als fremdstämmig in Deutschland lebe. Die Juden dürften sich in Deutschland wirtschaftlich betätigen, sie seien aber Gäste und als solche gehöre zu ihren Pflichten vor allem die Wahrung des Anstandes in jeder Beziehung. Gegen diese Pflicht habe der Angeklagte durch seine Fragen verstoßen, die er an das Mädchen gerichtet habe, obwohl er gewußt habe, daß es deutschblütig sei. Was diese Fragen zu bedeuten hätten, sei klar: der Angeklagte habe das Mädchen auffordern wollen, sich irgendwie mit ihm einzulassen. Daß er damit das junge Mädchen beleidigt habe, ergab sich schon aus deren energisch ablehnender Antwort. Der Angeklagte habe sich auch darüber klar sein müssen, daß seine Aufforderung eine Geringschätzung bedeute, weil er nämlich dem Mädchen zugemutet habe, sich mit einem Angehörigen einer fremden Rasse einzulassen.

Der Richter schloß sich diesen Ausführungen in vollem Umfange an und verurteilte den Angeklagten zu vier Wochen Gefängnis. In der Begründung erklärte er, der Sinn der Nürnberger Gesetze sei, jede erotische Annäherung eines Juden an eine Deutschblütige zu unterbinden. Mit seiner Aufforderung aber habe der Angeklagte dem Mädchen zu erkennen gegeben, daß er es für fähig und bereit halte, sich mit einem Juden abzugeben. Eine solche Zumutung sei eine schwere Beleidigung, für die nur eine Gefängnisstrafe am Platze sei; ...

Frankfurter Zeitung 14.10.36, 526/27

„Richtlinien für Rasseschutz-Strafsachen
Spezialstrafkammern bei den Landgerichten
Stuttgart, 13. Oktober. Der *NS-Kurier* berichtet über Mitteilungen, die ein in Stuttgart weilender Referent des Reichsjustizministeriums ihm gegenüber über die Behandlung von Strafsachen auf Grund der Nürnberger Gesetze gemacht hat. Der Reichsjustizminister, so heißt es darin, habe bereits im Frühjahr dieses Jahres Richtlinien an die Staatsanwaltschaften für die Behandlung von Rasseschutzstrafsachen herausgegeben, die insbesondere folgende Gesichtspunkte betont hätten. Es müßten von jetzt an, nachdem eine gewisse Uebergangszeit für die Wirkung des Rasseschutzgesetzes abgelaufen sei, die Zuwiderhandlungen durchschnittlich dann als zuchthauswürdige Delikte angesehen werden, wenn sie sich in das Jahr 1936 hinein erstreckten; in solchen Fällen könne die Entschuldigung, daß die Beziehungen schon vor dem Rasseschutzgesetz begonnen hätten, regelmäßig nicht mehr als Strafmilderungsgrund gewertet werden. Um eine möglichst weitgehende Einheitlichkeit der Rechtsprechung auf dem Gebiete des Rasseschutzes herbeizuführen, habe der Reichsjustizminister ferner die Einrichtung von Spezialstrafkammern für die Entscheidung über Rasseschutzstrafsachen angeordnet. Eine solche Spezialstrafkammer sei am Landgericht Stuttgart bereits eingerichtet."

Frankfurter Zeitung 9.1.37, 15/16

„Nachprüfungen der Ariereigenschaft bei Rasseprozessen
Berlin, 8. Januar. Gelegentlich eines Prozesses wegen eines Verbrechens gegen das Gesetz zum Schutze des deutschen Blutes und der deutschen Ehre, zu dem das Reichsgericht als Revisionsinstanz Stellung zu nehmen hatte, ergab sich eine grundsätzliche Aufforderung an die Gerichte zur Feststellung der Ariereigenschaft in solchen Prozessen. Das Oberste Gericht bemängelt, daß die Vorinstanz hinsichtlich der Deutschblütigkeit des Angeklagten keine weiteren Ausführungen gemacht habe. Das Reichsgericht vermutet, daß die Vorinstanz diese Frage gar nicht weiter geprüft, sondern sich lediglich auf die Angaben des Angeklagten oder darauf verlassen habe, daß er der evangelischen Religionsgemeinschaft angehöre und daß nichts der Annahme der Deutschblütigkeit Widersprechendes in der Hauptverhandlung zutage getreten

sei. Die richterliche Aufklärungspflicht habe sich aber auch hierauf zu erstrecken. Das Gericht hätte also, so schließt das Reichsgericht, die Abstammung näher nachprüfen müssen."

3.5.2. Gerichtsurteile zur „Rassenschande"

Düsseldorfer Nachrichten 17.11.35, 578

„Arier als Rassenschänder
Köln, 16. November. Vor der 4. Großen Strafkammer hatte sich der 48jährige Edmund Thomas wegen Verbrechens gegen das Gesetz zum Schutz des deutschen Blutes und der deutschen Ehre vom 15. September 1935 zu verantworten. Weder der arische Angeklagte noch die als Zeugin geladene 45jährige Jüdin Kahn bestritten, daß das dem Angeklagten zur Last gelegte Verbrechen nach Inkrafttreten des genannten Gesetzes verübt worden war. Der Staatsanwalt beantragte ein Jahr sechs Monate Gefängnis, wogegen das Gericht auf neun Monate erkannte."

Frankfurter Zeitung 4.12.35, 618/19

„Zuchthaus wegen Rasseschändung – Ein Prozeß in Frankfurt
Frankfurt, 3. Dez. Die 3. Strafkammer verurteilte einen 39jährigen geschiedenen arischen Angeklagten wegen Rasseschändung zu eineinhalb Jahren Zuchthaus. Der Angeklagte unterhielt seit 1934 Beziehungen zu einer 40jährigen verheirateten Jüdin und setzte diese Beziehungen auch noch nach dem Inkrafttreten des Gesetzes vom 15. September 1935 in der früheren Weise fort.
Auf die Anzeige des arischen Ehemannes der Frau wurde der Angeklagte Anfang November verhaftet. Der Staatsanwalt hatte eineinhalb Jahre Zuchthaus beantragt mit der Begründung, der Hauptzweck des Gesetzes sei darin zu sehen, diejenigen abzuschrecken, die vielleicht in Versuchung kommen sollten, ähnliches wie der Angeklagte zu tun. Eine Zuchthausstrafe bilde eine angemessene Waffe, um zukünftige Gesetzesverletzungen abzuwehren. Das Gericht erachtete den Fall als schwerwiegend. Der Angeklagte trage als Arier vielleicht eine noch größere Verantwortung als ein Jude."

Düsseldorfer Nachrichten 18.6.36, 305

„Ein Rassenschänder vor Gericht
Koblenz, 17. Juni. Der Jude Joseph Salomon aus Sinzig hatte sich wegen
Rassenschande vor der Großen Strafkammer zu verantworten. Er wurde beschuldigt, in der Zeit von August 1935 bis April 1936 mit einer verheirateten
Angehörigen deutschen Blutes ein intimes Verhältnis unterhalten zu haben.
Der fünfzigjährige Angeklagte war in vollem Umfang geständig, aber er wollte von einem Gesetz zur Reinhaltung deutschen Blutes bisher nichts gewußt
haben. Die Frau dagegen leugnete jeglichen Verkehr mit dem Juden. Während der Vertreter der Anklage eine Zuchthausstrafe von zwei Jahren beantragte, verurteilte das Gericht den Angeklagten wegen Verbrechens gegen das
Gesetz ... zu einer Strafe von einem Jahr und einem Monat Gefängnis."

Frankfurter Zeitung 12.9.36, 467/68

„Zuchthausstrafe wegen Rassenschande
Frankfurt, 11. September. Die Große Strafkammer verurteilte einen 33jäh-
rigen jüdischen Angeklagten wegen Rassenschande zu anderthalb Jahren
Zuchthaus. Der Angeklagte unterhielt seit Frühjahr 1935 ein Verhältnis mit
einer arischen Zeugin, das er auch nach Erlaß der Nürnberger Gesetze fort-
setzte. Der Staatsanwalt hatte gegen den früher mit einer deutschblütigen Frau
verheirateten und dann geschiedenen Angeklagten zwei Jahre Zuchthaus beantragt mit der Begründung, die bisherigen Urteile in solchen Prozessen seien
spurlos am Judentum vorübergegangen, so daß man an dem guten Willen des
Judentums, das Gesetz zu befolgen, zweifeln müsse. Der Verteidiger beantragte mit Rücksicht darauf, daß das Verhältnis des Angeklagten mit der Zeugin schon früher bestanden habe, mildernde Umstände. Das Gericht betonte,
es müsse auf abschreckende Strafen erkannt werden, weil die bisherigen Urteile nicht imstande gewesen seien, den Rassenschändungen Einhalt zu tun.
Daß das Verhältnis schon vor Erlaß des Gesetzes bestanden habe, könne nicht
als strafmildernd angesehen werden."

Düsseldorfer Nachrichten 5.8.37, 392

„Zuchthausstrafe für Rassenschänder
Wesermünde, 4. August. Die Große Strafkammer Verden ... verurteilte den
28jährigen Juden Kurt Hertz aus Bremen wegen Rassenschande zu drei Jahren Zuchthaus, Aberkennung der bürgerlichen Ehrenrechte auf die Dauer von
fünf Jahren und ließ ihn die Kosten des Verfahrens tragen. Der in Beckum

(Westfalen) als Sohn eines Vollblutjuden geborene Angeklagte war in Bremen beschäftigt und lernte dort ein Mädchen deutschen Blutes kennen. Zu diesem Mädchen trat er in nähere Beziehungen, die nicht ohne Folgen blieben. Dem Mädchen gegenüber suchte Hertz seine jüdische Abstammung zu verbergen, die erst bei der Herbeischaffung der für die Heirat notwendigen Papiere ans Tageslicht kam. Inzwischen war der Angeklagte aus seiner Wohnung verschwunden und *auf Wanderschaft* gegangen. In unverschämter Weise verleugnete Hertz in der Verhandlung trotz den Aussagen seiner Mutter seine jüdische Abstammung und gab an, nicht gewußt zu haben, daß er Jude sei. Wie die Untersuchung ergab, hat Hertz die jüdische Schule besucht, er ist mit dem Vater in die Synagoge gegangen und wurde von seinen jüdischen Eltern dem Talmud entsprechend erzogen."

Düsseldorfer Nachrichten 26.8.37, 431

„Er sang Kirchenlieder und las den *Stürmer*
Frechheit eines jüdischen Rassenschänders
Würzburg, 25. August. Vor der großen Strafkammer in Würzburg hatte sich der ledige Vollblutjude Sally Weill aus Kitzingen wegen Vergehens gegen das Blutschutzgesetz zu verantworten.

Der Angeklagte war bei einem jüdischen Viehhändler in Kitzingen beschäftigt. Als er ein Mädchen aus Mainsendheim kennen lernte, stellte er sich diesem unter dem falschen Namen Emil Wasser vor und knüpfte zu dem Mädchen nähere Beziehungen an. Um seine jüdische Abstammung zu verschleiern, besaß er die Frechheit, dem Mädchen und ihren Eltern, in deren Haus er verkehrte, vorzutäuschen, daß er evangelisch und Nichtjude sei. Er besuchte auch die Kirche und sang beim Gottesdienst die Kirchenlieder mit. Um glaubwürdiger zu erscheinen, bekreuzigte er sich. Zu seiner Lektüre zählten das kirchliche Sonntagsblatt und auch der *Stürmer*! Was er dort las, gab er weiter und fügte von sich selbst aus noch heftige Schmähungen der jüdischen Rasse hinzu. Als der Vater des Mädchens erfuhr, daß der Verehrer der Tochter Jude sei, verbot er ihm das Haus. Weill verkehrte in der Abwesenheit des Vaters trotzdem immer wieder mit dem Mädchen und hielt sich oft tagelang in ihrer Wohnung auf.

Vor Gericht gab sich Weill als Wohltäter des von ihm betrogenen Mädchens aus, dem er auch die Ehe, die nach katholischem Ritus geschlossen werden sollte, versprochen habe. Das Gericht verurteilte den Juden wegen fortgesetzten Verbrechens der Rassenschande zu vier Jahren drei Monaten Zuchthaus und vier Jahren Ehrverlust. Außerdem wurde Haftfortdauer angeordnet."

Frankfurter Zeitung 31.10.37, 555/56

„Zehn Jahre Zuchthaus wegen Rassenschande
Hamburg, 30. Oktober. Die Große Strafkammer des Hamburger Landgerichts
verurteilte den 56jährigen früheren Rechtsanwalt und Notar Dr. Theodor
Wohlfahrt wegen fortgesetzter vollendeter Rassenschande in fünf Fällen zu
insgesamt zehn Jahren Zuchthaus unter Aberkennung der bürgerlichen Ehrenrechte von drei Jahren. Der jüdische Angeklagte erklärte in der Verhandlung,
daß er sich keine Gedanken darüber gemacht habe, ob die Frauen, mit denen
er verkehrt habe, jüdisch oder deutschblütig gewesen seien; ihm habe es genügt, wenn es eine Frau deutscher Art gewesen sei. Für Jüdinnen habe er ganz
allgemein kein Interesse gehabt. Auf die Frage des Vorsitzenden, was er sich
als Folge dieser Einstellung im Hinblick auf die bestehenden Gesetze gedacht
habe, erwiderte der Angeklagte, daß er die heutige Verhandlung erwartet habe. In der Urteilsbegründung erklärte das Gericht unter anderem, daß es sich
bei dem Angeklagten um einen Mann handele, der von der fixen Idee besessen sei, daß er durch die Nürnberger Gesetze tödlich beleidigt worden wäre.
Anders könne sein ganzes Verhalten nach 1933 gar nicht erklärt werden. Er
habe gewußt, daß er Volljude sei, und in ungeheurer Dreistigkeit die Nürnberger Gesetze mißachtet. Er habe damit gegen ein Grundgesetz des deutschen Volkes verstoßen, dem mit allen Mitteln Nachdruck verschafft werden
müsse."

3.6. Arische Angestellte in jüdischen Haushalten

3.6.1. Die Beendigung der Tätigkeit

Frankfurter Zeitung 6.12.35, 622/23

„Hausangestellte in jüdischen Haushaltungen
Erläuterungen des Reichsinnenministers – Befreiungsanträge
Berlin, 5. Dez. Der Reichs- und Preußische Minister des Innern gibt bekannt:
*Bei dem Reichs- und Preußischen Ministerium des Innern gehen ebenso
wie bei vielen anderen Behörden zahlreiche Anträge ein, die Befreiungen von
§ 3 des Blutschutzgesetzes und § 12 der ersten Ausführungsverordnung
erstreben, wonach Juden keine weiblichen Staatsangehörigen deutschen oder
artverwandten Blutes unter 45 Jahren neu einstellen und unter 35 Jahren
weiter beschäftigen dürfen.*

Viele dieser Anträge beruhen auf irriger Auslegung der Vorschriften. Ein Haushalt ist nur dann jüdisch im Sinne der Vorschriften, wenn ein jüdischer Mann Haushaltungsvorstand ist oder der Hausgemeinschaft angehört. Als Mann in diesem Sinne ist nur anzusehen, wer über 16 Jahre alt ist; ein Haushalt, in dem nur Frauen oder Kinder jüdisch sind, fällt also nicht unter das Gesetz.

Weibliche Staatsangehörige deutschen oder artverwandten Blutes, die am 16. September 1935 in einem jüdischen Haushalt beschäftigt waren, können in diesem Haushalt bleiben, wenn sie bis zum Jahresschluß das 35. Lebensjahr vollendet haben werden; sie dürfen aber nicht in einem anderen jüdischen Haushalt angestellt werden.

Anträge auf Befreiung von diesen Vorschriften haben grundsätzlich keine Aussicht auf Erfolg und sind daher zwecklos, sofern nicht ganz außergewöhnliche Umstände vorliegen."

Düsseldorfer Nachrichten 12.12.35, 623

„Arische Hausangestellte in jüdischen Haushalten
Der Polizeipräsident teilt mit:
Die mir bisher vorgelegten Anträge der jüdischen Haushaltsvorstände und der arischen Hausangestellten um Befreiung von der Vorschrift des Paragraphen 3 des Gesetzes zum Schutz des deutschen Blutes und der deutschen Ehre vom 15. September 1935 – Verbot der Beschäftigung weiblicher Staatsangehöriger unter 45 Jahren in jüdischen Haushaltungen – lassen erkennen, daß über die Möglichkeit der Befreiung vielfach irrige Auffassungen bestehen. ...

Es liegt nun keineswegs ein ganz außergewöhnlicher Umstand vor, wenn ein jüdischer Haushaltsvorstand im Kriege, in dem etwa zwölf Millionen Deutsche unter den Waffen gestanden haben und fast zwei Millionen ihr Leben für das Deutsche Reich hingaben, auch zum Heeresdienst eingezogen worden ist. Ebensowenig kann als außergewöhnlicher Umstand angesehen werden, wenn eine arische Hausangestellte mehrere Jahre im jüdischen Haushalt tätig war und gern in ihrer Stelle bleiben möchte. Bei der Kompromißlosigkeit nationalsozialistischer Staatsführung werden nur die Anträge Berücksichtigung finden, die tatsächlich auf ganz außergewöhnliche Umstände, die nach dem Sinn und dem Zweck des Gesetzes nur genau bestimmter eindeutiger Natur sein können, gestützt sind. ...

Da vom 1. Januar 1936 ab in den jüdischen Haushaltungen arische Angestellte unter 45 Jahren, oder, sofern das Angestelltenverhältnis bereits am 16. September 1935 bestand, Angestellte unter 35 Jahren nicht mehr beschäftigt werden dürfen, sofern nicht bis zu diesem Zeitpunkt der Führer und

Reichskanzler eine Befreiung von der Vorschrift erteilt hat, empfehle ich, unbedingt Vorsorge zu treffen, daß das Dienstverhältnis zum Ende des Monats Dezember gelöst werden kann. ... Ich mache darauf aufmerksam, daß sowohl die jüdischen Haushaltsvorstände als auch die arischen Hausangestellten Bestrafung mit Gefängnis bis zu einem Jahr und Geldstrafe zu erwarten haben, wenn eine unter die Verbotsvorschriften fallende Haushaltstätigkeit auch nach dem 31. Dezember 1935 weiter fortgesetzt wird."

Frankfurter Zeitung 28.12.35, 660/61

„Hausgehilfinnen in jüdischen Haushalten
Stichtag: 31. Dezember 1935
Berlin, 27. Dez. Das *Deutsche Nachrichtenbüro* teilt mit: *Alle Hausgehilfinnen, die unter § 3 des Gesetzes ... fallen, müssen ohne Rücksicht darauf, ob bei den Behörden ein Antrag der Hausgehilfin oder des Dienstherrn auf Verbleib in ihrer Stellung vorliegt, am 31. Dezember 1935 aus ihren Stellungen ausscheiden, sofern nicht im Einzelfalle die Genehmigung zum Verbleib in ihrer Stellung bis zum 31. Dezember 1935 erteilt ist. Für den Fall, daß eine rechtzeitig beantragte Genehmigung noch nachträglich erteilt wird, kann die Hausgehilfin von diesem Zeitpunkt an wieder in ihrem früheren Haushalt beschäftigt werden.*"

Frankfurter Zeitung 5.1.36, 8/9

„Putzfrauen in jüdischen Haushalten
Der Nationalsozialistische Gaudienst Hessen-Nassau meldet:
In Verbindung mit dem erlassenen Aufruf ... betreffs Auswirkung des Gesetzes vom 15. 9. 1935 wird hiermit nochmals darauf hingewiesen, daß Putzfrauen ... ihren Beruf in nichtarischen Haushalten nicht weiter auszuüben haben."

3.6.2. Hilfen für ausscheidende Hausangestellte

Frankfurter Zeitung 8.10.35, 513/14

„Die Hausgehilfen in jüdischen Haushalten
Das Presse- und Propagandaamt des Gaues Schlesien der Deutschen Arbeitsfront ersucht in einem Aufruf alle Hausgehilfen unter 45 Jahren, die in jüdischen Haushalten beschäftigt sind, sich sofort bei den zuständigen Kreisfach-

gruppenwaltern *Hausgehilfen* zu melden. Es sei dafür gesorgt, daß alle Meldungen umgehend der zuständigen Gaufachgruppe zugeleitet würden, die alle im Zusammenhang mit dem Aufruf stehende Fragen bearbeite."

Frankfurter Zeitung 14.12.35, 637/38

„Nürnberger Gesetze und Arbeitsvermittlung
Der Präsident der Reichsanstalt für Arbeitsvermittlung und Arbeitslosenversicherung hat den Landesarbeitsämtern und Arbeitsämtern die Nürnberger Gesetze mit einem Erlaß zur Kenntnis gebracht, in dem er darauf hinweist, daß diese Gesetze mit den inzwischen ergangenen Ausführungsvorschriften für die Durchführung der Arbeitsvermittlung von weittragender Bedeutung namentlich für die Vermittlung von Frauen und Mädchen in der Hauswirtschaft seien. Die gesamte Arbeitsvermittlung habe sich künftig nach diesen Gesetzen und Verordnungen, die das Verhältnis der Juden zum deutschen Volk regelten, zu richten. Er mache daher die Beachtung dieser Gesetze und Anordnungen und der darin zum Ausdruck kommenden allgemeinen weltanschaulichen Grundsätze den Landesarbeitsämtern und Arbeitsämtern bei der Arbeitsvermittlung zur besonderen Pflicht."

Frankfurter Zeitung 1.1.36, 1/2

„Die Unterbringung von Hausangestellten aus jüdischen Haushalten
Frankfurt, 31. Dez. Nach den Nürnberger Gesetzen müssen bekanntlich am 31. Dezember zahlreiche Hausgehilfinnen aus nichtarischen Haushalten ausscheiden. In Frankfurt schätzt man die Zahl der ausscheidenden Hausgehilfinnen auf weit über tausend, doch liegen genaue Anhaltspunkte für die Höhe der Zahl nicht vor. Jedenfalls hat das Frankfurter Arbeitsamt nun die Aufgabe, diese Hausgehilfinnen anderweitig unterzubringen. Soweit diese vom Lande stammen, liegt der Gedanke nahe, sie dorthin wieder zurückzuführen. Es wird also vielleicht, da der Frankfurter Arbeitsmarkt für diese Mädchen nicht voll aufnahmefähig sein dürfte, eine beträchtliche Vermittlung nach auswärts einsetzen. Solange bis die Mädchen anderswo hin vermittelt worden sind – sie verlieren nicht nur die Dienststelle, sondern auch die Unterkunft – muß für sie natürlich gesorgt werden. Die Stadtverwaltung und die karitativen Vereine wollen die vorläufige Unterbringung dieser Hausgehilfinnen in Heimen vornehmen. Ein Teil der Mädchen hat bereits vorher die Stelle aufgegeben und konnte auch schon in arische Haushalte vermittelt werden. Trotzdem ist damit zu rechnen, daß es zum Jahresende in Frankfurt ein gewisses Ueberanbebot von Hausgehilfinnen geben wird. Für Arbeitslosenunterstützung

174

kommen diese Hausgehilfinnen im allgemeinen mit Rücksicht auf die im Jahre 1933 eingeführte Versicherungsfreiheit des Hausgehilfinnenberufs nicht in Frage, da sie keine Beiträge geleistet haben. Die Unterbringung in Heimen müssen die Mädchen, die eben ihren Lohn erhalten haben, grundsätzlich selbst bezahlen. Die Hilfe der Fürsorgebehörde wäre an die Vorbedingung der Hilfsbedürftigkeit gebunden, die nur in Ausnahmefällen angenommen werden kann. Die Unterbringung der Mädchen in andere Stellungen wird aber nach Ansicht des Arbeitsamtes keine unüberwindliche Schwierigkeit bieten."

3.6.3. Gerichtsurteile

Völkischer Beobachter 30.5.36, 151

„Ein wichtiges Gerichtsurteil zum Blutschutzgesetz
Berlin, 29. Mai. Das Amtsgericht in Heilbronn hat ein wichtiges Urteil zum Gesetz zum Schutze des deutschen Blutes und der deutschen Ehre gefällt, das wir dem neuesten Heft der *Deutschen Justiz* entnehmen. Das Urteil hat folgenden Wortlaut:
   1. Das Verbot der Beschäftigung deutschblütiger Mädchen im jüdischen Haushalt besteht unabhängig davon, ob der jüdische Mann zur Zeit der Beschäftigung im Haushalt anwesend ist.
   2. Das Verbot setzt nicht voraus, daß das Arbeitsverhältnis mit dem betreffenden Haushaltsvorstand besteht, sondern es genügt, daß auf Grund irgendeines Arbeitsverhältnisses das deutschblütige Mädchen in dem jüdischen Haushalt beschäftigt wird.
   Der Sachverhalt war folgender: Angeklagt war eine Jüdin, die in ihrem Haushalt ein 17jähriges deutschblütiges Mädchen als Hausangestellte beschäftigte. Der Arbeitsvertrag war in Ordnung, weil die angeklagte Jüdin Witwe ist und kein jüdischer Mann ihrer Hausgemeinschaft angehört. Das Gesetz ... wurde aber in dem Augenblick übertreten, als die Jüdin ihre deutschblütige Hausgehilfin des öfteren in den Haushalt ihrer mit zwei Juden verheirateten Töchter schickte, um dort mitzuhelfen. Eine dieser Töchter, die mitangeklagt war, betreibt einen Mittagstisch, an dem nur Juden und Jüdinnen teilnehmen. Die deutschblütige Hausgehilfin mußte hier in der Küche mitarbeiten.
   Den angeklagten Jüdinnen wurde zur Last gelegt, gegen § 3 des Gesetzes ... in Verbindung mit der Ausführungsverordnung verstoßen bzw. Beihilfe geleistet zu haben. Das Heilbronner Amtsgericht, das die eingangs wiederge-

gebene grundsätzliche Entscheidung gefällt hat, verurteilte die angeklagten Jüdinnen zu Geldstrafen."

Frankfurter Zeitung 25.8.36, 433/34

„Verstoß gegen die Nürnberger Gesetze
Erfurt, 24. Aug. Ein 48jähriger Jude hatte in Erfurt zwei Zimmer seiner Wohnung an ein arisches Ehepaar vermietet. An stelle einer Mietzahlung besorgte die arische Untermieterin den Haushalt für den Wohnungsinhaber, der von seiner Frau geschieden war. Ein früherer Mieter, der einen Prozeß wegen rückständigen Mietzinses mit dem jüdischen Wohnungsinhaber hatte, erstattete gegen ihn Anzeige wegen Vergehens gegen die Nürnberger Gesetze, da die arische Ehefrau, die bei dem jüdischen Wohnungsinhaber Haushaltsarbeiten verrichtete, erst 43 Jahre alt war. Der Angeklagte erklärte vor Gericht, er habe seine Mieterin für mindestens 45 Jahre alt gehalten, da sie vollständig ergraut sei. Er habe das Miet- und Dienstverhältnis sofort gelöst, als er von ihrem wahren Alter erfahren habe. Die Große Strafkammer hielt diese Angaben für unglaubwürdig; zum mindesten hätte der Angeklagte das Alter aus den polizeilichen Meldezetteln ersehen müssen. Da es sich jedoch um einen weniger schweren Fall handele, sei eine Geldstrafe von 500 Mark ausreichend. Der Staatsanwalt hatte 3 Monate Gefängnis beantragt."

Frankfurter Zeitung 29.9.36, 498/99

„Vergehen gegen die Nürnberger Gesetze
Eine jüdische Frau in München hatte ein 23 Jahre altes deutschblütiges Dienstmädchen eingestellt, das neben den üblichen Dienstleistungen im Haushalt auch die Bedienung des Untermieters, eines Juden, zu besorgen hatte. Der Fall wurde angezeigt und kam als Vergehen gegen die Blutschutzverordnung vor das Strafgericht München-Au. In der Verhandlung wurde festgestellt, daß die Bedienung nur darin bestand, daß das Mädchen dem Mieter das Frühstück zu bringen und das Zimmer in Ordnung zu halten hatte, daß aber irgendwelche weitere Beziehungen zwischen dem Untermieter und dem Dienstmädchen nicht bestanden hätten. Die Angeklagte machte geltend, daß dem Mädchen keinerlei Familienzugehörigkeit eingeräumt worden sei. Das Gericht entschied, daß in solchem Dienstverhältnis immer ein gewisser Familienanschluß zu erblicken sei, und verurteilte die Angeklagte zu 50 Mark Geldstrafe, ersatzweise zehn Tage Gefängnis."

„Hausschneiderinnen in jüdischen Haushalten
Verstoß gegen das Beschäftigungsverbot
Leipzig, 9. Oktober. Zur Frage des Beschäftigungsverbotes für weibliche
Staatsangehörige deutschen oder artverwandten Blutes unter 45 Jahren in einem jüdischen Haushalt hat das Reichsgericht eine grundsätzliche Entscheidung getroffen. Ein jüdischer Rittergutsbesitzer in Schlesien beschäftigte seit
1930 alljährlich im Frühjahr und im Herbst eine gewisse Zeit lang eine
deutschblütige Hausschneiderin unter 45 Jahren, die während der Dauer ihrer
Tätigkeit ein Zimmer des Schlosses bewohnte. Nach dem Erlaß des Gesetzes
zum Schutze ... war die Beschäftigung in dieser Art beanstandet worden. Das
Landgericht Liegnitz, das darin einen Verstoß gegen § 3 des genannten Gesetzes erblickt hatte, verurteilte den Rittergutsbesitzer zu einer Geldstrafe von
600 Reichsmark, weil er die Schneiderin im Rahmen eines Arbeitsverhältnisses in die jüdische Hausgemeinschaft aufgenommen habe. In der von den Beschuldigten gegen das Urteil eingelegten Revision wurde betont, daß das
Landgericht von falschen Voraussetzungen ausgegangen sei. Es habe keine
Beschäftigung im Sinne eines Arbeitsverhältnisses zwischen einem Arbeitge-
ber und einem unselbständigen Arbeitnehmer vorgelegen. Es habe sich um
eine selbständige Schneiderin gehandelt, die in keiner Weise an eine Arbeits-
zeit gebunden gewesen sei. Auch dürften die Weisungen, die sie empfangen
habe, nicht mit der Direktionsbefugnis verwechselt werden. Der 4. Strafsenat
des Reichsgerichts ist in vollem Umfange dem Urteil der Vorinstanz beigetre-
ten und hat die Revision als unbegründet verworfen. Der Senat nahm dabei
auf die Ausführungen des Reichsanwalts Bezug, der betont hatte, daß in diesem Falle zweifellos von einem Arbeitsverhältnis in der Hausgemeinschaft
gesprochen werden müsse. Das gehe daraus hervor, daß die Schneiderin nach
der Dauer ihrer Tätigkeit zu einem festen Satze bezahlt worden sei und daß
ihr die Ehefrau des Angeklagten nicht nur genaue Anordnungen gegeben,
sondern auch die Werkstoffe zugeteilt habe. Im übrigen müsse das Gesetz
zum Schutze des deutschen Blutes und der deutschen Ehre, das einer Gefahr
vorbeugen wolle, nach seiner ganzen Tendenz eine weite Auslegung erfahren."

4. Das Attentat vom 7. November 1938 in Paris und seine Folgen für die deutschen Juden

4.1. Die Ereignisse von Anfang November 1938

4.1.1. Das Attentat am 7. November 1938

Düsseldorfer Nachrichten 7.11.38, 567

„Jüdischer Anschlag in der Pariser deutschen Botschaft
Legationssekretär vom Rath von einem polnischen Juden durch Revolver-schüsse verletzt
Paris, 7. November. Auf den Legationssekretär an der deutschen Botschaft in Paris, vom Rath, wurde heute morgen in seinem Dienstzimmer ein Revolver-attentat verübt. Als Täter wurde später der jüdische polnische Staatsangehöri-ge Herschel Seibel Grynszpan festgestellt.

Im einzelnen spielte sich der Vorfall folgendermaßen ab: Der Täter mel-dete sich bei einem Amtsgehilfen der Botschaft und verlangte einen der Lega-tionssekretäre zu sprechen. Er wurde darauf zu Legationssekretär vom Rath geführt. Gleich darauf fielen in dem Zimmer des Herrn vom Rath Schüsse, und der soeben erst gemeldete Fremde versuchte zu flüchten. Der Amtsgehil-fe der Botschaft veranlaßte daraufhin die sofortige Festnahme des Täters durch den vor dem Botschaftsgebäude stehenden französischen Polizeibeam-ten, der den Täter dem nächsten Polizeikommissariat zuführte. Bei der sofort durchgeführten Vernehmung erklärte der Täter, er habe das Attentat verübt, um seine jüdischen Rassegenossen zu rächen.

Die Botschaft hat beim französischen Außenministerium strengste Durch-führung der Untersuchung verlangt und zugesagt erhalten. Legationssekretär vom Rath ist in ein Krankenhaus übergeführt und in ärztliche Pflege genom-men worden."

Frankfurter Zeitung 8.11.38, 570/71

„Das Attentat in der Pariser Botschaft
Der Täter, ein jüdischer polnischer Staatsangehöriger, verhaftet
Paris, 7. November. … Heute abend ist der Zustand des deutschen Legations-sekretärs vom Rath immer noch ernst. Eine der beiden Kugeln, die ihn getrof-

fen haben, hat den Magen durchschlagen und die Milz zerschmettert. Die Milz wurde bei der Operation, die unmittelbar nach dem Attentat in einer der Botschaft benachbarten Klinik vorgenommen wurde, entfernt. Der Magen wurde an zwei Stellen genäht. Die zweite Kugel sitzt noch in der Schulter und wird erst später herausgenommen werden. Der Attentäter hat im ganzen fünf Schüsse abgegeben, und zwar aus einem Revolver, dessen Kaliber 6,35 Millimeter beträgt. Er warf die Waffe dann ins Nebenzimmer und versuchte zu entfliehen, konnte aber dank dem entschlossenen Eingreifen der Amtsgehilfen sofort festgenommen werden.

Aus der unverzüglich eingeleiteten polizeilichen Untersuchung geht hervor, daß der Attentäter Herschel Feidel Grynsban heißt und im Jahre 1921 in Hannover geboren wurde; seine Eltern sind jüdische polnische Staatsangehörige. Sein Paß ist von dem polnischen Generalkonsulat in Paris ausgestellt. Bis zum 15. August wohnte er bei einem hiesigen Onkel; gestern abend war er in ein kleines Hotel am Boulevard de Strasbourg eingezogen. Wo er sich in den letzten drei Monaten aufgehalten hat, ist noch nicht bekannt. Er hat lediglich erklärt, daß er während dieser Zeit von 3000 Francs gelebt habe, die ihm sein Vater habe zukommen lassen. Die Polizei hat noch keine Anhaltspunkte dafür, ob er Mitwisser hat, ob er auf eigene Faust gehandelt oder einen Auftrag ausgeführt hat. Sicher ist, daß der Anschlag vorbedacht war. Der Attentäter hat vor der Polizei wiederholt, daß er sich zur Botschaft begeben habe, um dort irgendeinen Beamten zu töten und damit seine Glaubensgenossen zu rächen. Daß er zunächst nach dem Botschafter selbst gefragt habe, trifft nach den neuesten Feststellungen nicht zu."

Düsseldorfer Nachrichten 8.11.38, 568

„Pariser Attentat eine Folge der ständigen Hetze
Höchste Empörung in Deutschland über die feige Tat – Das Judentum wird sich der Verantwortung nicht entziehen können
Nach den neuesten Nachrichten befindet sich der Legationssekretär an der deutschen Botschaft in Paris, Herr vom Rath, auf den der jüdische Emigrant Herschel Seibel Grynszpan ein feiges Revolverattentat verübt hat, in ernster Lebensgefahr. ...

Wieder einmal hat eine jüdische Mörderkugel, ähnlich wie im Falle Wilhelm Gustloff, einen amtlichen Vertreter des Deutschen Reiches getroffen. Der einzige Zweck des Anschlags war, den jüdischen Machtgelüsten Ausdruck zu verschaffen. In ganz Deutschland wird die Tat des jüdischen Verbrechers, der in feiger und hinterhältiger Weise einen Menschen ohne jeden Grund in seinem Dienstzimmer niedergeschossen hat, helle Empörung auslö-

180

sen. Es ist selbstverständlich, daß sich diese Empörung gegen das Judentum richten wird, das nach dem Pariser Attentat die schweren Folgen, die sich hieraus ergeben, zu spüren haben wird. Insbesondere müssen sich die ausländischen Juden in Deutschland klar darüber sein, daß durch diesen Mordversuch ihres Pariser Rassegenossen nicht nur ein amtlicher Vertreter des Deutschen Reiches getroffen wurde, sondern auch das ganze deutsche Volk. Diese Tat kann in Deutschland nur als der folgerichtige Schlußpunkt einer monatelangen jüdischen Hetzkampagne gewertet werden. Die jüdische Emigrantenclique, die schon David Frankfurter (Mörder von Wilhelm Gustloff – der Verf.) den Revolver in die Hand drückte, ist auch für dieses neue Verbrechen verantwortlich. Es wird in Deutschland dafür Sorge getragen werden, daß sich das Judentum vor dieser Verantwortung nicht drücken kann."

Aller Zeitung 8.11.38, 262

„Jüdische Mordbanditen! – Das Attentat in der Pariser Botschaft
… Die feige Bluttat in der deutschen Botschaft in Paris hat erneut ein grelles Schlaglicht auf das Treiben des internationalen jüdischen Verbrechergesindels geworfen, das seit Jahr und Tag immer wieder danach trachtet, die Beziehungen der Völker untereinander zu vergiften, wobei ihnen die gemeinsten und verwerflichsten Mittel gerade recht sind. …
Dieses Verbrechen kann für die Juden in Deutschland, ganz gleich in welcher Staatsangehörigkeit, nicht ohne Folgen bleiben. Seit Jahr und Tag sieht das internationale Judentum seine Hauptaufgabe darin, Deutschland zu beleidigen und zu verleumden. Jedes Mittel der Lüge, der Hetze und der Tatsachenverdrehung ist diesen jüdischen Dunkelmännern recht. Es kommt ihnen nicht darauf an, die Völker in einen blutigen Krieg hineinzuhetzen, wenn sie nur das ihnen vorschwebende Ziel der Vernichtung des nationalsozialistischen Deutschland erreichen zu können glauben."

Aller Zeitung 10.11.38, 264

„Gesandtschaftsrat vom Rath den Juden-Mordkugeln erlegen
Deutschland steht erschüttert und kampfentschlossen an der Bahre des neuen Opfers Alljudas
Eben erst stiegen die Fahnen des Dritten Reiches auf den Ruf in der Stadt der Bewegung *Fahnen hoch!* triumphierend zur Spitze, und nun senken sie sich wieder auf Halbmast: tiefste Trauer erfüllt das ganze deutsche Volk. Die Mordkugeln einer von fanatischem Haß gegen alle Kulturvölker gepeitschten Rasse haben sich ein neues unschuldiges Opfer erwählt. Ein getreuer Sohn

des deutschen Volkes, ein hoffnungsvoller, hervorragend begabter Gefolgsmann des Führers, ein Mann, dem Herzensgüte und Klugheit aus den Augen sprachen, ward dieses Opfer jüdischer Mordgier. ...

Das Blut, das der treue deutsche Kämpfer in Paris vergossen hat, schreit nach Vergeltung. Für Deutschland ergibt sich die Folgerung von selbst. Alljuda hat drohend die Mordwaffe offensichtlich gegen das ganze deutsche Volk erhoben. Alljuda wird zu spüren bekommen, daß eine solche Herausforderung nicht ungestraft gewagt wird."

4.1.2. Der 9. November 1938 („Reichskristallnacht")

Düsseldorfer Nachrichten 10.11.38, 573

„Judenfeindliche Kundgebungen im ganzen Reich – Vergeltung für den Mord in Paris
Berlin, 10. November. Nach Bekanntwerden des Ablebens des durch feige jüdische Mörderhand niedergestreckten deutschen Diplomaten Parteigenossen vom Rath haben sich im ganzen Reich spontane judenfeindliche Kundgebungen entwickelt. Die tiefe Empörung des deutschen Volkes machte sich dabei auch vielfach in starken antijüdischen Aktionen Luft.

Die Empörung in Düsseldorf
Auch in Düsseldorf kam die berechtigte Empörung gegen die Juden in spontanen Kundgebungen zum Ausdruck. Als in den späten Abendstunden des 9. November der Tod des Gesandtschaftsrats vom Rath bekannt geworden war, sammelten sich in den Hauptgeschäftsstraßen größere Gruppen von Volksgenossen an, die in ihrer verständlichen Erregung über die feige jüdische Mordtat zu Aktionen gegen jüdische Geschäfte schritten. Dabei wurden Schaufensterscheiben und Einrichtungsgegenstände zertrümmert, und an der Vielzahl dieser Erscheinungen konnte man feststellen, wieviele jüdische Geschäfte es leider noch in Düsseldorf gibt. Die Aktionen wurden am Donnerstag in den ersten Morgenstunden fortgesetzt und richteten sich auch gegen die Synagoge in der Kasernenstraße, die vollständig ausbrannte. Auch die Synagoge in Düsseldorf-Benrath wurde stark in Mitleidenschaft gezogen. ...

Auch in den übrigen Städten Westdeutschlands fanden ähnliche spontane antijüdische Kundgebungen statt."

„Empörte Volksseele schaffte sich Luft – Berliner Bevölkerung gegen Judengeschäfte

Berlin, 10. November. Unmittelbar nach dem Bekanntwerden des Todes des Gesandtschaftsrates I. Klasse vom Rath, der an den Folgen des jüdischen Mordbubenstreiches in Paris verstarb, suchte sich, wie in allen Teilen des Reiches auch in Berlin die zu tiefst empörte Volksseele gegen die Umtriebe des Judentums Luft zu schaffen. ... Nach den nächtlichen antijüdischen Demonstrationen der Berliner Bevölkerung, die mit Recht überall ihrer Empörung Luft machte, sind nun von heute auf morgen mit einemmal die jüdischen Geschäfte sämtlich gekennzeichnet! Geräumte Auslagen, zertrümmerte Fensterscheiben und Schaukästen sind die neue Visitenkarte der Judenläden, die bestimmt besser wirken dürfte, als der vielfach, aber niemals angebrachte Hinweis *Jüdisches Geschäft*.

Im ganzen Berliner Westen, wie überall auch sonst, wo die Juden sich noch in der Reichshauptstadt breitmachten, ist kein Schaufenster eines jüdischen Geschäftes heilgeblieben. Zorn und Wut der Berliner, die trotz allem größte Disziplin bewahrten, hielten sich doch in bestimmten Grenzen, so daß Ausschreitungen vermieden und keinem einzigen Juden auch nur ein Haar gekrümmt wurde. Die in den zum Teil allzu prächtig ausgestatteten Fenstern feilgebotenen Waren blieben unberührt, höchstens daß hier und da der eine oder andere Gegenstand durch einen Steinwurf oder eine herabfallende Scherbe beschädigt wurde. ...

Die drei Berliner Synagogen sind in Brand geraten. In diesen Stätten ... ist Feuer angelegt worden, so daß die Inneneinrichtung in Flammen aufging, die Gebäude aber erhalten blieben."

Aller Zeitung 12.11.38, 266

„Die Judenschüsse gingen auch nach hinten!

Eine Warnung an Juda und eine Abrechnung mit ihrer Presse

Spontan kam an vielen Orten des Reiches die Empörung des deutschen Volkes zum Durchbruch. Der Langmut ist aus und die Geduld zerrissen. Aber schlagartig setzt nun die Meute der Deutschenhetzer unter Judas Führung ein. Die durchweg disziplinierten Kundgebungen müssen zu einer Greuelhetze herhalten, die alles seitherige Maß überschreitet. Was der Mord selbst nicht zu erreichen vermochte, soll nun mit der ungeheuerlichsten Aufbauschung der Kundgebungen unter einer Flut von gemeinsten Lügen nach Möglichkeit nachgeholt, eine neue Kriegspsychose entfacht werden. Aber auch diese Giftpfeile aus dem Köcher Alljudas treffen nach hinten: die deutsche Gesetzgebung erteilt schlagartig die Antwort darauf. Es ist zu begrüßen, daß Reichspropagandaminister Dr. Goebbels selbst das Wort ergreift, um die ausländischen Lästermäuler zu stopfen und die Völker aufzuklären, mit denen das deutsche Volk in Frieden leben will."

4.2. Die unmittelbaren Reaktionen des NS-Staates

4.2.1. Die Verbal-Reaktionen des Reichsministers für Volksaufklärung und Propaganda, Dr. Goebbels

Düsseldorfer Nachrichten 11.11.38, 574

„Dr. Goebbels an die Bevölkerung
Von weiteren Demonstrationen gegen das Judentum ist sofort abzusehen
Berlin, 10. Nov. Reichsminister Dr. Goebbels gibt bekannt:
    Die berechtigte und verständliche Empörung des deutschen Volkes über den feigen jüdischen Meuchelmord an einem deutschen Diplomaten in Paris hat sich in der vergangenen Nacht in umfangreichem Maße Luft verschafft. In zahlreichen Städten und Orten des Reiches wurden Vergeltungsaktionen gegen jüdische Gebäude und Geschäfte vorgenommen.
    Es ergeht nunmehr an die gesamte Bevölkerung die strenge Aufforderung, von allen weiteren Demonstrationen und Aktionen gegen das Judentum, gleichgültig welcher Art, sofort abzusehen. Die endgültige Antwort auf das jüdische Attentat in Paris wird auf dem Wege der Gesetzgebung bzw. der Verordnung dem Judentum erteilt werden."

Aller Zeitung 12.11.38, 266

„Dr. Goebbels über den Fall Grünspan
... Die Gründe für den Mord liegen auf der Hand. Das Weltjudentum hat nach der fieberhaften Kriegshetze in den Sommermonaten dieses Jahres eine furchtbare Schlappe erlitten. Das Abkommen von München brachte seinen Vernichtungsplan gegen Deutschland zum Scheitern. Es hatte die Hoffnung gehegt, durch einen durch infame Hetze hervorgerufenen Weltkrieg Deutschland in die Knie zwingen und das verhaßte Naziregime zum Sturz bringen zu können. Nachdem in München dieser Plan zum Scheitern gebracht worden ist, wollten sie nun durch eine drastische und frivole Aktion die Friedensbe-

mühungen zwischen den Großmächten Europas aufhalten und eine neue Hetze gegen Deutschland in Szene setzen.

Der Mord an dem Legationssekretär vom Rath sollte ein Fanal sein für die gesamte Judenheit im Kampf gegen Deutschland. Der Mörder selbst hat gestanden, daß er damit ein Warnungssignal habe geben wollen. Allerdings ist dieser Schuß nach hinten losgegangen. Gewarnt ist weniger die Welt als das deutsche Volk.

Es liegt auf der Hand, daß eine Nation von 80 Millionen auf die Dauer derartige Provokationen nicht still schweigend und wehrlos hinnehmen wird. Nach der Ermordung Gustloffs hat das deutsche Volk geschwiegen. Nach dem Tod des Gesandtschaftsrats vom Rath ist es ganz spontan zu Vergeltungsaktionen gegen die Juden in Deutschland geschritten. Der eruptive Ausbruch der Empörung der Bevölkerung in der Nacht vom 9. zum 10. November ist daraus zu erklären und zeigt nur, daß die Geduld des deutschen Volkes nunmehr restlos erschöpft ist. ...

Nirgendwo Plünderungen

Eines der hervorstechendsten Merkmale der in den vergangenen Tagen stattgefundenen Aktionen gegen das Judentum ist die Tatsache, daß es zwar zu Demolierungen, aber nirgendwo zu Plünderungen gekommen ist. Das benutzt natürlich diese deutschfeindliche Auslandspresse, um zu behaupten, daß es sich um rein kriminelle Vorgänge handele. Vor allem die jüdische Presse in Nordamerika tut sich in einer nie dagewesenen Hetze unrühmlich hervor, erinnert an das barbarische Mittelalter und erklärt, daß Berlin das Schauspiel des Bürgerkrieges biete. Es versteht sich am Rande, daß die gegen die Juden einschreitende Bevölkerung als *Nazimob* und *Gangsterbanden* bezeichnet wird. ...

Spontane Volksreaktion auf den Meuchelmord

Wir stehen auf dem Standpunkt, daß die Reaktion des deutschen Volkes auf den feigen Meuchelmord in Paris eben durch die ruchlose Gemeinheit dieser Tat erklärt werden muß. Sie wurde weder organisiert noch vorbereitet, sie brach spontan aus der Nation heraus. Die Nation folgte dabei dem gesunden Instinkt, der ihr sagte, daß nun zum zweiten Male ein Vertreter Deutschlands im Auslande von einem Judenjungen niedergeknallt wurde, und daß, wenn man auch diese Untat schweigend und ohne Reaktion hinnehmen würde, deutsche diplomatische Vertreter in Zukunft im Auslande als vogelfrei zu gelten hätten.

Die deutsche Staatsführung hat nichts unversucht gelassen, die Reaktion im deutschen Volke auf das feige Attentat in kürzester Frist abzustellen. Das deutsche Volk hat dem Gebot der Regierung willig und diszipliniert Folge geleistet. In Stundenfrist sind Demonstrationen und Aktionen zum Schweigen gebracht worden.

Das aber soll die deutschfeindliche jüdische Auslandspresse wissen: durch Aufbauschung der Vorgänge, durch Verdrehung und Lügen nutzt sie sich weder selbst noch den in Deutschland lebenden. Eher könnte das Gegenteil der Fall sein. D a s d e u t s c h e V o l k i s t e i n a n t i s e m i t i s c h e s V o l k. Es hat weder Lust noch Vergnügen, sich weiterhin durch die parasitäre jüdische Rasse in seinen Rechten beschränken oder als Nation provozieren zu lassen.

Es liegt am Verhalten der Juden in Deutschland und vor allem auch am Verhalten der Juden in der Welt, welche Stellung die deutschen Juden im öffentlichen, im privaten und im geschäftlichen Leben einnehmen. Jedenfalls ist die deutsche Regierung entschlossen, im Lande selbst für Ruhe und Ordnung zu sorgen, und Ruhe und Ordnung wird in dieser Frage am besten dadurch gewährleistet, daß man sie einer den Wünschen und Bedürfnissen des deutschen Volkes entsprechenden Lösung entgegenführt.

Deutschland wird legal antworten

Das deutschfeindliche Ausland aber täte gut daran, dieses Problem und seine Lösung den Deutschen selbst zu überlassen. Soweit es das Bedürfnis hat, für die deutschen Juden einzutreten und sich ihrer anzunehmen, stehen sie ihm in beliebiger Anzahl zur Verfügung.

Es bedarf keiner Betonung, daß die Reaktionen im Publikum nach der Erklärung vom vergangenen Donnerstag im ganzen Lande endgültig beendet sind. Keiner hat das Recht, weiterhin noch eigenmächtig zu handeln. Gesetze und Verordnungen, die diese Frage regeln, stehen zu erwarten. Das deutsche Volk kann beruhigt sein: Der Jude Grünspan war Vertreter des Judentums. Der Deutsche vom Rath war Vertreter des deutschen Volkes. Das Judentum hat also in Paris auf das deutsche Volk geschossen. Die deutsche Regierung wird darauf legal aber hart antworten."

4.2.2. Die Verordnungen: „Ausschaltung der Juden aus der Wirtschaft", „Sühneleistung der Juden" und die „Wiederherstellung des Straßenbildes"

Düsseldorfer Nachrichten 13.11.38, 578

„Einschneidende Maßnahmen gegen die Juden
Ab 1. Januar 1939 jüdische Einzelhandelsverkaufsstellen verboten – Den deutschen Juden wird eine Kontribution von einer Milliarde RM. auferlegt

Berlin, 12. November. Unter dem Vorsitz des Beauftragten für den Vierjahresplan, Generalfeldmarschall Göring, fand heute im Reichsluftfahrtministerium eine Chefbesprechung der Beteiligten mit ihren nächsten Mitarbeitern über die dringend notwendig gewordene Lösung der Judenfrage statt. An dieser Besprechung nahmen die Reichsminister Dr. Frick, Dr. Goebbels, Dr. Gürtner, Graf Schwerin von Krosigk und Frank teil. ...

Es wurde eine Reihe von einschneidesten Maßnahmen zur Lösung der Judenfrage besprochen und zum Teil schon entschieden. Der Beauftragte für den Vierjahresplan, Generalfeldmarschall Göring, erließ unter dem 12. November folgende Verordnungen:

Ausschaltung der Juden aus dem deutschen Wirtschaftsleben

Die Verordnung zur Ausschaltung der Juden aus dem deutschen Wirtschaftsleben ... lautet:

Auf Grund der Verordnung zur Durchführung des Vierjahresplanes vom 18. Oktober 1936 (RGBl. I S. 887) wird folgendes verordnet:

§ 1. Juden (§ 5 der Ersten Verordnung zum Reichsbürgergesetz vom 14. November 1935 ...) ist vom 1. Januar 1939 ab der Betrieb von Einzelhandelsverkaufsstellen, Versandgeschäften oder Bestellkontoren sowie der selbständige Betrieb eines Handwerks untersagt.

Ferner ist ihnen mit Wirkung vom gleichen Tage verboten, auf Märkten aller Art, Messen oder Ausstellungen Waren oder gewerbliche Leistungen anzubieten, dafür zu werben oder Bestellungen darauf anzunehmen.

Jüdische Gewerbebetriebe ..., die entgegen diesem Verbot geführt werden, sind polizeilich zu schließen.

§ 2: Ein Jude kann vom 1. Januar 1939 ab nicht mehr Betriebsführer im Sinne des Gesetzes zur Ordnung der nationalen Arbeit vom 20.1.1934 ... sein.

Ist ein Jude als leitender Angestellter in einem Wirtschaftsunternehmen tätig, so kann ihm mit einer Frist von sechs Wochen gekündigt werden. Mit Ablauf der Kündigungsfrist erlöschen alle Ansprüche des Dienstverpflichteten aus dem gekündigten Vertrage, insbesondere auch Ansprüche auf Versorgungsbezüge und Abfindungen.

§ 3: Ein Jude kann nicht Mitglied einer Genossenschaft sein. Jüdische Mitglieder von Genossenschaften scheiden zum 31. Dezember 1938 aus. Eine besondere Kündigung ist nicht erforderlich.

§ 4: Die zuständigen Reichsminister werden ermächtigt, die zu dieser Verordnung erforderlichen Durchführungsbestimmungen zu erlassen. Sie können Ausnahmen zulassen, soweit diese infolge der Überführung eines jüdischen Gewerbebetriebes in nichtjüdischen Besitz, zur Liquidation jüdischer

Gewerbebetriebe oder in besonderen Fällen zur Sicherstellung des Bedarfs erforderlich ist.

Sühneleistung der Juden deutscher Staatsangehörigkeit

Die vom Beauftragten für den Vierjahresplan erlassene Verordnung über eine Sühneleistung der Juden deutscher Staatsangehörigkeit hat folgenden Wortlaut:

Die feindliche Haltung des Judentums gegenüber dem deutschen Volk und Reich, die auch vor feigen Mordtaten nicht zurückschreckt, erfordert entschiedene Abwehr und harte Sühne.

Ich bestimme daher auf Grund der Verordnung zur Durchführung des Vierjahresplanes vom 18. Oktober 1936 ... das folgende:

§ 1: Den Juden deutscher Staatsangehörigkeit in ihrer Gesamtheit wird die Zahlung einer Kontribution von 1 000 000 000 Reichsmark an das Deutsche Reich auferlegt.

§ 2: Die Durchführungsbestimmungen erläßt der Reichsminister der Finanzen im Benehmen mit den beteiligten Reichsministern.

Wiederherstellung des Straßenbildes bei jüdischen Gewerbebetrieben

Die vom Beauftragten für den Vierjahresplan erlassene Verordnung zur Wiederherstellung des Straßenbildes bei jüdischen Gewerbebetrieben hat folgenden Wortlaut:

Auf Grund der Verordnung zur Durchführung des Vierjahresplanes vom 18. Oktober 1936 ... verordne ich folgendes:

Paragraph 1: Alle Schäden, welche durch die Empörung des Volkes über die Hetze des internationalen Judentums gegen das nationalsozialistische Deutschland am 8., 9. und 10. November 1938 an jüdischen Gewerbebetrieben und Wohnungen entstanden sind, sind von dem jüdischen Inhaber oder jüdischen Gewerbetreibenden sofort zu beseitigen.

Paragraph 2: Die Kosten der Wiederherstellung trägt der Inhaber der betroffenen jüdischen Gewerbebetriebe oder Wohnungen.

Versicherungsansprüche von Juden deutscher Staatsangehörigkeit werden zugunsten des Reiches beschlagnahmt.

Paragraph 3: Der Reichswirtschaftsminister wird ermächtigt, im Benehmen mit den beteiligten Reichsministern Durchführungsbestimmungen zu erlassen."

Frankfurter Zeitung 14.11.38, 582

„Die Maßnahmen gegen das Judentum – Abschluß der Einzelaktionen – Eine Rede des Reichsministers Dr. Goebbels

Berlin, 13. November. ... Mit besonders stürmischem Beifall dankten die Anwesenden dem Minister für die Mitteilung, daß im Rahmen der jetzt ergriffenen Maßnahmen jüdische Geschäfte aus dem deutschen Wirtschaftsleben überhaupt zum Verschwinden gebracht und in arischen Besitz übergeführt wurden. Mit dem gleichen Jubel wurde die weitere Mitteilung über die von Dr. Goebbels erlassene Verordnung aufgenommen, wonach es Juden verboten ist, deutsche Theater, Kinos oder Varietés zu besuchen. *Es ist eine Entwürdigung unseres deutschen Kunstlebens, daß einem Deutschen zugemutet werden soll, in einem Theater oder Kino neben einem Juden zu sitzen.* (Langanhaltender Beifall).

An die Schilderung dieser gesetzlichen Maßnahmen knüpfte der Minister eine ernste Mahnung an die Bevölkerung. *Durch alle diese Gesetze und Verordnungen wird das Geschäftsleben des Judentums in deutsche Hände übergeführt. Es gibt also heute keine Möglichkeit mehr, durch Aktionen gegen Geschäfte oder Unternehmungen den Juden überhaupt zu treffen, da sein Besitz in kürzester Frist in deutsche Hände gelangt. Wer sich mithin künftig gegen solche Geschäfte oder Betriebe wendet, schädigt nur das deutsche Volksvermögen. Es darf also in Zukunft solche Aktionen nicht mehr geben. Wer sie unternehmen wollte, vergeht sich jetzt nur noch am deutschen Volksvermögen und hat die entsprechende Strafe zu gewärtigen. Die Regierung steht auf der Wacht,* stellte der Minister unter immer neuen Zustimmungskundgebungen fest, *sie wird keine Provokation des internationalen Judentums unbeantwortet lassen.*"

Frankfurter Zeitung 15.11.38, 584/85

„Reinliche Scheidung zwischen Deutschen und Juden
Reichsminister Dr. Goebbels über die Ziele der deutschen Judengesetzgebung
Berlin, 14. November. Dr. Goebbels gewährte am Samstag dem Sonderkorrespondenten des englischen Reuterbüros, Gordon Young, eine Unterredung, in der er ausführlich die deutsche Auffassung über die Judenfrage darlegt.

Dr. Goebbels erklärte unter anderem: *Das, was sich in den letzten Tagen hier in Berlin abgespielt hat, sind nur Reaktionen auf eine Infektion, die sich in den deutschen Volkskörper einschleichen wollte, meiner Ansicht nach nicht nur in den deutschen, sondern in den aller Völker in Europa und weit über Europa hinaus, Reaktionen auf eine Infektion, mit der wir Deutschen uns auseinandergesetzt haben und weiterhin auseinandersetzen müssen. Ob andere das tun, was insbesondere England in der Judenfrage tut oder läßt, ist für uns nicht von Belang und von keinerlei Einfluß auf unsere Haltung.*

Ebenso ist es nicht Englands Sache, wie wir in Deutschland die Judenfrage lösen werden.

Auf die Frage, wie die Abgabe von einer Milliarde Reichsmark praktisch durchgeführt werde, antwortete der Minister: *Sie wird in Form einer Abgabe eingezogen. Das jüdische Vermögen in Deutschland beträgt, wenn ich recht orientiert bin, etwa acht Milliarden Reichsmark. Eine Reihe von weiteren Maßnahmen ist für die nächste Zeit zu erwarten. Im wesentlichen bewegen sie sich in wirtschaftlicher Hinsicht, und zwar dahingehend, daß wir die Juden aus dem offenen wirtschaftlichen Leben entfernen wollen, damit es nicht wieder Zusammenstöße gibt, wie sie in dieser Woche vorgekommen sind. Jedesmal, wenn in der Judenfrage eine akute Situation entsteht, hält sich das deutsche Volk an den, den es fassen kann. Es ist unmöglich, daß in einem nationalsozialistischen Staat, der antisemitisch eingestellt ist, ganze Straßenzüge von jüdischen Geschäften besetzt sind. Diese Geschäfte werden allmählich in arischen Besitz übergeführt. Zum Teil erstrecken sich die Gesetze auch auf das kulturelle Gebiet. Wir wollen die Juden nicht kulturell vernichten. Sie sollen ihre eigene Kultur pflegen. Es gibt in Deutschland einen jüdischen Kulturbund, der in Berlin Theater, Varietés und so weiter betreibt und über Konzertsäle und eigene Orchester verfügt. Er war vor drei Tagen geschlossen worden. Ich habe ihn wieder geöffnet. Mit anderen Worten: Wir wollen eine ganz reinliche Scheidung zwischen Deutschen und Juden. Den Juden ist auch ein eigenes Winterhilfswerk gestattet worden. Die reichen Juden können Unterstützungen für die armen Juden geben, wir nehmen selbst keinen Pfennig von diesem Geld. Im übrigen ist man sich in der Welt im unklaren darüber, wie reich die Juden in Deutschland noch sind. Das zeigen Reihen jüdischer Geschäfte am Kurfürstendamm, in der Friedrichstraße u. a.*

M. Young stellte dann die Frage, ob diese Gesetze das jüdische Problem in Deutschland endgültig lösen würden.

Die Antwort lautete: *Das hängt vom Judentum selbst ab; davon, ob die Juden die Stellung im öffentlichen Leben einzunehmen gewillt sind, die wir ihnen zubilligen, nämlich die Stellung einer fremden Rasse, von der wir wissen, daß sie dem deutschen Volke ablehnend gegenübersteht. Versuchen sie wieder, durch die Maschen des neuen Gesetzes hindurchzuschlüpfen, so wird es neue Gesetze geben, damit neue Demonstrationen vermieden werden. Eine andere Möglichkeit besteht nicht.*

Zur Frage, ob sich die neuen Gesetze auch auf britische, amerikanische und andere fremde Juden beziehen, gab der Minister folgende Erklärung ab: *Britische, amerikanische und Juden anderer Nationalität sind für uns Angehörige der britischen, amerikanischen oder anderen Nationalität. Darüber, ob sie Briten sind, haben wir nicht zu entscheiden, sondern das britische Volk selbst. Also können sich auch diese Gesetze nicht auf Juden anderer Nationalität beziehen. Sie gelten für uns als Ausländer.*

Reichsminister Dr. Goebbels machte dann Ausführungen über die Zukunft der Juden in Deutschland.

Er betonte unter anderem, daß keine Absicht bestehe, die Juden in bestimmte Stadtviertel zusammenzuzwängen. Aber es seien natürlich Maßnahmen zu erwarten, um dem unmöglichen Zustand ein Ende zu machen, daß Judenfamilien mit zwei bis drei Köpfen Villen mit zwanzig bis zu dreißig Zimmern bewohnen, während angemessener Wohnraum für deutsche Volksgenossen noch fehle. Die Juden könnten ihre Geschäfte verkaufen, von ihren Renten leben oder sich nutzbringender Arbeit zuwenden. Es werde aber im Augenblick, in dem die Juden weiterhin provozierten und die Lage verschärften, auch diese Tätigkeit eingeschränkt werden müssen.

Ich kann nur dringend betonen, so erklärte der Minister, *daß die ausländischen Juden, die jetzt gegen Deutschland eine Riesenkampagne entfesseln, ihren Rassegenossen im Reich einen denkbar schlechten Dienst erweisen. Ich betone, daß wir unsere Maßnahmen nicht aus einem Rachegefühl treffen, sondern daß das eine Frage der Zweckmäßigkeit ist.*

Auf eine Frage, ob denn die Juden Deutschland verlassen könnten, da man ihnen doch die Pässe abgenommen habe, stellte der Minister fest, daß dies den Tatsachen nicht entspreche. Soweit es doch geschehen sei, würden die Pässe wieder ausgehändigt. Deutschland habe nur ein Interesse daran, daß die Juden aus dem Lande gingen. Sie dürften einen gewissen Prozentsatz ihres Vermögens mitnehmen, natürlich im Rahmen des deutschen Devisenvorrats. Auf ausländisches Kapital und ausländische Unternehmen in Deutschland würden die Maßnahmen gegen die Juden selbstverständlich nicht angewendet werden."

4.2.3. Das Waffenverbot für Juden

Frankfurter Zeitung 9.11.38, 572/73

„Waffenkontrolle bei der jüdischen Bevölkerung Berlins
Berlin, 8. November. Von zuständiger Stelle wird mitgeteilt:
Angesichts des gestern erfolgten jüdischen Mordanschlages in der deutschen Botschaft in Paris gibt der Polizeipräsident von Berlin der Oeffentlichkeit das vorläufige Ergebnis bekannt, das eine allgemeine polizeiliche Entwaffnung der Juden Berlins, die in den letzten Wochen in Angriff genommen wurde, bisher gehabt hat. Der Polizeipräsident hat sich, um die öffentliche

Sicherheit und Ordnung in der Reichshauptstadt aufrechtzuerhalten, auf Grund einiger Einzelfälle veranlaßt gesehen, eine Waffenkontrolle bei der jüdischen Bevölkerung Berlins durchzuführen. Dies ist den Juden durch die Polizeireviere kürzlich zur Kenntnis gebracht worden, wodurch – von wenigen Ausnahmen abgesehen, bei denen ein ausdrückliches Verbot des Waffenbesitzes ausgesprochen werden mußte – die in jüdischem Besitz bisher befindlichen Waffen bei der Polizei von den Juden, die keinen Waffenschein haben, freiwillig abgegeben wurden.

Das vorläufige Ergebnis zeigt deutlich, welch eine Unmenge von Waffen sich noch bei den Juden Berlins bisher befand und noch befindet. Die Aktion erzielte bis zum heutigen Tage die Sicherstellung von 2569 Stich- und Hiebwaffen, 1702 Schußwaffen und rund 20 000 Schuß Munition. Sofern nach Abschluß der Waffenaktion noch ein Jude im Besitz einer Waffe angetroffen wird, wird der Polizeipräsident in jedem einzelnen Falle mit größter Strenge vorgehen."

Düsseldorfer Nachrichten 12.11.38, 576

„Waffenbesitz für Juden verboten – Verordnung des Reichsinnenministers Berlin, 11. November. Amtlich wird mitgeteilt: Nachdem der Reichsführer SS und Chef der deutschen Polizei im Reichsministerium des Innern dem jüdischen Waffenbesitz schon durch sofortige polizeiliche Anordnung schlagartig ein Ende gesetzt hatte, ist nunmehr das gesetzliche Verbot auf dem Fuße gefolgt.

Der Reichsminister des Innern hat noch gestern die nachfolgende Verordnung gegen den Waffenbesitz der Juden erlassen, die schon heute im Reichsgesetzblatt veröffentlicht wird.

Verordnung gegen den Waffenbesitz der Juden

...

§ 1

Juden ... ist der Erwerb, der Besitz und das Führen von Schußwaffen und Munition sowie von Hieb- und Stoßwaffen verboten. Sie haben die in ihrem Besitz befindlichen Waffen und Munition unverzüglich der Ortspolizeibehörde abzuliefern.

§ 2

Waffen und Munition, die sich im Besitze eines Juden befinden, sind dem Reich entschädigungslos verfallen.

§ 3

Für Juden fremder Staatsangehörigkeit kann der Reichsminister des Innern Ausnahmen von dem in § 1 ausgesprochenen Verbot zulassen. Er kann diese Befugnis auf andere Stellen übertragen.

§ 4

Wer den Vorschriften des § 1 vorsätzlich oder fahrlässig zuwiderhandelt, wird mit Gefängnis und mit Geldstrafe bestraft. In besonders schweren Fällen vorsätzlicher Zuwiderhandlung ist die Strafe Zuchthaus bis zu fünf Jahren.

§ 5

Der Reichsminister des Innern erläßt die zur Durchführung dieser Verordnung erforderlichen Rechts- und Verwaltungsvorschriften.

§ 6

Diese Verordnung gilt auch im Lande Österreich und in den sudetendeutschen Gebieten.

Berlin, den 11. November 1938.

(gez.) Frick."

Frankfurter Zeitung 26.11.38, 603/04

„Juden ist der Jagdschein zu entziehen
Nach § 23, Ziffer 4, des Reichsjagdgesetzes muß Personen, die die öffentliche Sicherheit gefährden, der Jagdschein versagt werden. Wie der Reichsjägermeister in seiner Anordnung feststellt, ist diese Voraussetzung bei Juden stets gegeben. Der Reichsjägermeister bestimmt, daß sämtliche Anträge von Juden auf Ausstellung von Jagdscheinen abzulehnen sind, und dafür gesorgt werden muß, daß bereits an Juden erteilte Jagdscheine sofort wieder eingezogen werden."

4.3. Die Sühneleistung als Vermögensabgabe

4.3.1. Die Durchführungsbestimmungen

Völkischer Beobachter 24.11.38, 328

„Vermögensabgabe in vier Raten
Die Sühneleistung der Juden
Durchführungsbestimmungen des Reichsfinanzministers – Von 5000 Mark aufwärts abgabepflichtig

Berlin, 23. November. Am 12. November hatte Ministerpräsident General-feldmarschall Göring in seiner Eigenschaft als Beauftragter für den Vierjah-resplan angeordnet, daß die Juden deutscher Staatsangehörigkeit unter dem Erfordernis entschiedener Abwehr und harter Sühne in ihrer Gesamtheit eine Kontribution in Höhe von einer Milliarde Reichsmark an das Deutsche Reich zu zahlen haben und daß der Reichsminister der Finanzen die notwendigen Durchführungsbestimmungen erläßt.

Nur wenige Tage sind vergangen, und nunmehr liegt bereits die Durchfüh-rungsverordnung des Reichsministers der Finanzen vor, ... Sie hat folgenden Wortlaut:

§ 1

Abgabepflicht

(1) Die Kontribution von einer Milliarde Reichsmark wird als Vermö-gensabgabe von den Juden deutscher Staatsangehörigkeit und von den staa-tenlosen Juden eingezogen (Judenvermögensabgabe).

(2) Abgabepflichtig ist jeder Jude ..., der nach der Verordnung über die Anmeldung des Vermögens von Juden vom 26. April 1938 sein gesamtes In- und ausländisches Vermögen anzumelden und zu bewerten hatte. ...

§ 3

Bemessungsgrundlage

(1) Die Abgabe wird nach dem Gesamtwert des Vermögens nach dem Stand vom 12. November 1938 bemessen.

(2) Auszugehen ist von dem Vermögen, das der Abgabepflichtige auf Grund der Verordnung über die Anmeldung des Vermögens von Juden vom 26. April 1938 angemeldet hat. Dabei sind die Verbindlichkeiten und die ein-getretenen Veränderungen (§ 5 der genannten Verordnung) zu berücksichti-gen. ...

(4) Die Abgabe wird nicht erhoben, wenn der Gesamtwert des Vermögens nach Abzug der Verbindlichkeiten, jedoch vor Abrundung, 5000 RM. nicht übersteigt.

(5) Der Gesamtwert des Vermögens ist auf volle 1000 RM. nach unten abzurunden.

§ 4

Höhe und Entrichtung der Abgabe

(1) Die Abgabe beträgt insgesamt 20 v. H. des Vermögens (§ 3). Sie zer-fällt in vier Teilbeträge von je 5 v. H. des Vermögens.

(2) Der erste Teilbetrag ist am 15. Dezember 1938 fällig. Die weiteren Teilbeträge sind am 15. Februar, 15. Mai, und 15. August 1939 fällig.

(3) Die Zahlungen sind ohne besondere Aufforderungen zu leisten.

§ 8

Inzahlungnahme von Sachgütern

Der Reichsminister der Finanzen trifft im Verwaltungsweg Bestimmungen darüber, inwieweit die Finanzämter in geeigneten Fällen Wertpapiere und Grundbesitz in Zahlung nehmen können.

§ 9

Anwendbarkeit der Reichsabgabenordnung

(1) Die Abgabe fließt dem Reich zu.

(2) Die Vorschriften der Reichsabgabenordnung, des Steueranpassungsgesetzes und des Steuersäumnisgesetzes sind sinngemäß anzuwenden. ..."

Düsseldorfer Nachrichten 26.11.38, 601

„Ankaufstelle für jüdische Schmuck- und Kunstgegenstände eingerichtet

Berlin, 25. November. Die Vermögensabgabe der deutschen und staatenlosen Juden zur Aufbringung der Kontribution von 1 Milliarde RM., die im Einzelfall 20 v. H. des Vermögens ausmacht, ist nach der Durchführungsverordnung des Reichsfinanzministers vom 21. November in einem ersten Teilbetrag am 15. Dezember 1938 fällig. Sie ist grundsätzlich durch Barzahlung zu leisten. Der Reichsfinanzminister hat sich vorbehalten, bei den späteren Raten ... die Finanzämter zu ermächtigen, in geeigneten Fällen auch Wertpapiere und Grundbesitz von Juden in Zahlung zu nehmen. Darüber hinaus wird aber die Aufbringung der Kontribution in vielen Fällen die Abgabepflichtigen zwingen, auch andere Vermögenswerte, insbesondere Juwelen, Schmuck- und Kunstgegenstände, zu veräußern und flüssig zu machen. Zur Erleichterung der Aufnahme und Flüssigmachung solcher Werte hat die Industrie- und Handelskammer Berlin auf Anordnung des Reichswirtschaftsministeriums eine Ankaufstelle für Juwelen, Schmuck- und Kunstgegenstände eingerichtet, die aus dem ganzen Reichsgebiet Wertgegenstände der genannten Art nach Abschätzung durch Sachverständige ankauft. Die Anschrift dieser Stelle ist: Industrie- und Handelskammer, Berlin NW 7, Dorotheenstraße 8."

Völkischer Beobachter 13.12.38, 347

„Die Judenvermögensabgabe durch Wertpapierverkäufe

Die Mitwirkung der Devisenbanken bei der Inzahlunggabe von Wertpapieren – Ein Erlaß des Reichsfinanzministers

Der Reichsminister der Finanzen hat im Einvernehmen mit dem Reichswirtschaftsminister folgenden Erlaß herausgegeben und den einzelnen Wirtschaftsgruppen der Reichsgruppe Banken zur weiteren Veranlassung zugehen lassen:

1. ... Nach der Anordnung in meinem Runderlaß vom 28. November 1938 ... werden die Finanzämter bei Entrichtung des ersten Teilbetrages der Judenvermögensabgabe am 15. Dezember 1938 Sachgüter (Wertpapiere und Grundbesitz) in der Regel nicht in Zahlung nehmen, da es dem Abgabepflichtigen im allgemeinen möglich sein wird, die für die erste Teilzahlung erforderlichen Beträge flüssig zu machen. Trotzdem wird es sich nicht in allen Fällen vermeiden lassen, mangels Vorhandenseins von Barmitteln auch Sachwerte, insbesondere Wertpapiere, von abgabepflichtigen Juden in Zahlung zu nehmen.

2. Nach § 11 der am 5. Dezember 1938 in Kraft getretenen Verordnung über den Einsatz jüdischen Vermögens vom 3. Dezember 1938 ... haben Juden, mit Ausnahme der Juden ausländischer Staatsangehörigkeit, ihre gesamten Aktien, Kuxe, festverzinslichen Werte und ähnliche Wertpapiere binnen einer Woche nach Inkrafttreten dieser Verordnung, soweit das nicht ohnehin geschehen ist, in ein Depot bei einer Devisenbank einzulegen und der Bank unverzüglich ihre Eigenschaft als Juden anzuzeigen. Danach wird sich praktisch am 15. Dezember 1938, dem Fälligkeitstage des ersten Teilbetrages der Judenvermögensabgabe, der gesamte Wertpapierbesitz der Juden deutscher Staatsangehörigkeit und der staatenlosen Juden in als jüdisch gekennzeichneten Depots bei den Devisenbanken befinden. ...

5. Die Banken erteilen den zuständigen Finanzämtern über die in Zahlung gegebenen Wertpapiere Berechnungen des Annahmewertes in dreifacher Ausfertigung unter gleichzeitiger Mitteilung, daß die Wertpapiere in ein für die Preußische Staatsbank (Seehandlung) Berlin, als Treuhänderin des Reichsministers der Finanzen errichtetes Depot eingelegt worden sind. Eine weitere Ausfertigung der Berechnung übersenden die Banken unverzüglich an die Preußische Staatsbank (Seehandlung), Berlin."

Aller Zeitung 14.12.38, 292

„Zur Judenvermögensabgabe – Vorschriften über die Inzahlungnahme von Wertpapieren und Grundstücken

Der Reichsminister der Finanzen teilt mit: Auf die Judenvermögensabgabe können in Ausnahmefällen Wertpapiere und Grundstücke in Zahlung gegeben werden. Nachdem bereits gestern die Vorschriften über die Inzahlungnahme von Wertpapieren erschienen und in der Presse verbreitet worden sind, liegen nunmehr auch die Bestimmungen über die Inzahlungnahme von Grundstükken vor.

Grundstücke werden auf die erste Teilzahlung der Judenvermögensabgabe, die am 15. Dezember 1938 fällig ist, nur dann in Zahlung genommen, wenn der Abgabepflichtige keine Barzahlung leisten kann und auch keine Wertpapiere besitzt, die er in Zahlung geben kann. Die Grundstücke werden zu einem Wert angenommen, der dem derzeitigen gemeinen Wert entspricht und für jeden einzelnen Fall von dem Oberfinanzpräsidenten festgesetzt wird. Der Antrag auf Inzahlungnahme eines Grundstückes ist an das für die Judenvermögensabgabe zuständige Finanzamt zu richten. Dieses hat zu prüfen, ob der Abgabepflichtige nicht in der Lage ist, die Abgabe in anderer Weise zu tilgen.

Von der Inzahlungnahme ausgeschlossen sind solche Grundstücke

1. die mehreren Eigentümern gehören, sofern nicht sämtliche Eigentümer ihre Anteile dem Reich übertragen,

2. die überlastet sind oder bei denen nach Abzug der Belastungen und der Unkosten ein unverhältnismäßig niedriger Wert zur Deckung der Abgabe zur Verfügung stehen würde,

3. deren Wert nach Abzug der Belastungen und der Unkosten die Abgabe übersteigt."

Frankfurter Zeitung 24.12.38, 655/56

„Vermögensänderungen bei der Vermögensabgabe der Juden
Berlin, 23. Dezember. Der Reichsminister der Finanzen teilt mit:
Nach der Verordnung über die Anmeldung des Vermögens von Juden vom 26. April 1938 war jeder Jude verpflichtet, sein Vermögen nach dem Stand vom 27. April 1938 bei der höheren Verwaltungsbehörde anzumelden und jede Veränderung seines Vermögens unverzüglich anzuzeigen. Von der Pflicht der unverzüglichen Anzeige waren lediglich die Vermögensveränderungen ausgenommen, die im Rahmen einer angemessenen Lebensführung oder des regelmäßigen Geschäftsverkehrs eintraten.

Bei Erlaß der Vorschriften über die Erhebung der Judenvermögensabgabe ist davon ausgegangen worden, daß sich das Vermögen jedes einzelnen Juden nach dem Stand vom 12. November 1938 auf Grund seiner Pflicht zur unverzüglichen Anzeige von Veränderungen im allgemeinen aus den Anmeldungen und Nachtragsanzeigen an die höhere Verwaltungsbehörde ergeben würde. Nur um auch die durch den laufenden Lebensunterhalt und den regelmäßigen Geschäftsverkehr eingetretenen Veränderungen des Vermögens und einige sonstige aus entschuldbaren Gründen noch nicht angezeigte Vermögensveränderungen zu berücksichtigen, ist Anfang Dezember darauf hingewiesen worden, daß alle bis zum 12. November 1938 eingetretenen Ver-

mögensveränderungen auch nachträglich bei der höheren Verwaltungsbe-
hörde angezeigt werden können und bei der Bemessung der Judenvermö-
gensabgabe zu berücksichtigen sind.

Die Flut von Veränderungsanzeigen, mit denen die höheren Verwal-
tungsbehörden und nach ihnen die Finanzämter überschwemmt worden sind,
läßt erkennen, daß die Juden in vielen Fällen ihre Pflicht, Vermögensverän-
derungen unverzüglich anzuzeigen, außer acht gelassen haben.

Die Finanzämter sind nunmehr angewiesen worden, bei der Judenvermö-
gensabgabe nur noch solche Veränderungsanzeigen über Vermögensrück-
gänge zu berücksichtigen, die bis zum 31. Dezember 1938 bei der höheren
Verwaltungsbehörde eingehen."

Düsseldorfer Nachrichten 24.10.39, 538

„Judenvermögensabgabe von 20 v. H. auf 25 v. H. erhöht

Zur Erreichung der auferlegten Milliarde

Berlin, 23. Oktober. Der Reichsminister der Finanzen teilt mit: Den Juden war die Zahlung einer Kontribution von einer Milliarde Reichsmark auferlegt worden. Dementsprechend ist von den Juden deutscher Staatsangehörigkeit und von den im Deutschen Reich lebenden staatenlosen Juden eine Judenvermögensabgabe erhoben worden. Die Abgabe ist zunächst auf 20 v. H. des Vermögens festgesetzt worden. Eine Beschränkung oder Erweiterung der Zahlungspflicht war für den Fall vorgesehen, daß das Aufkommen von einer Milliarde Reichsmark überschritten oder nicht erreicht werden sollte. Die bisherigen Zahlungseingänge lassen erkennen, daß der Betrag von einer Milliarde RM. nicht erreicht werden wird.

Zur Vervollständigung des Aufkommens ist daher die Erhebung eines weiteren Teilbetrages erforderlich. Durch eine Verordnung des Reichsministers der Finanzen ist die Abgabe von 20 v. H. auf 25 v. H. des Vermögens erhöht worden. Der Unterschiedsbetrag von 5 v. H. des Vermögens ist am 15. November 1939 fällig und an diesem Tage von allen abgabepflichtigen Juden zu entrichten. Alle bisher über die Judenvermögensabgabe ergangenen Vorschriften finden auch auf diese Zahlung Anwendung. Für die Annahme von Wertpapieren wird ein besonderer Kurszettel aufgestellt werden. Der weitere Teilbetrag ist ohne besondere Aufforderung zu zahlen."

4.3.2. Die „reichen" Juden

Düsseldorfer Nachrichten 18.11.38, 586

„Das Märchen von den ausgeplünderten Juden – Zahlen sagen etwas anderes – Die Juden besitzen je Kopf 4 1/2 mal soviel Vermögen wie die Deutschen
Berlin, 17. November ... Die Tatsache, daß bei den deutschen Juden überhaupt noch Milliardenwerte einzutreiben sind, daß sie in bester Lage Geschäfte betreiben, deren Scheiben das aufs tiefste gereizte deutsche Volk einschlug, diese Tatsache besagt logisch, daß es mit der Ausplünderung durch das Dritte Reich nicht so schlimm sein kann. Die wirtschaftliche Betätigung der Juden in Deutschland ist immer noch so umfangreich, daß die Finanzämter amtlich den jüdischen Besitz im Reichsgebiet auf die Kleinigkeit von acht Milliarden schätzen, welche sich auf 700 000 Menschen verteilen.

Es ergibt sich also, daß der einzelne verfolgte und entrechtete Jude – man höre und staune! – v i e r e i n h a l b m a l soviel Vermögen besitzt wie ein Sohn des deutschen 80-Millionen-Volkes. Die armen, ausgeplünderten Juden stellen allein in Berlin 200 Millionäre, darunter solche, die acht, zehn und zwölf Millionen ihr bescheidenes Einkommen nennen.

Nahezu 900 Juden in Berlin verfügen über 300 000 RM. und mehr! Über 1000 jüdische Millionenkrösusse gibt es im Reichsgebiet, und das nach sechs Jahren antisemitischer Herrschaft. ...

Das Vermögen der deutschen Juden hat sich in der Nachkriegszeit verdoppelt
In Ergänzung der Angaben des Deutschen Dienstes über die Vermögensverhältnisse der deutschen Juden wird noch gemeldet:

Die Ungeheuerlichkeit der bisherigen Besitzverteilung zwischen Deutschen und Juden kommt in ihrer Kraßheit erst vollständig zum Ausdruck, wenn man den durchschnittlichen Anteil am Gesamtvermögen auf den Kopf der deutschen und der jüdischen Bevölkerung ausrechnet. Das deutsche Volksvermögen beläuft sich auf etwa 200 Milliarden Reichsmark, in das sich 80 Millionen Volksgenossen teilen. Im Reich gibt es 700 000 Juden, in deren Händen sich nach genauen Feststellungen nicht weniger als 8 Milliarden befinden. Auf den einzelnen Deutschen entfallen also im Durchschnitt 2500 RM., auf den Juden aber im Durchschnitt 11 428 RM. Jeder einzelne Jude – die sich jetzt vor aller Welt als arm, hilfsbedürftig und rechtlos hinstellen möchten – besitzt demnach 4,57 oder mehr als 4 1/2 mal so viel als der deutsche Volksgenosse! Ist das Anlaß zu solch erbärmlichem Wehgeschrei? Nein, eine Ungerechtigkeit ist wieder gutzumachen, geraubtes Gut zurückzugeben!

Hinzu kommt: Das jüdische Vermögen in Deutschland betrug 1918 etwa 4 Milliarden Reichsmark, es hat sich also in der Nachkriegszeit verdoppelt, und zwar auf Kosten des deutschen Volkes.

Weiter ist daran zu erinnern, daß allein in der Inflationszeit über die Hälfte des Berliner Grundbesitzes in jüdische Hand übergegangen ist, so daß heute mehr als die Hälfte von Berlin den Juden gehört, obwohl sie nur 3,8 v. H. der Bevölkerung ausmachen.

Dieses, dem deutschen Volk durch Betrug genommene Vermögen wird jetzt durch die auferlegte Geldstrafe zu einem kleinen Teil wieder in den Besitz des deutschen Volkes zurückgeführt."

Frankfurter Zeitung 17.11.38, 587

„Jüdische Vermögen in Berlin
Berlin, 15. November. Wie schon kurz gemeldet wurde, wird von zuständiger Seite mitgeteilt:

Die Juden haben bekanntlich auf Grund einer Verordnung vom 26. April 1938 ihr Vermögen anmelden müssen. In Berlin waren insgesamt 35 802 Juden anmeldungspflichtig, das heißt, diese Juden haben ein Vermögen von 5000 Mark und mehr. Die reichsten Juden Berlins konnten zahlenmäßig bereits ermittelt werden. Diese Zahlen gelten nur für die Berliner Juden, das Ergebnis der Ermittlungen beruht ausschließlich auf den eigenen Angaben der anmeldepflichtigen Juden. Die Zahlen dürften daher eher zu niedrig als zu hoch sein: 894 Berliner Juden besitzen nach Abzug vorhandener Schulden ein Vermögen von 300 000 Mark und mehr; davon besitzen 346 Juden ein Vermögen über eine halbe Million, 125 Juden ein Vermögen von über eine Million, 37 Juden ein Vermögen über zwei Millionen, 17 Juden ein Vermögen über drei Millionen, sieben Juden ein Vermögen über vier Millionen, acht Juden ein Vermögen über fünf Millionen und je ein Jude ein Vermögen über sechs Millionen, sieben Millionen, acht Millionen, zehn Millionen und zwölf Millionen Mark."

Völkischer Beobachter 17.11.38, 321

„Weitere Einzelheiten über die *armen Juden*
60 v. H. des Berliner Grundstückswertes noch in jüdischen Händen! Umsatz der jüdischen Bekleidungsindustrie noch immer 20 v. H. höher als der arische Berlin, 16. November. ... So ist auch heute noch in Berlin die Machtposition der Juden im Haus- und Grundbesitz ungebrochen. ... In einzelnen Berliner

Stadtgebieten beträgt der jüdische Anteil am Hausbesitz noch 70 v. H., auf ganz Berlin gerechnet wertmäßig über 60 v. H.

Oft sind die Besitzer keine Einzeljuden, sondern Grundstücksverwertungs- und Verwaltungsgesellschaften, in denen sich in- und ausländische Juden brüderlich zusammengetan haben zur gemeinsamen Ausplünderung der Deutschen. Selbstverständlich sind die Häuser meist billig während der Inflationszeit gekauft worden. ...

Auch der Immobilienhandel und die Grundstücksverwaltungen lagen bisher fast ausschließlich in jüdischen Händen, so daß schon vor geraumer Zeit die Katasterämter sich weigern mußten, mit jüdischen Hausverwaltern und Steuerberatern als Verhandlungspartnern zu verkehren. ...

Noch ein Wort über den jüdischen Anteil in der Bekleidungsindustrie. Obwohl schon seit Jahren die *Arbeitsgemeinschaft arischer Fabrikanten der Bekleidungsindustrie* (Adefa) in vorbildlicher und zielbewußter Weise danach strebt, die Wirtschaftsgruppe zu entjuden, waren Anfang dieses Jahres von 6500 Mitgliederfirmen noch ein Drittel jüdisch. Was die Betriebsgröße anbetrifft, so war die Mehrzahl der größten Betriebe noch in Händen von Nichtariern. Der Umsatz der nichtarischen Betriebe, die doch nur ein Drittel der Gesamtindustrie darstellen, hatte noch 1937 einen um 20 v. H. höheren Umsatz als alle arischen Betriebe zusammen. In der Damenbekleidungsbranche allein waren von 850 Betrieben Anfang dieses Jahres noch 550 in jüdischen Händen, das sind beinahe 65 v. H."

Aller Zeitung 25.11.38, 276

„In Sachsen auf 750 Juden ein Millionär

Auch aus anderen Reichsteilen gehen jetzt nähere Mitteilungen über das jüdische Vermögen ein. So wurde z. B. in Sachsen ein jüdisches Gesamtvermögen in Höhe von 227 320 467,01 Mark ermittelt. Dabei ist zu berücksichtigen, daß anmeldepflichtig nur Vermögen von über 5000 Mark waren. Im sächsischen Gaugebiet befinden sich noch etwa 18 000 Juden; allein in Leipzig wohnen davon mehr als 50 Prozent. Auf einen Juden entfallen also 12 500 Mark des anmeldepflichtigen jüdischen Vermögens, während auf einen arischen Einwohner nur 1050 Mark steuerpflichtiges Vermögen kommen. Noch viel krasser tritt der Unterschied zutage, wenn man sich der Sparte der Millionäre zuwendet.

In Sachsen gibt es 25 jüdische Millionäre. Nach der letzten amtlichen Vermögenssteuerstatistik kommt im Gau Sachsen auf 15 100 Einwohner also ein Millionär, während nach der Erfassung des jüdischen Vermögens vom Mai 1938 bereits auf 750 Juden in Sachsen ein Millionär entfällt."

Düsseldorfer Nachrichten 4.12.38, 616

„Jüdisches Vermögen in der Ostmark
Von den acht Milliarden Reichsmark, die das angemeldete jüdische Vermögen im ganzen Reichsgebiet beträgt, entfallen allein auf die Ostmark (= Österreich – der Verf.) 2 295 085 000 RM. Danach sind die Juden der Ostmark
verhältnismäßig etwa dreimal so reich wie die des Altreiches. Nach dem hierüber veröffentlichten Zahlenmaterial gibt es unter den in der Ostmark lebenden Juden 102 Millionäre, darunter 27 mit einem Vermögen von mehr als
2 1/2 Millionen RM. ...Insgesamt haben 47 768 jüdische Familien in der Ostmark ihr Vermögen angemeldet. Das größte bekannte jüdische Vermögen der
Ostmark erreicht die Summe von 26 Millionen RM."

4.4. Die Ausschaltung der Juden aus der deutschen Wirtschaft

4.4.1. Die Ankündigung von Dr. Goebbels vor dem Attentat

Völkischer Beobachter 23.6.38,174

„Dr. Goebbels kündigt an:
Gesetzliche Maßnahmen zur Ausschaltung des jüdischen Einflusses in der
Wirtschaft
Scharfe Zurückweisung jüngster jüdischer Unverschämtheiten
Berlin, 22. Juni. Lodernd und züngelnd schlagen aus dem Holzstoß inmitten
des breiten Ringes der 6000 Fackelträger die Flammen zum nächtlichen
Himmel empor, als der Gauleiter von Berlin, Reichsminister Dr. Goebbels, im
strahlend weißen Licht der Scheinwerfer an das Rednerpult trat, um der
Sonnwendfeier seines Gaues durch eine packende und mitreißende Rede Inhalt und Weihe zu geben. Jubelnde Heilrufe drangen von allen Rängen des
weiten Stadions zur hochragenden Ehrentribüne herüber, als Dr. Goebbels
das Wort nahm. ...
*Wir haben nicht sieben Jahre in Berlin gegen das internationale Juden-
tum gekämpft, damit es sich heute im nationalsozialistischen Berlin beinahe
breitermacht als je zuvor. Gegen diese provokative Haltung des internationalen Judentums in Berlin müssen wir schärfstens protestieren.*
Mitunter habe man fast den Eindruck, daß sich die Juden in Berlin noch
genau so wohl fühlten wie in den Zeiten vor unserer Revolution, und sie fän-
den offenbar noch Gelegenheit genug, in Berlin ihre schmutzige Geschäfte-
macherei den Augen der Öffentlichkeit zu entziehen. Entrüstete Pfuirufe wur-

den im ganzen Stadion laut, als Dr. Goebbels ausrief: *Ist es nicht geradezu empörend und treibt es einem nicht die Zornesröte ins Gesicht, wenn man bedenkt, daß in den letzten Monaten nicht weniger als drei tausend Juden nach Berlin eingewandert sind?*

Was wollen die hier? (Erregte Rausrufe.) Wahre Beifallstürme erhoben sich im Stadion, als Dr. Goebbels fortfuhr: *Sie sollen dahin gehen, woher sie gekommen sind, und sie sollen uns nicht noch weiter lästig fallen. Sie sollen nicht so tun, als wenn es eine nationalsozialistische Revolution überhaupt nicht gegeben hätte.*

Mit Nachdruck betonte dann Dr. Goebbels, daß die Auseinandersetzung mit dem internationalen Judentum in Berlin legal und streng nach dem Gesetz von der Partei und vom Staate und nicht von der Straße vollzogen werde. Im übrigen würde schon durch gesetzliche Maßnahmen dafür gesorgt, daß in absehbarer Zeit der jüdische Einfluß auch in der Wirtschaft gebrochen werde.

Er richte das Ersuchen an die Juden, nicht weiterhin so provokatorisch in der Öffentlichkeit aufzutreten. Die Bevölkerung forderte er auf, Disziplin zu halten, nicht zu Einzelaktionen zu schreiten, und dem Staate das weitere zu überlassen."

Völkischer Beobachter 23.6.38, 174

„Die wirtschaftliche Regelung der Judenfrage
Von Fritz Nonnenbruch
Die große Sonnwendrede von Dr. Goebbels im Berliner Stadion war nicht die Rede eines Ministers, sondern durch seinen Mund drückte das Volk aus, was es hinsichtlich der wirtschaftlichen Regelung der Judenfrage in Deutschland empfindet.

Durch die Verordnung des Parteigenossen Göring vom 26. April und durch die Verordnung vom 14. Juni ist die Judenfrage für Deutschland geregelt. Das Judenvermögen ist anmeldepflichtig, und es ist Vorsorge getroffen, daß der Geltungsbereich des Einflusses der Juden in der deutschen Wirtschaft überwacht und in Schranken gehalten wird. Ferner wird eine Liste der jüdischen Gewerbebetriebe aufgestellt, und die jüdischen Geschäfte werden gekennzeichnet. Es ist also nicht so, daß die deutschen Geschäfte als arisch gekennzeichnet werden. Man pflegt Ausnahmen nur besonders zu charakterisieren. Durch die Kennzeichnung jüdischer Gewerbebetriebe ist also zum Ausdruck gebracht, daß diese jüdischen Gewerbebetriebe Ausnahmeerscheinungen der deutschen Wirtschaft sein sollen. Auch die jüdische Börsenherrlichkeit ist nunmehr zu Ende. ...

Es ist ein Verdienst des Nationalsozialismus, daß er das Aufbegehren des deutschen Volkes gegen den überragenden Einfluß des Judentums in gesetzliche Bahnen zu lenken vermocht hat. Einzelaktionen gegen das Judentum sind heute in Deutschland nicht mehr erforderlich, da der nationalsozialistische Staat die Regelung der Judenfrage selbst in der Hand hat."

4.4.2. Die Verordnungen zur Ausschaltung aus der Wirtschaft

Völkischer Beobachter 26.11.38, 330

„Verordnung des Reichswirtschafts- und des Reichsjustizministers
Die Ausschaltung der Juden aus dem deutschen Wirtschaftsleben
Abwicklung und Auflösung jüdischer Einzelhandelsgeschäfte
Berlin, 25. November. (1938) ...
Artikel I
Einzelhandel
§ 1
 (1) Einzelhandelsverkaufsstellen, Versandgeschäfte oder Bestellkontore von Juden sind grundsätzlich aufzulösen und abzuwickeln.
 (2) Soweit in besonderen Fällen zur Sicherstellung der Versorgung der Bevölkerung die Weiterführung eines bisher jüdischen Unternehmens der im Abs. 1 genannten Art erforderlich ist, kann es in nichtjüdisches Eigentum überführt werden. Die Überführung bedarf der Genehmigung der für die Entscheidung nach dem Gesetz zum Schutze des Einzelhandels vom 12. Mai 1933 ... zuständigen Stellen. ...
§ 2
 (1) Die Abwicklung hat nach folgenden Grundsätzen zu erfolgen:
 1. Der Verkauf oder die Versteigerung von Waren an letzte Verbraucher sind nicht zulässig.
 2. Alle Waren sind zunächst der zuständigen Fachgruppe oder Zweckvereinigung oder deren bezirklicher oder fachlicher Untergliederung anzubieten, die für die Unterbringung der Waren Sorge zu tragen hat. Die Übernahme der Waren erfolgt auf Grund einer Bewertung durch Sachverständige. ...
 3. Die Gläubiger sind in der Konkursordnung vorgesehenen Reihenfolge aus dem Erlös der Gesamtabwicklung zu befriedigen. (3) Die Grundsätze und Richtlinien für die Abwicklung gelten auch im Falle des Konkurses für den Konkursverwalter.

§ 3

(1) ...

(2) Die Kosten der Abwicklung trägt das abzuwickelnde Unternehmen.

§ 4

(1) Der Abwickler ist zu allen gerichtlichen und außergerichtlichen Rechtsgeschäften und Rechtshandlungen ermächtigt, die die Abwicklung des Unternehmens erforderlich machen. ...

Artikel II

Handwerk

§ 5

(1) Jüdische Inhaber von Handwerksbetrieben sind zum 31. Dezember 1938 in der Handwerksrolle zu löschen; die Handwerkskarte ist einzuziehen.

(2) Für die Überführung jüdischer Handwerksbetriebe in die Hand nicht-jüdischer Erwerber gelten die bisherigen Vorschriften."

Völkischer Beobachter 7.12.38, 341

„Neue Verordnung zur Entjudung der Wirtschaft

Grundstückserwerb für Juden verboten, -verkauf genehmungspflichtig – Depotzwang für Wertpapiere – Amtliche Verkaufsstellen für Edelmetalle und Schmucksachen aus jüdischem Besitz

Planmäßige und umfassende Regelung

Berlin, 6. Dezember. In der zweiten Anordnung zur Verordnung über die Anmeldung des jüdischen Vermögens vom 24. November 1938 ist dem Reichswirtschaftsminister die allgemeine Ermächtigung erteilt worden, im Einvernehmen mit den beteiligten Reichsministern die Maßnahmen zu treffen, die notwendig sind, um den Einsatz des jüdischen Vermögens im Einklang mit den Belangen der deutschen Wirtschaft sicherzustellen. Auf Grund dieser Ermächtigung hat der Reichswirtschaftsminister ... unter dem 3. Dezember 1938 eine Verordnung über den Einsatz des jüdischen Vermögens erlassen, die die gesetzliche Grundlage für die G e s a m t e n t j u d u n g der deutschen Wirtschaft, des deutschen Grundbesitzes und sonstiger wichtiger Bestandteile des Volksvermögens enthält.

Die Verordnung, die im Reichsgesetzblatt vom Montag erschienen ist, enthält zunächst die Ermächtigung der höheren Verwaltungsbehörden (in Preußen der Regierungspräsidenten bzw. des Polizeipräsidenten in Berlin), einem Juden – gegebenenfalls unter bestimmten Auflagen – die Veräußerung seines gewerblichen Betriebes oder die Veräußerung seines Grundbesitzes und sonstiger Vermögensteile aufzugeben. Für die einstweilige Fortführung und Abwicklung eines jüdischen Betriebes oder die Verwaltung jüdischen

Grund- und sonstigen Vermögens können, wenn die Aufforderung zur Veräußerung ergangen ist, von der höheren Verwaltungsbehörde Treuhänder eingesetzt werden, die mit so weitgehenden gesetzlichen Vollmachten ausgestattet sind, daß sie an Stelle des Juden die Entjudung oder Abwicklung durchführen können. Die Einsetzung solcher Treuhänder wird insbesondere dann in Frage kommen, wenn der jüdische Eigentümer der Aufforderung zur Veräußerung oder Abwicklung nicht nachkommt oder abwesend ist.

Bei landwirtschaftlichem Grundbesitz treten an Stelle der höheren Verwaltungsbehörden die oberen Siedlungsbehörden (in Preußen die Oberpräsidenten-Landeskulturabteilung), bei forstwirtschaftlichem Grundbesitz die höheren Forstbehörden.

Weiter enthält die Verordnung die wichtige Vorschrift, daß Juden in Zukunft Grundstücke und Rechte an Grundstücken im Deutschen Reich nicht mehr erwerben können.

Andererseits wird für jede Grundstücksveräußerung durch einen Juden eine allgemeine Genehmigungspflicht eingeführt, die an Stelle der bisher für einzelne Grundstücksarten schon bestehenden besonderen Genehmigung tritt. Auch diese Genehmigung kann mit Auflagen erteilt werden, die auch in der Festsetzung einer Geldleistung des Erwerbers zugunsten des Reiches bestehen können. Die Einführung einer allgemeinen Genehmigungspflicht für Veräußerungen von Grundstücken durch Juden war insbesondere beim städtischen Grundbesitz notwendig geworden, um dem verderblichen Treiben verantwortungsloser Spekulationsgewinnler entgegenzutreten, die versuchen, die aus allgemeinen staatspolitischen und volkswirtschaftlichen Gründen notwendigen Maßnahmen zur Entjudung der deutschen Wirtschaft in einer dem allgemeinen Interesse schädlichen Weise für ihren eigenen Vorteil auszunutzen.

Bei landwirtschaftlichen und forstwirtschaftlichen Grundstücken erteilt auch hier an Stelle der höheren Verwaltungsbehörde die obere Siedlungsbehörde bzw. die höhere Forstbehörde die notwendige Genehmigung. ...

Endlich wird den Juden deutscher Staatsangehörigkeit und staatenloser Juden gesetzlich verboten, Gegenstände aus Gold, Platin oder Silber sowie Edelsteine und Perlen zu erwerben, zu verpfänden oder freihändig zu veräußern.

Der Erwerb solcher Gegenstände aus jüdischem Besitz ist künftig nur noch durch besondere amtliche Verkaufsstellen gestattet. Eine solche Ankaufsstelle ist ... bereits ... ins Leben gerufen worden. Die gleichen Vorschriften gelten auch für Schmuck- und Kunstgegenstände anderer Art, soweit der Preis im Einzelfall 1000 RM übersteigt. ...

Die Verordnung über den Einsatz des jüdischen Vermögens schafft die gesetzlichen Voraussetzungen zu einer geordneten und planmäßigen Entjudung der deutschen Wirtschaft. Ihre wesentliche Bedeutung liegt darin, daß sie es den Behörden ermöglicht, auch z w a n g s w e i s e Entjudungen durchzuführen, die volkswirtschaftlich notwendig sind. ...

Für die Entjudung der gewerblichen Wirtschaft bleiben die bisherigen Vorschriften bezüglich der Genehmigung von Übernahmeverträgen und das Genehmigungsverfahren grundsätzlich bestehen. Es wird in der Verordnung lediglich klargestellt, daß auch hier die staatlichen Genehmigungen unter Auflagen ergehen können, und daß diese Auflagen auch hier u. U. in der Festsetzung einer Geldleistung des Erwerbers an das Reich bestehen können. Darüber hinaus greift die neue Verordnung überall dort ein, wo das bisherige freiwillige Verfahren nicht zum Ziele geführt hat oder nicht zum Ziel führt."

4.4.3. Die Arisierung oder: Die Entjudung der Wirtschaft

Düsseldorfer Nachrichten 23.11.38, 595

„Juden in der deutschen Wirtschaft – Zahlen beweisen den ungebührlichen Einfluß
Über alle Tätigkeit im politischen und kulturellen Leben hinaus ist die eigentliche Domäne des Juden stets das weite Feld der Wirtschaft gewesen. Hier konnten sich seine rassischen Anlagen am freiesten entfalten, hier war er, vom galizischen Schnorrer bis zum millionenschweren, längst getauften Börsenkönig, in seinem ureigenen Element. Hier verstand er es, als volksfremder Parasit bei geringster körperlicher Anstrengung mit größtem Reichtum größte Macht zu erwerben. ... Nach dem höchst einwandfreien Zeugnis des *Jüdischen Lexikons* waren im Jahre 1907 von Juden tätig in der Landwirtschaft 1,4 vom Hundert, in Industrie und Gewerbe 24,2 vom Hundert, in Handel und Geldwesen 55,2 vom Hundert. Ganz ähnliche Zahlen ergab die Berufszählung des Statistischen Reichsamtes vom 16. Juni 1933. Hiernach befanden sich in der Landwirtschaft 1,7 vom Hundert, in Industrie und Handwerk 23,1 vom Hundert, im Handel und Verkehr 61,3 vom Hundert der erwerbstätigen Juden. Hier wie dort steht also der überwältigenden jüdischen Beteiligung am Handelsgeschäft – mehr als die Hälfte lebte vor dreißig wie vor fünf Jahren vom Handel – ein lächerlich kleiner Prozentsatz des auserwählten Volkes in der besonders mühevollen Landwirtschaft gegenüber. ...

Über diese einseitige Verteilung hinaus waren einige Wirtschaftszweige stets in besonderem Maße jüdische Tummelplätze. Nach den Angaben des Juden Alfred Marcus (Die wirtschaftliche Krise des deutschen Juden) befanden sich im Jahre 1930 von den Großhandlungen der Textilwirtschaft 39,4 vom Hundert, von den Firmen des Metallhandels 57,3 vom Hundert, von den Großhandlungen der Damenkonfektion 60,9 vom Hundert in jüdischer Hand. Das klassische Bild jüdischer Wirtschaftsmacht bot jedoch das Börsenwesen. Die Besetzung der Berliner Börsenvorstände vermittelt einen Eindruck der jüdischen Herrschaft.

Es saßen im Vorstand der Wertpapierbörse 11 Arier und 25 Juden, im Vorstand der Produktenbörse 4 Arier und 12 Juden, im Vorstand der Metallbörse 2 Arier und 10 Juden, im Ausschuß für Terminhandel 3 Arier und 15 Juden. Unter 147 Vorstandsmitgliedern befanden sich nicht weniger als 116 Juden."

Völkischer Beobachter 7.12.38, 341

„Die Entjudung der Wirtschaft – Zur Verordnung des Reichswirtschaftsministers

… werden in einer Verordnung des Reichswirtschaftsministers alle gesetzlichen Voraussetzungen geschaffen, die es möglich machen, in einem geordneten, planvollen und staatlich gelenkten Verfahren jüdischen Einfluß und jüdisches Kapital überall zu beseitigen, wo es als störend empfunden wird. Schon bisher bestand eine Pflicht zur Genehmigung des beabsichtigten Verkaufs jüdischer gewerblicher Betriebe. Diese genügte nicht, um den Übergang der Betriebe in arische Hände in ausreichendem Maße erfolgen zu lassen. Der Besitzwechsel stockt in vielen Fällen, weil sich Juden gegen den Verkauf sperren oder sich überhaupt nicht um das Schicksal ihres Eigentums kümmern. Vor allem Juden, die im Auslande wohnen, zeigen sich vielfach völlig desinteressiert. Dadurch wird die Bereinigung der Wirtschaft von jüdischem Einfluß verzögert, besonders stark im früheren Österreich und im Sudetengebiet.

Die jetzt von Reichswirtschaftsminister Funk getroffenen Maßnahmen greifen wirksam durch. Künftig kann jedes jüdische Unternehmen zwangsweise in arische Hände überführt werden. Enteignungen kommen dabei nicht in Frage. Wohl aber kann ein Veräußerungszwang stattfinden, der auch mit Auflagen verbunden sein kann. So wird sich mitunter als zweckmäßig erweisen, ein Unternehmen in eine bestimmte, vorzüglich geeignete arische Hand zu legen. Die Veräußerung kann künftig vom Staat angeordnet werden. Auch die Auflösung eines jüdischen Betriebes kann der Staat zwangsweise verlangen. Die Arisierung kommt damit in ein rascheres Stadium und ergreift künftig auch die letzten Gebiete, in denen sich noch Juden festgenistet haben. Aus dem Einzelhandel scheidet das jüdische Element bekanntlich nach den bisherigen Anordnungen ohnehin mit dem Jahreswechsel aus. … Auch für jüdische

Betriebe, deren Arisierung durch Einsetzen eines Treuhänders beschleunigt vorwärtsgetrieben wird, ist beim endgültigen Verkauf die übliche behördliche Genehmigung erforderlich.

Dies gilt in gleicher Weise für land- und forstwirtschaftliche Betriebe, für Grundeigentum wie städtischen Grundbesitz, Baugrundstücke und für andere Vermögensteile. Also auch Hypotheken oder irgendwelche dinglichen Ansprüche an Grundeigentum können zwangsweise in arische Hände übergehen.

Damit hat der Staat die rechtliche Möglichkeit zur Entjudung des gesamten Grund- und Hausbesitzes geschaffen. Der Hausbesitz von Juden ausländischer Staatsangehörigkeit ist nicht ausgenommen. Man wird nun endlich dem Zustand ein Ende bereiten können, daß halbe Großstädte, selbst halb Berlin, Juden deutscher oder ausländischer Staatsangehörigkeit gehören. Beteiligungen an Aktiengesellschaften, an GmbH.s usw. werden gleichfalls erfaßt.

Die Entjudung unserer Wirtschaft kommt entscheidend in Gang. Sie wird nicht überstürzt und etwa auf der ganzen Linie gleichzeitig durchgeführt, sondern so, daß die wirtschaftlichen und finanziellen Wirkungen tragbar bleiben. Wer jüdischen Besitz übernimmt, muß die Gewähr bieten, daß er die Vermögenswerte voll erhalten kann. Wo künftig die freiwillige Arisierung nicht fortschreitet, kümmert sich der Staat darum. ...

Wenn ein arischer Kaufmann ein jüdisches Geschäft billig erwirbt, weil es heruntergewirtschaftet ist usw., steigt der Wert des Unternehmens sofort bei ordentlicher deutscher Führung des Betriebes. Diese Wertsteigerung beruht nicht allein auf den Fähigkeiten des Erwerbers, sondern zum großen Teil auf der allgemeinen politischen und wirtschaftlichen Entwicklung in Deutschland.

Folglich hat die Allgemeinheit ein Recht, daß sie an der Wertsteigerung teilnimmt, denn sie braucht genug Kapital, um auch in anderen Fällen die Überführung jüdischen Vermögens durchzusetzen. Die Regierungspräsidenten werden bald in einem Erlaß angewiesen, in welcher Form sie solche Zahlungen erheben können. Die Regierungspräsidenten führen diese Beträge an die Reichskasse ab. ...

Aus allen diesen Einzelheiten erkennt man die Linie des neuen umfassenden Verordnungswerkes. Zunächst wird eine rechtliche Handhabe zur zwangsweisen Arisierung geschaffen, sodann wird der Grund und Boden schrittweise den Juden entrissen und schließlich sind Grundstücksverkäufe seitens der Juden genehmigungspflichtig, damit sich keine spekulativen Elemente einschalten."

Düsseldorfer Nachrichten 13.12.38, 632

„Um die Arisierung der jüdischen Geschäfte – Eine amtliche Mitteilung
Berlin, 12. Dezember. Amtlich wird mitgeteilt: Sofern an einem bisher jüdischen Geschäft der sichtbare Vermerk angebracht ist *In Arisierung begriffen*,
kommen Käufe, die in diesen Geschäften getätigt werden, nicht mehr dem jüdischen Vorbesitzer, sondern dem arischen Treuhänder zugute.

Sofern jüdische Geschäfte wiedereröffnet werden, handelt es sich entweder um Geschäfte von Ausländern oder um solche Betriebe, die mit besonderer Genehmigung des Reichswirtschaftsministeriums wieder aufgemacht werden. Insbesondere wird zum Fall der Wiedereröffnung der Etam-Filiale folgendes festgestellt:

1. Der Inhaber ist Ausländer

2. Die Arisierung der Firma ist vom Reichswirtschaftsministerium auf
Grund der Verordnung vom 3. Dezember 1938 eingeleitet.

3. Es ist bereits ein arischer Treuhänder für den Gesamtbetrieb vom
Reichswirtschaftsministerium eingesetzt.

4. Die Genehmigung zur Wiedereröffnung sämtlicher Etam-Läden ist vom
Reichswirtschaftsministerium ausdrücklich erteilt worden.

Die Schilder: *In Arisierung begriffen* entsprechen also dem tatsächlichen
Sachverhalt.

Eine Beeinträchtigung solcher Geschäfte schädigt daher nicht den jüdischen Inhaber, sondern den arischen Erwerber."

Frankfurter Zeitung 10.4.41, 184/85

„Die Entjudung der Firmennamen – Wer muß eine neue Firma bilden?
Berlin, 9. April. Durch eine neue Verordnung ist, wie bereits gemeldet wurde,
angeordnet worden, daß der Name früherer jüdischer Inhaber oder Gesellschafter aus Firmenbezeichnungen bei entjudeten Gewerbebetrieben zu entfernen ist. Landgerichtsrat Hefermehl vom Reichsjustizministerium bemerkt
in der *Deutschen Justiz* hierzu, von einem deutschen Kaufmann könne verlangt werden, daß er nicht unter dem Namen eines früheren jüdischen Inhabers oder Gesellschafters Handel treibe. Der Grundsatz von der Erhaltung des
Firmenwertes müsse in diesem Fall zurücktreten. Die Verpflichtung zur Bildung einer neuen Firma werde an zwei Voraussetzungen geknüpft, einmal an
die Uebernahme eines jüdischen Gewerbebetriebes und dann an die Führung
des Namens eines früheren jüdischen Inhabers oder Gesellschafters in der
Firma. Dabei sei es gleichgültig, wann der jüdische Gewerbebetrieb übernommen worden sei. ...

Die übergangsweise Fortführung der bisherigen Firma neben der neuen werde nur in Betracht kommen, wenn besondere Gründe, zum Beispiel Ausfuhrinteressen, es rechtfertigen."

Düsseldorfer Nachrichten 13.2.39, 80

„Die Arisierung in Wien – Völlige Entjudung in spätestens einem halben Jahr
Wien, 12. Februar. In einem Artikel in der *Volkszeitung* über die Entwicklung der Wirtschaft im Gau Wien bespricht Staatskommissar Rafelsberger auch den Stand der Arisierung. Er schreibt u. a. :
Die bevorzugte Lage Wiens als Handelsstadt zum Südosten hat in den vergangenen Jahrzehnten einen ungeheuren Zustrom von fremden Elementen, vor allem von Juden, zur Folge gehabt. Es gab in dieser Stadt zur Zeit des Anschlusses (12. März 1938 – der Verf.) unter den 1 800 000 Einwohnern rund 300 000 Juden und Judenstämmlinge. Weit ungünstiger war dieses Verhältnis bei dem Anteil der Juden an dem Besitz der wirtschaftlichen Unternehmungen. Ende des Jahres 1937 gab es hier rund 146 000 Betriebe, von denen rund 36 000 in jüdischem Besitz waren. Noch deutlicher zeigt sich die Bedeutung dieses furchtbaren Zustandes in einer Gegenüberstellung der Vermögenswerte. Von insgesamt 750 Millionen RM. betrieblichen Vermögens befanden sich zur Zeit der Machtübernahme durch den Nationalsozialismus ungefähr 300 Millionen RM., das sind 40 v. H., in jüdischem Besitz.
Heute, elf Monate nach dem Anschluß, kann man mit Genugtuung feststellen, daß das Problem der wirtschaftlichen Verjudung Wiens bereits so weit gelöst ist, daß die restliche Entfernung der Juden aus der Wirtschaft nurmehr eine Frage von wenigen Monaten geworden ist. Handwerk, Einzelhandel und das Geldwesen, nahezu auch das Verkehrswesen, sind vollständig von Juden gereinigt. Großhandel und Industrie sind zu mehr als einem Drittel entjudet und werden bis auf geringe Reste in spätestens einem halben Jahr ebenfalls von den Juden befreit sein."

Frankfurter Zeitung 26.1.41, 47/48

„Die Arisierung der Wirtschaft im Protektorat
Prag, im Januar. Durch einen Erlaß, der im Verordnungsblatt des Reichsprotektors erschienen ist, wird Juden und jüdischen Unternehmungen mit Wirkung vom 31. März die Führung wirtschaftlicher Betriebe folgender Art verboten: Groß- und Einzelhandel für eigene oder fremde Rechnung, Gaststätten- und Beherbergungsgewerbe, Versicherungsunternehmen, Schiffahrt, Spedition und Lagerei, Veranstaltung und Vermittlung von Reisen, Fremdenführer-

gewerbe, Verkehrs- und Fuhrunternehmen jeder Art einschließlich der Vermietung von Kraftwagen und Fuhrwerken, Banken und Geldwechsler, Pfandleihgewerbe, Auskunfts- und Inkassogewerbe, Bewachungsgewerbe, Automatenaufstellgewerbe, Anzeigenvermittlungsgewerbe, Wohnungs-, Grundstücks- und Hypothekenvermittlungsgewerbe, gewerbsmäßige Stellenvermittlung, Ehevermittlung. Ferner ist für Juden und jüdische Unternehmungen auch der Neubeginn einer Tätigkeit zur Vermittlung von Rechtsgeschäften über Waren oder gewerbliche Leistungen jeder Art (Agenten, Makler, Vertreter, Reisende) oder die Erweiterung einer solchen Tätigkeit verboten worden."

4.5. Die Vorstufe zur endgültigen Ausgrenzung

4.5.1. Wohnraumkündigung und konzentrierte Unterbringung

Völkischer Beobachter 22.11.38, 326

„Keine Juden in deutschen Wohnungen
Kündigung jüdischer Mieter zulässig – Mietaufhebungsklagen sind begründet
… Es ergab sich daher die Frage, ob nicht andere Gründe des Mieterschutzgesetzes eine Aufhebung der Mietverträge mit Juden zuließen. Diese Frage muß bejaht werden. Die Neuordnung des deutschen Gemeinschaftslebens und des deutschen Mietrechts hat dazu geführt, daß die Hausgemeinschaft wesentlicher Bestandteil des Mietverhältnisses und des Mietrechts geworden ist. Das bedeutet, daß die Mieter eines Hauses nicht nur nebeneinander herleben sollen, sondern untereinander den Geist nationalsozialistischer Gemeinschaft pflegen sollen. Der Begriff der Hausgemeinschaft, wie sie in jedem Hause zwischen Mietern und Vermietern und unter den Mietern untereinander bestehen soll, erfordert, daß alle von demselben Geiste und denselben Zielen durchdrungen sind, also von der nationalsozialistischen Weltanschauung.
   Aus diesen Gedankengängen heraus haben verschiedene deutsche Gerichte den Mietaufhebungsklagen der Vermieter gegenüber jüdischen Mietern stattgegeben. So heißt es in einem von der *Juristischen Wochenschrift* 1938 Seite 2975 veröffentlichten Urteil des Amtsgerichts in Halle vom 18. August 1938: *Auch in der Hausgemeinschaft können eigennützige Interessen der einzelnen keinen Bestand haben. Eine wahre Hausgemeinschaft im Sinne dieses Denkens kann aber nur von gleichgesinnten, deutschdenkenden Personen und Hausbewohnern a r i s c h e r Abstammung gebildet und gepflegt werden; sie ist mit Personen jüdischer Herkunft wegen des bestehenden Rassenunterschiedes schlechterdings unmöglich. Da der nationalsozialistische Staat*

aber auf das Bestehen und die Pflege einer wahren Hausgemeinschaft einen besonderen Wert legt und von jedem Volksgenossen diese Einstellung im Sinne der Hausgemeinschaft fordert, so kann dem Vermieter und den Mietern arischer Abstammung im Interesse der Erhaltung dieser Hausgemeinschaft nicht zugemutet werden, diese mit Mietern jüdischer Abstammung zu bilden und zu pflegen und mit diesen in derselben Hausgemeinschaft zu leben. Dem Vermieter muß deshalb das Recht zugesprochen werden, Mieter jüdischer Abstammung aus dieser Hausgemeinschaft auszuschließen und von diesen Räumung ihrer Wohnung zu fordern. ...

Diese Ansicht, die bereits vor dem Attentat auf den Gesandtschaftsrat vom Rath vertreten worden ist, hat durch die Vorgänge von Paris noch ihre besondere Unterstreichung und Stützung gefunden. Nach dem, was in Paris geschehen ist, kann es keinem deutschen Mieter mehr zugemutet werden, mit jüdischen Mietern in einem Hause zu wohnen. Die Mietaufhebungsklagen der deutschen Vermieter gegen ihre jüdischen Mieter müssen daher aus den angegebenen Gründen von Erfolg sein."

Düsseldorfer Nachrichten 5.5.39, 223

„Mietverhältnisse mit Juden
Reichsgesetzliche Regelung – Der Mieterschutz für Juden fällt weg, wenn eine anderweitige Unterbringung sichergestellt ist
Berlin, 4. Mai. Die langerwartete Entscheidung über die Behandlung der Juden in ihrer Rechtsstellung als Mieter und Vermieter ist gefallen. Die Reichsregierung hat ein Gesetz über Mietverhältnisse mit Juden erlassen, das im Reichsgesetzblatt vom 4. Mai 1939 verkündet und bereits am selben Tag in Kraft getreten ist. Mit diesem Gesetz, dem grundsätzliche Bedeutung zukommt, ist die rechtliche Grundlage für die Lösung der Hausgemeinschaft mit Juden geschaffen.

Zwei leitende Gesichtspunkte beherrschen das neue Gesetz. Da zwischen deutschen Volksgenossen und Juden eine Hausgemeinschaft nicht bestehen kann, ist die Möglichkeit geschaffen, Juden auch gegen ihren Willen aus deutschen Wohnstätten zu entfernen.

Anderseits läßt es sich nicht rechtfertigen, daß die Juden im Verhältnis zu ihrer Bevölkerungszahl übermäßig viel Wohnraum für sich in Anspruch nehmen, während noch immer viele deutsche Volksgenossen mit ihren Familien ohne Unterkunft sind oder sich mit einem unzureichenden Unterkommen begnügen müssen. Daraus ergibt sich die Notwendigkeit, diejenigen Juden, die aus deutschen Wohnstätten entfernt werden müssen und die von der Möglichkeit der Auswanderung keinen Gebrauch machen wollen oder können, in jüdischen Häusern unterzubringen, um auf diese Weise den Juden in diesen Häusern – zum Teil besonders reichlich – zur Verfügung stehenden Raum durch Aufnahme weiterer jüdischer Familien auszunutzen.

Um Störungen der öffentlichen Sicherheit zu vermeiden und um zu gewährleisten, daß sich die Ausscheidung der Juden aus den deutschen Wohnstätten reibungslos vollzieht, ist eine weitgehende behördliche Mitwirkung bei der Durchführung des Gesetzes vorgesehen. Das Gesetz sieht deshalb auch davon ab, den gesetzlichen Mieterschutz für Juden allgemein aufzuheben. Dieser Schutz fällt vielmehr erst dann weg, wenn durch eine Bescheinigung der Gemeindebehörde nachgewiesen ist, daß die anderweitige Unterbringung des jüdischen Mieters sichergestellt ist. Ein Jude, der in einem jüdischen Hause zur Miete wohnt, behält dagegen den Mieterschutz uneingeschränkt. ... Um die Zusammenführung der Juden in jüdischen Häusern zu fördern, ist die Untervermietung an Juden weitgehend erleichtert. Das Gesetz verlangt, daß künftig Juden Untermietverträge nur noch mit Juden abschließen und gestattet darüber hinaus den Abschluß solcher Verträge ohne die Erlaubnis des Vermieters, wenn dieser auch Jude ist. Anderseits erhält die Gemeindebehörde weitgehende Befugnisse, die es ihr ermöglichen, die Unterbringung räumungspflichtiger Juden planmäßig durchzuführen. ... Um die Zusammenführung der Juden in jüdischen Häusern zu beschleunigen, ist schließlich die Neuvermietung von Wohnungen in solchen Häusern von einer Genehmigung der Gemeinde abhängig gemacht. ...

Da der Wegfall des Mieterschutzes für Juden von einer Mitwirkung der Gemeindebehörde abhängt, empfiehlt es sich in allen Fällen, in denen die Kündigung gegen einen jüdischen Mieter ausgesprochen werden soll, von voreiligen Schritten abzusehen und zunächst mit der Gemeindebehörde Fühlung zu nehmen, gegebenenfalls eine weitere Unterrichtung durch die Gemeindebehörde abzuwarten."

Düsseldorfer Nachrichten 11.5.39, 234

„Juden müssen zusammenwohnen – Neue Bestimmungen zum Juden-Wohngesetz

Nach dem Gesetz über Mietverhältnisse mit Juden hat die Gemeindebehörde eine Bescheinigung auszustellen, daß für die Zeit nach Beendigung des Mietverhältnisses die anderweitige Unterbringung des Mieters sichergestellt ist. Die Gemeinde soll dadurch in die Lage versetzt werden, für die planmäßige Lösung von Mietverhältnissen mit Juden zu sorgen, ohne daß eine Obdachlosigkeit jüdischer Familien eintritt. Zur Durchführung des Gesetzes sind jetzt gemeinsame Richtlinien des Reichsarbeitsministers und des Reichsinnenministers ergangen.

Die Richtlinien weisen darauf hin, daß im wesentlichen Umfang der Gemeindeleiter die Verantwortung für eine ordnungsgemäße Durchführung des Gesetzes trägt. Er soll dabei mit dem zuständigen Hoheitsträger der Partei in geeigneter Weise Verbindung halten, um einen geordneten Ablauf der Maßnahmen sicherzustellen. Um die anderweitige Unterbringung der Juden durchführen zu können, soll zunächst der betreffende Wohnraum ermittelt werden. ... Dabei hätten nichtjüdische Hauseigentümer und Wohnungsinhaber den an Juden vermieteten Wohnraum anzumelden, jüdische Hauseigentümer den an Nichtjuden und Juden vermieteten sowie den eigenen Wohnraum, leerstehende Räume und den nach dem Gesetz freiwerdenden Wohnraum. Auf Grund der Wohnraumerfassung soll die Gemeindebehörde dann den Austausch der Wohnräume in die Wege leiten.

Der Grundgedanke der gesetzlichen Regelung besteht darin, daß die Juden in bestimmten Häusern zusammengefaßt werden sollen."

Frankfurter Zeitung 27.5.39, 266/67

„Die Mietverhältnisse der Juden
Berlin, 27. Mai. Zu dem Gesetz über Mietverhältnisse mit Juden hat nunmehr der Oberbürgermeister der Reichshauptstadt eine entsprechende Anordnung ergehen lassen. Hierin wird darauf hingewiesen, daß alle jüdischen Mieter, die in einem Gebäude wohnen, das nicht einem Juden gehört, damit rechnen müssen, daß sie in nächster Zeit ihre Wohnung zu räumen haben. Es wird ihnen daher geraten, sich schon jetzt um eine neue Wohnung in einem Hause zu bemühen, das einem Juden gehört oder das bereits überwiegend von Juden bewohnt wird. Die jüdischen Mieter werden jedoch ausdrücklich davor gewarnt, in die Stadtgebiete Hansaviertel, Tiergartenviertel, Bayerisches Viertel, Kurfürstendamm, Tauentzienstraße, Kleiststraße, Potsdamer Straße oder Lützowplatz umzuziehen."

4.5.2. Demütigungen, Erniedrigungen, letzte Entrechtungen

Frankfurter Zeitung 13.11.38, 580/81

„Juden nicht mehr zugelassen bei öffentlichen kulturellen Veranstaltungen
Berlin, 12. November. Von zuständiger Stelle wir mitgeteilt:

Reichsminister Goebbels hat in seiner Eigenschaft als Präsident der Reichskulturkammer mit sofortiger Wirkung allen Theaterleitern, Konzert- und Vortragsveranstaltern, Filmtheaterunternehmern, artistischen Unternehmern, Veranstaltern von Tanzvorführungen, Veranstaltern öffentlicher Ausstellungen kultureller Art untersagt, jüdischen Personen den Besuch ihrer Unternehmen zu gestatten. Uebertretungen ziehen für den Veranstalter und besonders für die Juden schwere Strafen nach sich. In seiner Anordnung verweist Reichsminister Dr. Goebbels darauf, daß der nationalsozialistische Staat den Juden seit nunmehr schon über fünf Jahren innerhalb besonderer jüdischer Organisationen die Pflege ihres eigenen Kulturlebens ermöglicht habe. Damit bestehe keine Veranlassung, den Juden den Besuch der bezeichneten Veranstaltungen und Unternehmen zu gestatten.

Die Anordnung des Ministers hat eine genaue Trennung beim Besuch künstlerischer und sonstiger kultureller Darbietungen zum Ziele. Für die jüdische Bevölkerung kommen danach künftig nur die Veranstaltungen in Betracht, die von den jüdischen Organisationen selbst ausgehen. Solche Organisationen sind seit 1933 mit Genehmigung der behördlichen Stellen überall geschaffen worden."

Aller Zeitung 15.11.38, 268

„Keine Judenkinder mehr in deutschen Schulen
Anordnung des Reichserziehungsministers
Nach der ruchlosen Mordtat von Paris kann es keinem deutschen Lehrer und keiner deutschen Lehrerin mehr zugemutet werden, an jüdische Schulkinder Unterricht zu erteilen. Auch versteht es sich von selbst, daß es für deutsche Schüler und Schülerinnen unerträglich ist, mit Juden in einem Klassenraum zu sitzen.

Vorbehaltlich weiterer gesetzlicher Regelung hat Reichserziehungsminister Rust mit sofortiger Wirkung folgende Anordnung erlassen:

1. Juden ist der Besuch deutscher Schulen nicht gestattet. Sie dürfen nur jüdische Schulen besuchen. Soweit es noch nicht geschehen sein sollte, sind alle zur Zeit eine deutsche Schule besuchenden jüdischen Schüler und Schülerinnen sofort zu entlassen.

2. Wer jüdisch ist, bestimmt Paragraph 5 der ersten Verordnung vom 14.11.1935 zum Reichsbürgergesetz (Reichsgesetzblatt I, S. 1333).

3. Diese Regelung erstreckt sich auf alle mir unterstellten Schulen einschließlich der Pflichtschulen."

Aller Zeitung 15.11.38, 268

„Auch die Hochschulen judenfrei
Anordnung des Reichserziehungsministers Rust
Schon seit langem hat der Reichsminister für Wissenschaft, Erziehung und
Volksbildung Juden nur noch in ganz beschränktem Umfange zum Studium
an den deutschen Hochschulen zugelassen. Ein in Vorbereitung befindlicher
Gesetzentwurf sieht vor, daß künftig kein Jude mehr zum Studium an deutschen Hochschulen zugelassen wird.
Die auf Grund der ruchlosen Freveltat des Juden Grünspan entstandene
Empörung des deutschen Volkes erforderte eine sofortige Maßnahme, da es
nicht mehr länger deutschen Studenten zugemutet werden kann, in den Hochschulen und ihren Einrichtungen mit Juden zusammenzuarbeiten. Reichsminister Rust hat daher durch telegraphische Weisung an die Rektoren der deutschen Hochschulen angeordnet, daß den Juden die Teilnahme an Vorlesungen
und Uebungen sowie das Betreten der Hochschulen untersagt wird."

Düsseldorfer Nachrichten 30.11.38, 608

„Ausgehverbot für Juden am Tag der nationalen Solidarität
Berlin, 29. November. Aus der Erwägung heraus, daß die Juden an der Solidarität des deutschen Volkes keinen Anteil haben, hat der Chef der Sicherheitspolizei eine Anordnung getroffen, die am 29. November im *Reichs- und
Preußischen Staatsanzeiger* veröffentlicht wurde. Die Verordnung untersagt
Juden deutscher Staatsangehörigkeit und staatenlosen Juden am Tag der nationalen Solidarität das Betreten von Straßen und Plätzen. Sie legt den genannten Personen die Verpflichtung auf, sich in der Zeit von 12 Uhr bis
20 Uhr in ihren derzeitigen Wohnungen aufzuhalten. Die Verordnung enthält
gleichfalls die Androhung von Strafmaßnahmen für den Fall der Zuwiderhandlung."

Aller Zeitung 2.12.38, 282

„Juden in der Oeffentlichkeit – Räumliche und zeitliche Beschränkungen
Nachdem für den Tag der nationalen Solidarität eine reichseinheitliche Regelung für ein Ausgehverbot der Juden verfügt worden ist, hat der Reichsinnenminister durch eine Polizeiverordnung, die auf Grund der neuen Verordnung über die Polizeiverordnungen der Reichsminister ergangen ist, die Regierungspräsidenten in Preußen, Bayern und in den sudetendeutschen Gebieten ... allgemein ermächtigt, Juden deutscher Staatsangehörigkeit und staaten-

losen Juden räumliche und zeitliche Beschränkungen des Inhalts aufzuerlegen, daß sie bestimmte Bezirke nicht betreten oder sich zu bestimmten Zeiten in der Oeffentlichkeit nicht zeigen dürfen. Zuwiderhandlungen werden mit Geldstrafe bis zu 150 RM. oder mit Haft bis zu sechs Wochen bestraft."

Völkischer Beobachter 4.12.38, 338

„Allgemeines Kraftfahrverbot für die Juden
Weitere Abwehrmaßnahme des deutschen Volkes
Berlin, 3. Dezember. Der Reichsleiter SS und Chef der deutschen Polizei im Reichsministerium des Innern, Heinrich Himmler, erläßt folgende vorläufige polizeiliche Anordnung über die Entziehung der Führerscheine und Zulassungspapiere für Kraftfahrzeuge von Juden:
Die feige Mordtat des Juden Grünspan, die sich gegen das gesamte deutsche Volk richtete, läßt Juden als unzuverlässig und ungeeignet zum Halten und Führen von Kraftfahrzeugen erscheinen. Vorbehaltlich einer endgültigen Regelung wird folgendes angeordnet:
1. Aus allgemeinen sicherheitspolizeilichen Gründen und zum Schutz der Allgemeinheit untersage ich mit sofortiger Wirkung sämtlichen in Deutschland wohnenden Juden deutscher Staatsangehörigkeit das Führen von Kraftfahrzeugen aller Art und entziehe ihnen hiermit die Fahrerlaubnis.
2. Den in Deutschland wohnenden Juden deutscher Staatsangehörigkeit ist das Halten von Personenkraftwagen und Krafträdern (mit und ohne Beiwagen) verboten. Für Lastkraftfahrzeuge bleibt weitere Anordnung vorbehalten.
3. Die in Deutschland wohnenden Juden deutscher Staatsangehörigkeit haben die Führerscheine aller Klassen sowie die Kraftfahrzeugscheine für Personenkraftwagen und Krafträder unverzüglich, spätestens bis zum 31. Dezember 1938, bei den zuständigen Polizeirevieren abzuliefern. Die amtlichen Kennzeichen sind mit den Zulassungsscheinen zur Entstempelung vorzulegen. ...
5. Gegen Zuwiderhandlungen wird nach den bestehenden Strafvorschriften eingeschritten."

Aller Zeitung 5.12.38, 248

„Judenbann in Berlin – Münz-, Linien- und Grenadierstraßen reine Judenstraßen
Der Polizeipräsident hat für den Landespolizeibezirk Berlin zu der Reichspolizeiverordnung vom 28. 11. 1938 über das Auftreten der Juden in der Oeffentlichkeit eine 1. Anordnung erlassen, die am 6. Dezember 1938 in Kraft

tritt. Sie bestimmt, daß Straßen, Plätze, Anlagen und Gebäude, über die der Judenbann verhängt wird, von allen Juden deutscher Staatsangehörigkeit und staatenlosen Juden nicht betreten oder befahren werden dürfen.

Sind solche Juden bei Inkrafttreten dieser Verordnung noch innerhalb eines Bezirkes wohnhaft, über den der Judenbann verhängt ist, so benötigen sie zum Ueberschreiten der Banngrenze einen vom Polizeirevier des Wohnbezirks ausgestellten Erlaubnisschein. Mit Wirkung vom 1. 7. 1939 werden Erlaubnisscheine für Bewohner innerhalb der Bannbezirke nicht mehr erteilt.

Der Judenbann erstreckt sich in Berlin auf

1. sämtliche Theater, Kinos, Kabarette, öffentliche Konzert- und Vortragsräume, Museen, Rummelplätze, die Ausstellungshallen am Messedamm einschl. Ausstellungsgelände und Funkturm, die Deutschlandhalle und den Sportpalast, das Reichssportfeld, samtliche Sportplätze einschließlich der Eisbahnen;

2. sämtliche öffentliche und private Badeanstalten und Hallenbäder einschl. Freibäder;

3. die Wilhelmstraße von der Leipziger Straße bis Unter den Linden einschl. Wilhelmplatz;

4. die Voßstraße von der Hermann-Göring-Straße bis zur Wilhelmstraße;

5. das Reichsehrenmal mit der nördlichen Gehbahn Unter den Linden von der Universität bis zum Zeughaus.

Ausgenommen von Ziffer 1 und 2 sind die Einrichtungen und Veranstaltungen, die nach entsprechender behördlicher Genehmigung für jüdischen Besuch freigegeben sind. Vorsätzliche oder fahrlässige Zuwiderhandlung zieht Geldstrafe bis zu 150 RM. oder Haft bis zu 6 Wochen nach sich.

… Wahrscheinlich werden die im Zentrum und Norden Berlins gelegenen Straßenzüge, in denen schon seit Jahren das jüdische Element vorherrscht, so z. B. Münz-, Linien-, Grenadierstraße nicht zu den Judenbannbezirken gerechnet werden. Es empfiehlt sich daher für die Juden, jetzt schon vorsorglich eine andere Wohnung in einem der obengenannten Teile Berlins zu suchen und eventuell mit dort wohnenden deutschen Volksgenossen einen Wohnungstausch vorzunehmen. Die Juden haben weiter damit zu rechnen, daß sie in Zukunft auf rein jüdische Gaststätten beschränkt werden."

Düsseldorfer Nachrichten 6.1.39, 11

„Die Vertretung von Juden in Rechtsangelegenheiten
Ausnahmen vom grundsätzlichen Verbot
Berlin, 6. Januar. Durch Verordnung des Stellvertreters des Führers ist nach dem Ausscheiden der Juden aus der Anwaltschaft und der Bestellung jüdi-

scher Rechtskonsulenten die Frage der Vertretung von Juden in Rechtsangelegenheiten grundsätzlich neu geregelt worden. Der Reichsleiter des Reichsrechtsamtes hat, nach Meldung der NSK., nunmehr im Einvernehmen mit
dem Obersten Richter der NSDAP., die Richtlinien zu der grundsätzlichen
Anordnung des Stellvertreters des Führers erlassen.

Für die Partei ist damit folgender Rechtszustand ausdrücklich festgelegt:
Parteigenossen und Angehörigen der Gliederungen und angeschlossenen
Verbänden ist die Vertretung und Beratung von Juden in Rechtsangelegenheiten grundsätzlich untersagt. Dieses grundsätzliche Verbot umfaßt nicht die
Tätigkeit der Beamten, der Notare und der Wirtschaftsprüfer, soweit diese
sich streng auf ihre gesetzlichen Pflichten beschränken; von dem grundsätzlichen Verbot sind weiterhin die Rechtsanwälte ausgenommen, die vom Gericht im Interesse des Reiches mit einer Verteidigung vor dem Volksgerichts-
hof oder vor den Sondergerichten in Heimtückesachen beauftragt werden. Eine Beratung von Juden, die über diese gesetzliche Verpflichtung hinausgeht,
ist jedoch auch allen diesen Personen untersagt.

Weitere grundsätzliche Ausnahmen gibt es nicht. Nur in Einzelfällen kann
eine Ausnahmegenehmigung von dem grundsätzlichen Vertretungsverbot
durch den zuständigen Hoheitsträger erteilt werden. Voraussetzung für diese
Genehmigung ist jedoch, daß ein überwiegendes Interesse des deutschen Volkes die Vertretung des Juden durch einen deutschen Anwalt erfordert. Gesuche um Ausnahmegenehmigung sind vorerst zu richten an das zuständige
Gaurechtsamt der NSDAP."

Frankfurter Zeitung 11.1.39, 19/20

„Der Präsident der Reichsrechtsanwaltskammer hat ... diese Anordnung auch
für jene Rechtsanwälte verbindlich gemacht, die nicht der NSDAP, ihren
Gliederungen und angeschlossenen Verbänden angehören. In der hierüber
ausgegebenen Mitteilung wird ausdrücklich gesagt, daß die Bestimmungen
des Reichsrechtsamtes sinngemäß für alle Rechtsanwälte gälten und daß ihre
Befolgung eine Standespflicht für alle Anwälte sei. Dies gelte auch für
Rechtsanwälte, die teilweise jüdisches Blut hätten, also für Mischlinge ersten
und zweiten Grades, die Reichsbürger seien.

Frankfurter Zeitung 26.2.39, 105/06

„Keine Juden als Mitglieder der Thüringer Evangelischen Kirche
Berlin,25. Februar. Der Landeskirchenrat der Thüringer Evangelischen Kirche hat ein Gesetz erlassen, nach dem Juden künftig nicht mehr Mitglieder

der Thüringer Evangelischen Kirche werden können. Kirchensteuern werden von Juden, die vor dem Inkrafttreten des Gesetzes Mitglieder der Thüringer Evangelischen Kirche geworden sind, nicht mehr erhoben."

Frankfurter Zeitung 31.3.39, 166/67

„Jüdische Kirchenmitglieder in Lübeck
Berlin, 30. März. Der Kirchenrat in Lübeck beschloß ein Gesetz über die kirchliche Stellung evangelischer Juden, das sich den entsprechenden Gesetzen in Sachsen, Thüringen, Mecklenburg und Anhalt ... im wesentlichen anschließt. Danach können Juden nicht mehr Kirchenmitglieder werden. Von den bereits der Kirche angehörenden Juden wird keine Kirchensteuer mehr erhoben."

Völkischer Beobachter 12.3.39, 71

„Völliger Ausschluß der Juden von der Ausübung des Wehrrechts
Berlin, 11. März. Mit dem Wehrgesetz vom 21. Mai 1935 war die Regelung für Juden bisher so, daß ein Jude nicht aktiven Wehrdienst leisten konnte und daß die Dienstleistung von Juden im Kriege einer besonderen Regelung vorbehalten bleiben sollte. Auf Grund dieser Vorschriften sah die Verordnung über Musterung und Aushebung vom 17. April 1937 vor, daß Juden im Frieden zur Erfüllung der aktiven Dienstpflicht oder Arbeitsdienstpflicht nicht herangezogen und der Ersatzreserve II überwiesen werden. Jetzt ist durch eine gemeinsame Änderungsverordnung des Chefs des Oberkommandos der Wehrmacht und des Reichsinnenministers ... bestimmt worden, daß Juden überhaupt nicht mehr in die Reihen der Wehrpflichtigen einzuordnen sind, also auch nicht mehr, wie bisher, der Ersatzreserve II zugeteilt werden. Juden erhalten vielmehr von nun an bei der Musterung in jedem Falle einen sogenannten Ausschließungsschein, womit sie von der Ausübung des Wehrrechts ausgeschlossen sind. Sie werden also ähnlich behandelt wie die wegen Wehrunwürdigkeit ausgeschlossenen. Während aber bei den Wehrunwürdigen der Ausschluß auf die Dauer der Wehrunwürdigkeit beschränkt ist, ist er für die Juden unbeschränkt."

Frankfurter Zeitung 3.5.39, 222/23

„Jüdische Geschäftsleute – Hinweis auf die Rassezugehörigkeit im Wettbewerb statthaft

Berlin, 2. Mai. Das Reichsgericht hat jetzt in einem Urteil vom 4. Februar entschieden, daß ein Hinweis auf die Zugehörigkeit eines Konkurrenten zur jüdischen Rasse statthaft ist. In dem Urteil ... heißt es, daß heute für das Volksbewußtsein ein Hinweis auf die Zugehörigkeit eines Mitbewerbers zum Judentum oder auf den jüdischen Charakter eines gewerblichen Unternehmens zulässig sei. Auch bei gleichzeitiger Verfolgung wettbewerblicher Zwecke sei ein derartiger Hinweis dann nicht ohne weiteres sittenwidrig, wenn damit den Bedürfnissen des Publikums gedient werde, über die jüdische Rassezugehörigkeit eines im geschäftlichen Wettbewerbs Auftretenden aufgeklärt zu sein."

Düsseldorfer Nachrichten 21.6.39, 307

„Juden in Bädern und Kurorten – Neue amtliche Richtlinien
Der Reichsinnenminister hat im Einvernehmen mit dem Reichspropagandaminister neue Richtlinien für die Regelung des Besuchs jüdischer Kurgäste in Bädern und Kurorten erlassen.

Danach sind jüdische Kurgäste in Heilbädern und in heilklimatischen Kurorten dann zugelassen, wenn ihnen durch ärztliches Attest im Einzelfall eine Kurbehandlung verordnet ist und wenn außerdem die Möglichkeit besteht, sie g e t r e n n t von den übrigen Kurgästen in jüdischen Kuranstalten, Hotels, Pensionen, Fremdenheimen usw. unterzubringen. Voraussetzung ist dabei, daß in diesen Anstalten und Betrieben deutschblütiges weibliches Personal nicht beschäftigt wird. Ein von einem jüdischen Behandler ausgestelltes Attest für die Kurbehandlung bedarf der Bestätigung durch das Gesundheitsamt.

Gemeinschaftseinrichtungen, deren Benutzung für den erstrebten Heilerfolg unerläßlich ist, wie Trinkhallen und Badehäuser, sind den zugelassenen Juden zur Verfügung zu stellen. Mit Rücksicht auf die nichtjüdischen Kurgäste können den Juden angemessene örtliche und zeitliche Beschränkungen hinsichtlich der Benutzung auferlegt werden. Von den Gemeinschaftseinrichtungen, die nicht unmittelbar Heilzwecken dienen, zum Beispiel von eingezäunten Kurgärten, Sportplätzen, Kurgaststätten, Kurkonzerten, Lesesälen, Strandbädern und ähnlichen Einrichtungen, sind die Juden auszuschließen."

Düsseldorfer Nachrichten 13.9.41, 468

„Kennzeichnung der Juden – Gelber Judenstern auf der linken Brustseite
Berlin, 12. Sept. Im Reichsgesetzblatt wird eine Polizeiverordnung veröffentlicht, durch die bestimmt wird, daß Juden sich in der Öffentlichkeit n u r

m i t   e i n e m   g e l b e n   J u d e n s t e r n zeigen dürfen. Er ist sichtbar auf der linken Brustseite des obersten Kleidungsstückes zu tragen. Die Verordnung tritt mit dem 19. September in Kraft. Ihre Einzelheiten sind dem Reichsgesetzblatt zu entnehmen.

Der deutsche Soldat hat im Ostfeldzug den Juden in seiner ganzen Widerwärtigkeit und Grausamkeit kennengelernt. Er hat die Folgen der GPU.-Greuel und die Verelendung der Massen gesehen: das Werk der Juden. Dieses Erlebnis läßt den deutschen Soldaten und das deutsche Volk in seiner Gesamtheit fordern, daß dem Juden in der Heimat die Möglichkeit genommen wird, sich zu tarnen und damit jene Bestimmungen zu durchbrechen, die dem deutschen Volksgenossen die Berührung mit dem Juden ersparen."

4.5.3. Die Lagezuspitzung im Bereich Lebensunterhalt

Frankfurter Zeitung 6.12.38, 621/22

„Die Ausschaltung der jüdischen Zahnärzte
Berlin, 5. Dezember. Die *Zahnärztlichen Mitteilungen* befassen sich mit der Ausschaltung der jüdischen Zahnärzte aus der Zahnärzteschaft und schreiben hierzu unter anderem: Es sei eine Selbstverständlichkeit, daß auch die Frage der jüdischen Zahnärzte nunmehr geregelt werde. Die deutsche Zahnärzteschaft halte es nach wie vor für unmöglich, daß für die jüdischen Zahnärzte eine andere Regelung gefunden werde als für die jüdischen Aerzte. Die Stunde sei gekommen, auch hier zu einer das deutsche Volksempfinden befriedigenden Lösung zu kommen. Wenn es nun auch innerhalb der Zahnärzteschaft zu einer Neuordnung komme, werde etwa die gleiche Regelung gefunden werden wie bei den Aerzten. Nach einer Aufstellung vom 9. November 1938 praktizieren die meisten jüdischen Zahnärzte in Berlin (211). Insgesamt seien bei der Deutschen Zahnärzteschaft und bei der kassenärztlichen Vereinigung Deutschlands 449 jüdische Zahnärzte registriert. Infolge der verhältnismäßig niedrigen Zahl der jüdischen Zahnärzte sei die zahnärztliche Versorgung des Volkes durch die Ausschaltung der Juden in keiner Weise gefährdet. Wieviel Juden im Lande Oesterreich und in den sudetendeutschen Gebieten zur Zeit noch als Zahnärzte tätig seien, lasse sich im Augenblick nicht einwandfrei feststellen. Sie seien deswegen in der Zahl 449 nicht enthalten."

Frankfurter Zeitung 20.1.39, 36/37

„Die Bestallung jüdischer Zahnärzte, Tierärzte und Apotheker erlöschen
Berlin, 19. Januar. Nachdem durch die Vierte Verordnung zum Reichsbürgergesetz den jüdischen Aerzten die Bestallung mit Wirkung vom 30. September 1938 entzogen worden ist, bestimmt eine jetzt erschienene Achte Verordnung zum Reichsbürgergesetz das Erlöschen der Bestallungen bezie-
hungsweise Approbationen auch der jüdischen Zahnärzte, Tierärzte und Apotheker mit Wirkung vom 31. Januar 1939. Darüber hinaus ist den Juden die
Ausübung der Heilkunde einschließlich der Zahnheilkunde und der Tierheil-
kunde überhaupt verboten. Hinsichtlich der Ausübung der Tätigkeit als Hilfs-
kräfte in der Gesundheitspflege sind die Juden auf ihre Rassegenossen be-
beschränkt."

Frankfurter Zeitung 8.12.38, 625/26

„Keine Juden mehr als Wirtschaftsprüfer
Berlin, 7. Dezember. Durch eine Anordnung des Reichswirtschaftsministers
vom 5. November wird bestimmt, daß bei den wenigen jüdischen Wirt-
schaftsprüfern und vereidigten jüdischen Bücherrevisoren, die zur Zeit noch
öffentlich bestellt sind, die Bestellung mit Wirkung vom 31. Dezember an
durch die zuständigen Stellen zu widerrufen ist. In diesem Zusammenhang
wird an zuständiger Stelle darauf verwiesen, daß bereits seit einigen Jahren
auf Anordnung des Reichswirtschaftsministers Juden nicht mehr neu als Wirtschaftsprüfer oder vereidigte Bücherrevisoren bestellt würden."

Frankfurter Zeitung 4.1.39, 6/7

„Keine jüdischen Prüflinge bei Industrie- und Handelskammern und Handwerkskammern
Berlin, 3. Januar. Der Reichswirtschaftsminister hat im Einvernehmen mit
dem Reichsminister des Innern bestimmt, daß Juden zu den gesetzlichen Prüfungen der Industrie- und Handelskammern und der Handwerkskammer nicht
zugelassen sind. Es sei jedoch nichts dagegen einzuwenden, wenn die Kam-
mern zur Förderung der jüdischen Auswanderung auf Grund von Arbeitsbe-
scheinigungen und Zeugnissen jüdischen Arbeitskräften auf Antrag eine Bescheinigung über ihre Berufsausbildung oder ihre fachlichen Kenntnisse und
Fähigkeiten ausstellen."

Völkischer Beobachter 27.11.38, 331

„Alle Studiendarlehen gekündigt
Im Zuge der Sühnemaßnahmen der Reichsregierung gegen die Juden hat der
Reichsstudentenführer die Juden mit sofoertiger Wirkung vom künftigen Ge-
nuß aller Vergünstigungen ausgeschlossen, die sie vor der Machtübernahme
jemals aus Mitteln des deutschen Volkes erhalten haben.
    Das Reichsstudentenwerk hat deshalb alle an Juden gewährten Darlehen
mit sofoertiger Wirkung gekündigt. Die Rückzahlung hat innerhalb von zwei
Wochen zu erfolgen."

Frankfurter Zeitung 15.12.38,638/39

„Ruhegehaltsbeschränkung für ehemalige jüdische Beamte
Eine Siebente Verordnung zum Reichsbürgergesetz
Berlin, 14. Dezember. Der Reichsminister des Innern hat im Einvernehmen
mit dem Stellvertreter des Führers der NSDAP durch eine im Reichsgesetzblatt veröffentlichte Siebente Verordnung zum Reichsbürgergesetz bestimmt,
daß die ehemaligen jüdischen Beamten, denen bisher auf Grund besonderer
Bestimmungen das volle zuletzt bezogene Diensteinkommen als Ruhegehalt
zugebilligt war, mit Wirkung vom 1. Januar 1939 an auf das nach den allgemeinen Vorschriften erdiente Ruhegehalt beschränkt werden."

Frankfurter Zeitung 22.11.41, 597/98

„Beschäftigung von Juden
Eine Verordnung vom 3. Oktober 1941 legt fest, daß Juden, die in Arbeit eingesetzt sind, in einem Beschäftigungsverhältnis eigener Art stehen. Zu dieser
Verordnung hat der Reichsarbeitsminister eine Durchführungsverordnung
vom 31. Oktober 1941 erlassen, die im *Reichsarbeitsblatt* ... erläutert wird.
Das Beschäftigungsverhältnis der Juden ist kein personenrechtliches Treue-
verhältnis, sondern ein gegenseitiges Schuldverhältnis, worin der eine Teil die
Arbeit, der andere Vertragsteil die Vergütung für diese Arbeit schuldet. Infolgedessen finden eine Reihe von Gesetzen, wie vor allem das Gesetz zur Ordnung der nationalen Arbeit, auf die Beschäftigungsverhältnisse von Juden
keine Anwendung. Auch Dienstverpflichtungen nach der Verordnung zur Sicherstellung des Kräftebedarfs für Aufgaben von besonderer staatspolitischer
Bedeutung vom 13. Februar 1939 kommen für Juden nicht in Betracht. Aber
die Juden haben die ihnen von den Arbeitsämtern zugewiesenen Beschäfti-
gungen anzunehmen. Eine Pflicht der Unternehmer, angebotene jüdische Ar-

beitskräfte einzusetzen, besteht nicht. Aber es wird von ihnen erwartet, daß sie dem Arbeitseinsatz der Juden keine unüberwindlichen Schwierigkeiten in den Weg stellen, sofern es sich um Arbeiten handelt, für die die Juden geeignet sind. Das sind in erster Linie körperliche Arbeiten und da wiederum Hilfsarbeiten. Juden können aber auch als Facharbeiter beschäftigt werden.

Grundsätzlich ist der Einsatz in Gruppen mit Absonderung von den deutschen Arbeitskräften vorgeschrieben. Gelegentlich kann aber auch Einzelarbeit in Frage kommen. Dazu ist eine Ausnahmegenehmigung des Landesarbeitsamtes notwendig. Tarifordnungen, Richtlinien und Betriebsordnungen gelten auch für die Juden, soweit diese Ordnungen nicht ausdrücklich auf deutsche Gefolgschaftsmitglieder beschränkt sind. Insofern fallen auch Juden unter den allgemeinen Tarifschutz. Fortzahlung des Arbeitsentgelts ohne Arbeitsleistung ist ausgeschlossen. Bestimmungen über die Lohnfortzahlung bei Fliegeralarm oder Fliegerschäden sind nicht anzuwenden. Aus Billigkeitsgründen kann aber bei unverschuldetem Betriebsunfall ein Zuschuß, der auf den lebensnotwendigen Unterhalt bemessen ist, freiwillig gewährt werden. Der Urlaubsanspruch beschränkt sich auf die Gewährung von unbezahlter Freizeit. Kosten für Familienheimfahrten muß der beschäftigte Jude selber tragen. Die Fortzahlung des Verdienstes in den Fällen, in denen die Arbeit infolge ungünstiger Witterung ausfallen muß, ist dagegen vorgesehen. Die Tariflöhne gelten als Einstellöhne, auch wenn die betriebsüblichen Löhne höher sind. Leistungszulagen und Unterschreitungen der Tariflöhne bei minderer Leistung sind erlaubt.

Jüdische Beschäftigte erhalten keine Sozialzulagen (Familien- und Kinderzulage, Weihnachtszuwendungen, Abschlußgratifikationen und ähnliches). Trennungsentschädigungen können nur mit Erlaubnis des Reichstreuhänders der Arbeit gezahlt werden. Der Beschäftigungsgeber, wie die Formulierung in der Durchführungsverordnung lautet, kann einen Juden jederzeit zum Schluß des folgenden Werktages kündigen. Der jüdische Beschäftigte hat seinerseits die geltenden Kündigungsfristen zu beachten und braucht in jedem Falle die Zustimmung des Arbeitsamtes."

Völkischer Beobachter 27.11.38, 331

„Neuregelung der öffentlichen Fürsorge
Der Reichsminister des Innern hat durch eine von dem Reichsarbeitsminister und dem Reichsminister der Finanzen mitunterzeichnete Verordnung vom 1938 die öffentliche Fürsorge für Juden neu geregelt.

Wird ein Jude hilfsbedürftig, so kann er sich nicht ohne weiteres an die öffentliche Fürsorge wenden, sondern er muß grundsätzlich auf die Hilfe seiner

Rassegenossen, der jüdischen freien Wohlfahrtspflege, angewiesen bleiben. Nur soweit diese nicht helfen kann, greift die öffentliche Fürsorge ein. Gewährt werden gewisse Mindestleistungen unter voller Anrechnung der Zuwendungen der jüdischen freien Wohlfahrtspflege. Von der gehobenen Fürsorge für Klein- und Sozialrentner werden die Juden in Zukunft ausgeschlossen sein. Erwähnt ist in der Verordnung die Förderung der Auswanderung der Juden durch Maßnahmen der öffentlichen Fürsorge."

Frankfurter Zeitung 28.11.38, 607

„Sonderverkaufsstelle für Juden – Eine Bekanntmachung des Kreisleiters in Kassel
Kassel, 27. November. Nach einer Bekanntmachung des Kreisleiters Dr. Meyer hat zur Sicherstellung der Warenversorgung der Juden getrennt von dem Geschäftsverkehr der deutschen Bevölkerung künftighin das Wohlfahrtsamt der Stadt Kassel die Versorgung der Juden mit lebenswichtigen Gütern übernommen. Die Juden und jüdischen Einrichtungen Kassels haben künftighin ihren gesamten Bedarf an lebenswichtigen Gütern in Kassel an näherbezeichneten Stelle zu Tagespreisen gegen Barzahlung zu decken."

Aller Zeitung 7.7.39, 156

„Neue Verordnung zur Judenfrage – Jüdisches Schulwesen und jüdische Wohlfahrtspflege – Reichsvereinigung der Juden in Deutschland soll die Auswanderung fördern
Im Reichsgesetzblatt wird die 10. Verordnung zum Reichsbürgergesetz veröffentlicht, deren Maßnahmen im wesentlichen eine Förderung der Auswanderung der Juden bezwecken. In der Verordnung heißt es u. a.:
Die Juden werden in einer Reichsvereinigung zusammengeschlossen. Die Reichsvereinigung ist ein rechtsfähiger Verein. Sie führt den Namen *Reichsvereinigung der Juden in Deutschland* und hat ihren Sitz in Berlin. Die Reichsvereinigung bedient sich als örtlicher Zweigstellen der jüdischen Kultusvereinigungen.
Die Reichsvereinigung hat den Zweck, die Auswanderung der Juden zu fördern. Die Reichsvereinigung ist außerdem 1. Träger des jüdischen Schulwesens, 2. Träger der jüdischen freien Wohlfahrtspflege ...
Die Reichsvereinigung hat als Träger der jüdischen freien Wohlfahrtspflege ... nach Maßgabe ihrer Mittel hilfsbedürftige Juden so ausreichend zu unterstützen, daß die öffentliche Fürsorge nicht einzutreten braucht. Sie hat

Vorsorge zu treffen, daß für anstaltspflegebedürftige Juden ausschließlich für sie bestimmte Anstalten zur Verfügung stehen."

4.5.4. Die Auswanderung als Rettungsanker

Frankfurter Zeitung 11.6.38,292/93

„Die jüdische Auswanderung aus Deutschland
Berlin, 10. Juni. Das *Institut zum Studium der Judenfrage* teilt in einer Uebersicht über die jüdische Emigration mit, daß vom 1. Februar 1933 bis zum 31. März 1936 fast 100 000 Juden aus Deutschland ausgewandert seien, davon ein Drittel nach Palästina. Im Jahre 1936 seien insgesamt rund 21 000 Juden aus Deutschland ausgewandert, davon 8000 nach Palästina, 10 000 nach überseeischen und 3000 nach europäischen Ländern. Von diesen 21 000 Auswanderern habe der *Hilfsverein der Juden in Deutschland e. V.* 5192 als unterstützungsbedürftig erfaßt, die anderen seien *freie Auswanderer* gewesen. Aber auch diese Quote sei im Jahre 1937 noch bedeutend unterschritten worden; nur 15 000 hätten 1937 Deutschland verlassen, von denen 4000 nach Palästina gegangen seien. Das Institut fügt hinzu: die Hoffnung, daß nach der Aufhebung der derzeitigen Drosselung der Einwanderung in Palästina auch die Auswanderung aus Deutschland wieder ansteigen werde, könne nicht darüber hinwegtrösten, daß der Auswanderungsertrag dieser beiden Jahre sehr gering gewesen sei. Es bleibe eine unbefriedigende Aussicht, daß es bei gleichbleibenden Zahlen noch rund dreißig Jahre dauern werde, bis der letzte Glaubensjude Deutschland verlassen habe, von den Rassejuden gar nicht zu reden."

Düsseldorfer Nachrichten 13.2.39, 80

„Judenauswanderung erleichtert – Ein Runderlaß des Reichsfinanzministers
Zur Verlängerung der Geltungsdauer der Reichsfluchtsteuer bis zum 31. Dezember 1939 nimmt der Reichsfinanzminister in einem Runderlaß Stellung. Der Minister hatte sich bereits früher damit einverstanden erklärt, daß in den Fällen, in denen eine ausreichende Sicherheit für die Reichsfluchtsteuer geleistet ist, der zu sichernde Betrag um ein Fünftel ermäßigt und der freiwerdende Teil der Sicherheit auf die Sicherheitsleistung für die Judenvermögensabgabe angerechnet werden kann. Nun bestimmt der Minister, daß bei der Bemessung der Reichsfluchtsteuer von dem um die Judenvermögensabgabe gekürzten Vermögen auszugehen ist. Es kann Fälle geben, so fügt der

Minister hinzu, in denen es Juden nicht möglich sein wird, die Reichsfluchtsteuer rechtzeitig zu entrichten; diese Juden würden die Fristen, die ihnen in den Visen für die Einwanderung in andere Länder gesetzt worden sind, nicht einhalten können. Der Minister ist daher damit einverstanden, daß solchen Juden, die sich zur Auswanderung anschicken, die steuerliche Unbedenklichkeitsbescheinigung auch dann erteilt wird, wenn die Reichsfluchtsteuer zwar nicht entrichtet, aber für sie eine ausreichende Sicherheit, auch durch Hinterlegung von Wertpapieren oder sicherungsweise Übereignung von Grundbesitz, geleistet worden ist."

Frankfurter Zeitung 22.7.39, 368/69

„Eine Zentralstelle für jüdische Auswanderung in Prag
Prag, 21. Juli. Reichsprotrektor Freiher von Neurath hat die Einrichtung einer Zentralstelle für jüdische Auswanderung angeordnet, die zunächst für das Gebiet der Stadt Prag und ihre nähere Umgebung zuständig ist, die aber sodann auch die übrigen Teile Böhmens und Mährens in ihren Wirkungsbereich einbeziehen wird. Alle Dienststellen der deutschen und tschechischen Behörden sind angewiesen worden, sämtliche vorliegenden Auswanderungsanträge von Juden an diese Zentralstelle weiterzuleiten, die das weitere Verfahren regelt und die zur Auswanderung notwendigen Papiere beschafft. Zum Leiter der Zentralstelle ist der Befehlshaber der Sicherheitspolizei beim Reichsprotektor, SS-Oberführer Regierungsdirektor Dr. Stahlecker, beauftragt worden."

Frankfurter Zeitung 5.9.39, 454/55

„Ein Auswanderungszug für Palästina
Karlsruhe, 4. September. Auf dem Bahnhof in Kehl traf ein Sonderzug mit 700 jüdischen Palästina-Auswanderern ein, die nach Marseille weiterfuhren und von dort mit dem Dampfer nach Palästina befördert werden sollen. Es handelt sich zumeist um jüngere Leute. Die Auswanderer hatten sich aus den verschiedensten Teilen des Reiches ... zusammengefunden. Zu einem Teil waren auch ausländische Auswanderer, z. B. aus Polen, die sich vorübergehend in Deutschland aufgehalten hatten, in dem Sonderzug."

Frankfurter Zeitung 10.10.39, 516/17

„Errichtung eines jüdischen Schulwesens
Der Reichserziehungs- und der Reichsinnenminister haben durch gemeinsamen Erlaß Anweisungen zur Errichtung eines von den deutschen Schulen völ-

lig gelösten jüdischen Schulwesens erteilt. Danach gehört es zu den Pflicht-aufgaben der *Reichsvereinigung der Juden in Deutschland* nur die Errichtung von Volksschulen für Juden. Die Errichtung von Mittel- und höheren Schu-len, Berufs- und Fachschulen ist der Reichsvereinigung nach Maßgabe des Bedürfnisses und der verfügbaren Mittel freigestellt. Die Lehrpläne für die von der Reichsvereinigung unterhaltenen Schulen werden, dem Bedürfnis der jüdischen A u s w a n d e r u n g entsprechend, von der Reichsvereinigung mit Genehmigung des Reichserziehungsministeriums aufgestellt. Gegen einen Unterricht im Hebräischen und in einer für die Auswanderung dienlichen Fremdsprache wird nichts eingewendet."

Frankfurter Zeitung 12.1.41, 21/22

„Die jüdische Auswanderung nach Amerika
Berlin, 11. Januar. Im ersten Vierteljahr 1940 sind aus dem alten Reichsge-biet insgesamt 4755 Juden ausgewandert. Der überwiegende Teil davon, ins-gesamt 3502, ging nach Amerika. Allein nach Nordamerika wanderten 2364 Juden aus, unter den südamerikanischen Staaten wurden Bolivien, Brasilien, Argentinien und Venezuela bevorzugt. Unter den asiatischen Ländern wurde China bevorzugt. Nach Afrika gingen 109 Juden, davon 94 nach der Südafri-kanischen Union. Palästina verliert an Anziehungskraft. Insgesamt wanderten nur noch 254 Juden dorthin aus. Nach außerdeutschen europäischen Staaten gingen 594 Juden, eine Zahl, die im weiteren Verlauf des Jahres zweifellos weiter abgesunken sein dürfte."

Abkürzungen

BDZ	Büro Deutscher Zeitungsverleger
BGB	Bürgerliches Gesetzbuch
DAF	Deutsche Arbeitsfront
DNB	Deutsches Nachrichtenbüro
GPU	Glawnoe Polititscheskoe Uprawlenie Staatssicherheitsdienst der Sowjetunion bis 1934
NDZ	Nachrichtenbüro Deutscher Zeitungsverleger
NS	Nationalsozialistisch
NSBO	Nationalsozialistische Betriebszellen Organisation
NSD	Nationalsozialistische(r) Deutsche(r) ...
NSDAP	Nationalsozialistische Deutsche Arbeiter Partei
NSK	Nationalsozialistische Korrenspondenz
NSV	Nationalsozialistische Volkswohlfahrt
RGBl	Reichsgesetzblatt
RM	Reichsmark
SA	Sturmabteilung
SS	Schutzstaffel
StGB	Strafgesetzbuch
ZPO	Zivilprozeßordnung

Literaturhinweise

BENZ, Wolfgang (Hrsg.): Die Juden in Deutschland 1933 - 1945. Leben unter nationalsozialistischer Herrschaft, Verlag C. H. Beck, München 1996

FRIEDLÄNDER, Saul: Das Dritte Reich und die Juden. Die Jahre der Verfolgung 1933 - 1939, Verlag C. H. Beck, München 1998

GEISS, Imanuel: Geschichte des Rassismus, Suhrkamp Verlag, Frankfurt am Main 1988

GRAML, Hermann: Reichskristallnacht. Antisemitismus und Judenverfolgung im Dritten Reich, Deutscher Taschenbuchverlag, München 1998

HILBERG, Raul: Täter, Opfer, Zuschauer. Die Vernichtung der Juden 1933 - 1945, Fischer Taschenbuchverlag, Frankfurt am Main 1996

JÄCKEL, Eberhard: Hitlers Weltanschauung. Entwurf einer Herrschaft, Deutsche Verlagsanstalt, Stuttgart 1981

MOSSE, George L.: Die Geschichte des Rassismus in Europa, Fischer Taschenbuchverlag, Frankfurt am Main 1990

MÜHLBERGER, Detlef: Hitler's Voice. The Völkischer Beobachter, 1920 - 1933. Zwei Bände, Peter Lang Verlag, Frankfurt/Main 2005

MÜHLEN, Patrik von zur: Rassenideologie. Geschichte und Hintergründe, Verlag J. H. W. Dietz Nachf. Berlin, Bonn-Bad Godesberg 1977

MÜNCH, Ingo von (Hrsg.): Gesetze des NS-Staates; UTB für Wissenschaft, F. Schöningh Verlag, Paderborn 1994

WEINGART, Peter; KROLL, Jürger; BAYERTZ, Kurt: Rasse, Blut und Gene. Geschichte der Eugenik und Rassenhygiene in Deutschland, Suhrkamp Verlag, Frankfurt/Main 1994

SCHRECKENBERG, Heinz: Ideologie und Alltag im Dritten Reich, Peter Lang Verlag, Frankfurt/Main 2003

SIMSOHN, Werner: Juden in Gera III. Judenfeindschaft in der Zeitung. Leben, Leiden im NS-Staat, Folgen 1933 - 1945, Hartung-Gorre Verlag, Konstanz 2000

Zeittafel

Daten in Zusammenhang mit den Zeitungsinformationen bis 31. Dezember 1941

1933

1. April	Boykott der jüdischen Geschäfte „Wache" vor Häusern und Praxen jüdischer Rechtsanwälte und Ärzte
7. April	Gesetz „zur Wiederherstellung des Berufsbeamtentums" und „Gesetz über die Zulassung zur Rechtsanwaltschaft"
22. April	Entzug der Kassenzulassung für jüdische Ärzte
25. April	„Gesetz gegen die Überfüllung von deutschen Schulen und Hochschulen"
4. Mai	Regelung zur Entlassung jüdischer Arbeiter und Angestellter im Öffentlichen Dienst
6. Mai	Keine Neuzulassung von jüdischen Steuerberatern
7. Mai	Kündigung der jüdischen Arbeiter und Angestellten der Wehrmacht
2. Juni	Keine Zahlung der Krankenkassen an jüdische Zahnärzte und Zahntechniker
10. August	Vertretungsverbot arischer und jüdischer Ärzte bei Kassenbehandlung
22. August	Badeverbot für Juden in vielen Orten / Badestrände und Badeanstalten
13. September	Vererbung und Rassenkunde Pflicht-Prüfungsfach an den Schulen
4. Oktober	„Schriftleitergesetz"
31. Oktober	Rechtsanwälte und Juristen müssen dem Bund Nationalsozialistischer Juristen angehören, nur Arier

1934

5. Februar	Ausschluß jüdischer Studenten von Arzt- und Zahnarzt-Prüfungen
28. Februar	Einführung des Arierparagraphen in der Wehrmacht

5. März	Jüdische Schauspieler nicht mehr auf deutschen Bühnen
18. Mai	Reichsfluchtsteuer ab 50 000 RM-Vermögen
22. Juli	Ausschluß jüdischer Studenten von Jura-Prüfungen
31. August	Ausschluß jüdischer Studenten von Veterinär-Prüfungen
8. Dezember	Ausschluß jüdischer Studenten von Pharmazie-Prüfungen

1935

16. Januar	Verfügung über die Zulassung zur Rechtsanwaltschaft; Nachweis der arischen Abstammung
11. April	Mitgliedern der NSDAP wird Umgang mit Juden verboten
24. April	Zeitungsverleger müssen ihre arische Abstammung nachweisen
21. Mai	Aktiver Wehrdienst nur mit arischer Abstammung
18. Juni	Ausschluß jüdischer Studenten von Diplom-Prüfung für Landwirte
16. Juli	Verbot für Standesbeamte, Arier und Juden zu trauen
25. Juli	Ausschluß vom Wehrdienst
10. September	Ankündigung: Ab 1936 Rassentrennung in Volksschulen
15. September	„Nürnberger Gesetze"
	1. Reichsbürgergesetz: Juden werden die staatsbürgerlichen Rechte entzogen
	2. „Blutschutzgesetz": Verbot von Eheschließung und außerehelichen Beziehungen zwischen Deutschen und Juden
30. September	Beurlaubung der jüdischen Richter, Staatsanwälte und Beamten
14. November	1. Verordnung zum „Reichsbürgergesetz":
	- Entfernung aller Juden aus Staatsdienst und öffentlichen Ämtern
	- Verbot der Wahlteilnahme
	- Definition von Volljude/Mischling

1936

14. Februar	Jüdischen Dozenten, Honorarprofessoren und a.o. Professoren wird Lehrbefugnis entzogen
24. März	Keine Beihilfen mehr für kinderreiche jüdische Familien

236

26. März	Verbot für Juden, eine Apotheke zu pachten/zu leiten
15. April	Ariernachweis für Mitglieder der Reichspressekammer
26. Mai	Ariernachweis für Mitglieder der Reichskammer für bildende Künste
19. Juni	Keine Apothekerkonzessionen mehr an Juden

1937

13. Februar	Reichsnotarverordnung: Juden dürfen nicht mehr zum Notar bestellt werden
15. April	Promotionsverbot für Juden
8. September	Ärzte dürfen nicht mehr zur Tätigkeit bei Krankenkassen zugelassen werden, die selbst oder deren Ehegatten nichtarisch sind
8. Oktober	Keine Bestallung mehr für jüdische Apothekenbewerber
16. November	Auslandspässe für Juden nur noch in Ausnahmefällen

1938

1. Januar	Ausschluß der jüdischen Ärzte aus den Ersatzkassen
5. Januar	Gesetz zur Änderung von Familien- und Vornamen
16. Februar	Nachweis der arischen Abstammung bei Bestallung von Tierärzten
22. April	Verordnung gegen die Unterstützung der Tarnung jüdischer Gewerbebetriebe
26. April	Verordnung über die Anmeldung jüdischen Vermögens über 5000 RM
14. Juni	Registrierung und Kennzeichnung jüdischer Gewerbebetriebe
20. Juni	Ausschaltung der Juden aus dem Börsenhandel
6. Juli	Änderung der Gewerbeordnung. Juden wird verboten, in bestimmten Gewerben tätig zu sein
23. Juli	Kennkarten für Juden ab 1.1.39
25. Juli	Verordnung: Ab 30. 9. 38 keine Approbation für jüdische Ärzte; nur noch „Krankenbehandler" für jüdische Patienten
17. August	Ab 1. 1. 39 Zwangsvornamen (Israel und Sara) für Juden
27. September	Verordnung: Ab 1. 12. 38 keine jüdischen Rechtsanwälte mehr; nur noch Konsulenten für jüdische Klienten

28. September	Krankenpflege von Juden nur noch an Juden
5. Oktober	Einziehung der jüdischen Reisepässe, die bei Neuausgabe mit „J" gestempelt werden
28. Oktober	Ausweisung polnischer Juden aus Deutschland nach Polen
7. November	Attentat auf Ernst vom Rath in der deutschen Botschaft in Paris
9. November	Pogromartige Ausschreitungen gegen Juden als „spontane" Reaktion „Reichskristallnacht"
11. November	Verbot von Waffenbesitz für Juden
12. November	Drei Verordnungen gegen die Juden - „Sühneleistung" (Eine Milliarde RM) - „Ausschaltung aus der Wirtschaft" - „Wiederherstellung des Straßenbildes"
12. November	Besuchsverbot für Juden, Theater, Kinos, Konzerte oder sonstige öffentliche Veranstaltungen zu besuchen
15. November	Jüdische Kinder dürfen deutsche Schulen nicht mehr besuchen
28. November	Polizeiverordnung über das Auftreten der Juden in der Öffentlichkeit: Verbot, bestimmte Bezirke zu betreten oder sich zu bestimmten Zeiten in der Öffentlichkeit zu zeigen
28. November	Erfassung der jüdischen Wohnungen
3. Dezember	Einzug der KFZ-Zulassung und Abgabe der Führerscheine
3. Dezember	Judenbannbezirke in Berlin
3. Dezember	Verordnung über den Einsatz jüdischen Vermögens: Zwangsverkauf von Gewerbebetrieben, Grundeigentum, Wertpapieren, Schmuck, Kunstgegenständen usw.
5. Dezember	Verordnung: Reduzierung der Pensionen jüdischer Beamter
8. Dezember	Verbot, die Universität zu besuchen
9. Dezember	Verbot, an handwerklichen und kaufmännischen Prüfungen teil zu nehmen

1939

17. Januar	Erlöschen der Zulassung jüdischer Zahnärzte, Tierärzte und Apotheker
24. Januar	Reichszentrale für jüdische Auswanderung

30. April	Gesetz über Mietverhältnisse mit Juden. Zwangsweise Einweisung von Juden in „Judenhäuser"
4. Juli	Gründung der „Reichsvereinigung der Juden in Deutschland" als Zwangsverband unter Gestapo-Kontrolle
1. September	Ausgangsbeschränkungen: Sommer ab 21.00 Uhr; Winter ab 20.00 Uhr
12. September	Juden dürfen nur in bestimmten Lebensmittelgeschäften ihren Einkauf tätigen
23. September	Beschlagnahme/Ablieferung der Rundfunkempfänger

1940

13. April	Ausschluß der Juden aus den Privatkrankenversicherungen
3. Juni	Arbeitsrechtliche Schlechterstellung der Juden, keine Sozialzulagen wie Kindergeld, kein Weihnachtsgeld usw.
4. Juli	Berlin: Einkauf von Lebensmittel nur von 16.00 bis 17.00 Uhr
7. Oktober	Bei Fliegeralarm getrennte Benutzung der Luftschutzräume von Ariern und Juden

1941

26. April	Reichsvereinigung der Juden muß ihre Schulen in großen Städten konzentrieren, Auflösung der kleinen Schulen
1. September	Einführung des Judensterns per Verordnung zum 15. September 1941 für alle Juden ab dem 6. Lebensjahr
18. September	Einschränkung bei der Benutzung der Verkehrsmittel; Wohnort darf nur mit polizeilicher Erlaubnis verlassen werden. Schlaf- und Speisewagen der Reichsbahn dürfen nicht mehr benutzt werden.
24. September	Nichtigkeitserklärung letztwilliger Verfügungen, wenn ein Jude von einem Arier als Erbe eingesetzt wird.
31. Oktober	Arbeitsverhältnis von Juden nur noch Schuldrecht, somit erhebliche Verschlechterung für in Arbeit stehende Juden
20. Dezember	Ruhen von Renten der Juden

Keine Zeitungsmeldungen

14. Oktober 1941   Beginn der Judendeportation nach Osteuropa
23. Oktober 1941   Auswanderungsverbot für deutsche Juden